权威·前沿·原创

皮书系列为
"十二五""十三五""十四五"时期国家重点出版物出版专项规划项目

BLUE BOOK

智库成果出版与传播平台

上海蓝皮书
BLUE BOOK OF SHANGHAI
总编／权 衡 干春晖

上海社会发展报告
（2025）

ANNUAL REPORT ON SOCIAL DEVELOPMENT OF
SHANGHAI (2025)

人民城市社会建设

荣誉主编／卢汉龙
主 编／李 骏 周海旺

社会科学文献出版社
SOCIAL SCIENCES ACADEMIC PRESS (CHINA)

图书在版编目（CIP）数据

上海社会发展报告.2025：人民城市社会建设／李骏，周海旺主编.--北京：社会科学文献出版社，2025.4.--（上海蓝皮书）.--ISBN 978-7-5228-4975-1

Ⅰ.D675.1

中国国家版本馆CIP数据核字第2025EK3331号

上海蓝皮书
上海社会发展报告（2025）
——人民城市社会建设

荣誉主编／卢汉龙
主　　编／李　骏　周海旺

出 版 人／冀祥德
责任编辑／张　媛
责任印制／岳　阳

出　　版／社会科学文献出版社·皮书分社（010）59367127
　　　　　地址：北京市北三环中路甲29号院华龙大厦　邮编：100029
　　　　　网址：http://www.ssap.com.cn
发　　行／社会科学文献出版社（010）59367028
印　　装／三河市东方印刷有限公司

规　　格／开本：787mm×1092mm　1/16
　　　　　印张：18.75　字数：280千字
版　　次／2025年4月第1版　2025年4月第1次印刷
书　　号／ISBN 978-7-5228-4975-1
定　　价／249.00元

读者服务电话：4008918866

▲▲ 版权所有 翻印必究

上海蓝皮书编委会

总　编　权　衡　干春晖
副总编　姚建龙　吴雪明　刘　芸
委　员（按姓氏笔画排序）
　　　　　王　振　刘　炜　阮　青　杜文俊　李　骏
　　　　　李安方　沈开艳　张雪魁　邵　建　周冯琦
　　　　　周海旺　郑崇选　袁筱一　屠启宇

《上海社会发展报告(2025)》
编委会

荣誉主编 卢汉龙

主　　编 李　骏　周海旺

编　　委（按姓氏笔画排序）
　　　　　　左学金　包蕾萍　朱建江　孙甘霖　杨　雄
　　　　　　佘　凌　陆晓文　罗新忠　金春林　周建明
　　　　　　晏可佳　徐中振　屠启宇　程福财

主编简介

李　骏　上海社会科学院社会学研究所所长、研究员。主要从事当代中国社会研究，包括社会分层与流动、城市社会学、社会治理等。在《中国社会科学》、《社会学研究》、《社会》、Chinese Sociological Review、Research in Social Stratification and Mobility 等中英文核心刊物上发表论文40余篇，出版专著、译著、合著、编著10部，主持国家社科基金、国家高端智库、上海市社科基金、上海市软科学等多项课题。获得上海市决策咨询研究成果一等奖、上海市哲学社会科学优秀成果二等奖等科研奖项，获得上海社会科学院"张仲礼学术奖"和上海市"浦江人才""曙光计划""社科新人""青年拔尖人才"以及全国宣传思想文化"青年英才"等人才资助。兼任中国统一战线理论研究会理事、上海市统一战线理论研究会副会长、上海市社会学学会副会长。

周海旺　上海社会科学院城市与人口发展研究所副所长、研究员，"十四五"上海民政科研基地养老方向首席专家，上海市人口学会副会长，上海市老年学学会副会长、秘书长。主要从事人口发展、社会政策、养老服务、就业与社会保障、区域社会发展规划等领域的研究。承担完成2项国家哲学社会科学基金课题，作为核心成员参与申请获得3项国家社科基金重大项目立项，主持完成20多项上海市哲学社会科学基金和上海市政府决策咨询课题，完成80多项省市委办局委托课题。关于人口发展战略、人口管理、人口发展预测、生育政策、婴幼儿托育服务、人口老龄化对策的多项研究成果被政府部门采纳，获得10多项省部级及以上奖励。

摘 要

2024年是习近平总书记考察上海提出"人民城市人民建，人民城市为人民"的人民城市重要理念五周年。五年来，上海沿着习近平总书记指引的方向，推动新时代人民城市建设迈出新步伐、取得新成效、谱写新画卷。人民城市建设是以人民为中心的经济建设、政治建设、文化建设、社会建设、生态文明建设"五位一体"总体布局在城市中的集中体现。《上海社会发展报告（2025）》围绕上海人民城市社会建设，从总报告和社会民生、社会政策、社会治理等方面，聚焦具有代表性和典型性的议题，深入研究现状、经验、问题并提出对策建议。

总报告依据2024年对上海市民的抽样问卷调查，从民生、民意、民享三个维度构建指数，调查发现指数总体处于较高水平，进而描述现状、分析问题，并提出进一步满足人民美好生活需要和增进民生福祉的方向建议，包括优化劳动就业与职业培训体系、优化教育资源配置和减轻教育竞争压力、加强居家养老服务与社区支持、推动互联网医疗与健康生活方式、强化小区治理与物业管理机制、加强社会保障与消费信心等。

社会民生篇聚焦上海育龄女性、新职业青年、网约配送员、流动人口、老年人等群体，重点分析其生育意愿、生存发展、劳动就业、健康素养、数字包容等议题。社会政策篇围绕托幼服务、家庭医生、长期护理保险、社会救助、国际职业资格认可制度等议题，对政策需求与优化展开分析并提出建议。社会治理篇从上海遴选五个可复制、可推广的典型案例进行介绍剖析和经验总结，具体包括新兴领域党建工作机制新探索（长宁区）、住宅物业治

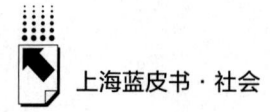

理新模式（杨浦区）、物业服务供给新模式（浦东新区）、高品质社区治理实践新路径（虹口区）、基层治理知识生产机制新方法（普陀区）。全书附录部分延续了往年社会发展主要指标内容，并从上海等直辖市扩展到全国超大城市，为城市社会发展及其比较研究汇集基础数据资料。

关键词： 人民城市　社会建设　社会民生　社会政策　社会治理

目 录

Ⅰ 总报告

B.1 民生、民意、民享：新时代人民城市社会建设三重奏
　　　　　……………………………………… 李　骏　雷开春 / 001

Ⅱ 社会民生篇

B.2 上海育龄女性生育意愿和政策需求调研报告………… 包蕾萍 / 022
B.3 上海新职业青年群体生存与发展情况调查报告………… 曾燕波 / 040
B.4 上海网约配送员群体工作与生活状况调查报告………… 朱　妍 / 055
B.5 健康流动：上海流动人口健康素养促进报告………… 梁海祥 / 088
B.6 老年人数字鸿沟弥合的多维策略与上海实践………… 彭　聪 / 105

Ⅲ 社会政策篇

B.7 上海0~3岁婴幼儿托育服务的政策实践与居民需求…… 何　芳 / 122
B.8 家庭医生签约服务与分级诊疗的上海实践和探索……… 方　帅 / 143
B.9 上海长期护理保险制度的试点与探索研究……………… 寿莉莉 / 158
B.10 上海社会救助体系的总体概况与创新发展…………… 苑莉莉 / 172

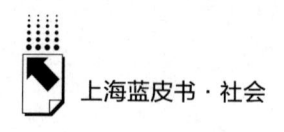

B.11 国内外人才评价标准的对接模式研究
——以国际职业资格认可制度为例 ………………… 李蔓莉 / 192

Ⅳ 社会治理篇

B.12 长宁区：建立健全新兴领域党建工作机制的新探索
………………… 白 燕 罗新忠 仲静云 孔令琦 / 207
B.13 杨浦区："社区大管家"住宅物业治理新模式
………………………………………… 徐万骅 刘振伟 / 215
B.14 浦东新区："半志愿半市场"物业服务供给新模式
………………………………… 沈 慧 马凤英 宋良冰 / 222
B.15 虹口区：高品质社区治理的实践新路径
………………………………………… 刘 俊 罗新忠 / 230
B.16 普陀区：完善基层治理知识生产机制的新方法
………………… 罗珏卿 恽 梅 刘 晶 周怡然 / 238

附录一
上海社会发展主要指标 …………………………………… / 246

附录二
全国超大城市主要经济与社会指标 ……………………… / 253

后 记 …………………………………………………… / 266

Abstract ………………………………………………… / 268
Contents ………………………………………………… / 270

总报告

B.1
民生、民意、民享：
新时代人民城市社会建设三重奏

李 骏 雷开春*

摘 要： 基于"人民城市人民建，人民城市为人民"的核心理念，结合上海实事项目的政策导向，本报告从主体视角构建了民生-民意-民享指数，旨在多维度反映城市社会建设的现状。通过对2000位上海居民的问卷调查数据进行定量分析，研究发现：第一，上海民生-民意-民享指数总体上处于较高水平，展现出较好的城市社会建设成效；第二，民生指数中，劳动就业指数表现突出，而文化教育指数有待提升；第三，民意指数显示社会有保障，但消费和就业信心方面需进一步关注；第四，民享指数表现积极乐观，居民普遍对生活质量持肯定态度。建议未来的人民城市社会建设应围绕劳动就业、收入消费、文化教育、社会保障、医疗健康和居住环境等具体城市生活场景，更精准地满足居民需求，不断提升人民城市

---

* 李骏，上海社会科学院社会学研究所所长、研究员，主要研究方向为社会分层与流动、城市社会学、社会治理等；雷开春，上海社会科学院社会学研究所研究员，主要研究方向为科技社会学、青年社会学和社会心理学。

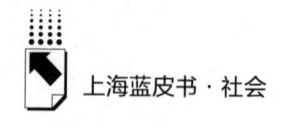

社会建设的总体水平。

关键词： 人民城市　社会建设　民生　民意　民享　上海

"人民城市人民建，人民城市为人民。"2023年12月，习近平总书记在上海考察时指出，要全面践行人民城市理念，努力走出一条中国特色超大城市治理现代化的新路，城市建设是中国式现代化建设的重要引擎。因此，城市建设和发展必须以人民为中心：一方面，"健全吸纳民意、汇集民智工作机制"成为体现"人民城市人民建"的重要途径；另一方面，"多办顺民意、惠民生、暖民心的实事，扎实解决群众急难愁盼问题"成为落实"人民城市为人民"的直接抓手。

一　新时代的人民城市社会建设需求

民生、民意、民享，共同构成人民城市理念的核心。新时代的城市建设要求注重民生福祉和民意诉求，这既是国家治理理念的进步，也是对人民日益增长的美好生活需要的积极回应。随着经济的快速发展和城镇化进程的加快，城市居民对于教育、医疗、住房、就业等基本公共服务的需求日益增长，对环境质量、文化生活、社会治理等方面也有了更高的期待。

（一）民生：聚焦急难愁盼问题

民生涉及教育、医疗、住房、就业等基本生活需求，是城市发展的基础，关注和改善民生，确保人民的基本生活需求得到满足，是城市和谐稳定发展的前提。因此，关注民生，意味着政府需要优先解决市民最迫切的问题，如改善低收入家庭住房条件、提升医疗服务质量、增加就业机会等。这些措施有助于提高市民的生活质量，增强城市的吸引力和竞争力。

长期以来，我国政府始终将民生问题作为工作的重中之重，通过实施一系列政策措施来解决人民群众最关心、最直接、最现实的利益问题。例如，政府工作报告中提出的民生指标，如城镇新增就业、居民医保人均财政补助标准提高、城乡居民基础养老金月最低标准提高等，都是回应民之所盼、指明施政所向的具体体现。

同时，我国政府在医疗、教育、养老等关键领域持续发力，通过优化医疗资源配置、加快优质医疗资源扩容和区域均衡布局、提高医保补助标准等措施，解决群众看病难、看病贵的问题。此外，政府还特别关注"一老一小"问题，通过提高个人所得税专项附加扣除标准，减轻家庭生育、养育、教育负担等政策，不断提升亿万家庭的幸福感。这些政策和措施的实施，不仅体现了政府对民生问题的高度重视，也展现了在发展中保障和改善民生的决心和行动，确保改革发展成果更多更公平惠及全体人民。

（二）民意：推动城市共建共享

"共建共享"作为一种城市发展理念，其核心在于通过政府、企业和社会各界的广泛合作，实现资源的高效利用和利益的公正分配。这一理念在《中华人民共和国国民经济和社会发展第十四个五年规划和2035年远景目标纲要》中有充分体现，强调促进共同富裕，提升全体人民的获得感和幸福感。在城市建设实践中，上海市通过建立多元参与机制，鼓励居民参与到社区治理和公共空间的建设中，形成了"人人参与、人人受益"的良性循环。例如，在公园绿地的规划中，居民可以通过问卷调查和座谈会等方式表达自己的意见和需求，这不仅能确保公共空间的设计和功能更贴近社区居民的实际需求，也能提高居民对社区环境的满意度和归属感。

此外，共建共享还体现在通过科技手段提升城市管理效率和公共服务质量上。例如，利用大数据和人工智能技术优化交通流量管理，减少拥堵，提高出行效率；或者通过物联网技术实现智能照明和能源管理，降低能耗，实现可持续发展。因此，民意是城市治理的导向，通过倾听和尊重民意，才能更好地反映人民的意愿和需求，增强政策的针对性和有效性。

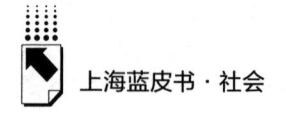

（三）民享：关注人民生活体验

民享是城市发展的最终目的，城市发展的成果应由人民共享，让人民在城市发展中获得实惠，提升幸福感和获得感。而实事项目正是政府为有效解决人民群众实际问题而实施的一系列具体措施。实事项目通常聚焦教育、医疗、住房等与民生密切相关的领域，旨在提升居民的生活质量和幸福感。因此，实事项目不仅体现了政府对民生问题的重视与对民众需求的积极响应，也有助于增强政府的公信力，提高社会满意度。

作为实事项目实施的先行者，上海在这一领域积累了丰富的经验。1986年以来，上海坚持每年实施与人民生活密切相关的实事项目，这些项目已成为上海民生工作的重要组成部分。例如，2024年，上海发布的实事项目涵盖养老、托幼、安居、就业、教育、医疗等，共计十个方面34项，体现了"三个更加注重"的原则：更加注重普惠共享、更加注重补齐短板、更加注重功能提升。可以说，实事项目是政府回应民生与民意的重要举措，不仅切实满足了居民的实际需求，还在更大程度上加强了民众对政府的信任，不断推动城市建设发展。

在多年上海民生民意调查经验的基础上，结合"人民城市"的城市发展理念，以及上海实事项目的内容，本研究增加民享维度，构建民生-民意-民享指数，即将对城市社会建设的评价与实际生活体验进行区分，以更加清晰地展现上海城市社会建设的现状。在具体指标设置中，我们放弃了面面俱到的传统设计思路，聚焦民众最关心的议题，选择最核心的客观指标，其中客观指标以上海实事项目涉及的内容为核心，包括养老、托幼、安居、就业、教育、医疗六个方面；主观指标既包括对以上六个方面的主观评价，也包括居民的实际城市生活体验；"共建"体现为民众为政策制定提供需求方向，"共享"体现为指标设置中侧重"普惠"公共、"底线"保障、"功能"提升等原则。

2024年6月，本研究以"七普"数据为抽样设计依据，对上海居民进行配额抽样调查，有效样本总量为2000人。配额维度主要根据区县、户籍、年龄、职业身份等来设定，按年龄分布中不再对户籍身份进行精确匹配，但各区所有样本必须符合"总体分布"的要求。实际样本中，党政机关及企事业单位负责人占4.0%，专业技术人员占16.0%，办事人员和有关人员占15.0%，生产与服务人员占25.0%，生产制造及有关人员占20.0%，其他占20.0%；男性占50.6%，女性占49.4%；未婚者占11.5%，已婚无子女者占7.9%，已婚有子女者占80.6%；初中及以下占3.8%，高中及三校占25.9%，大专占21.2%，本科占43.5%，研究生及以上占5.8%；党员占23.1%；本地户籍者占59.2%；8年及以上常住居民占71.0%。

由于测量指标的数量和层次并不一致，为了便于理解和对比，本报告对测量指标进行标准分的转换（1~100分），分值越高，表明发展状况越好。其中，民生指数由劳动就业、收入消费、文化教育、医疗健康、社会保障和居住环境六个方面的客观指标构成，民意指数则由民众对以上六个方面建设现状的主观评价构成，民享指数反映的则是民众的整体生活体验，包括幸福感、安全感、信任感、自豪感、融入感和信心度等。

二 上海人民城市社会建设的总体现状

（一）民生-民意-民享指数总体水平较高

根据《上海市民政事业发展"十四五"规划》，上海致力于实现基本民生保障普惠均等，基层社会治理有序活力，基本社会服务专业高效。这表明上海在教育、医疗、养老等基本公共服务领域持续投入，确保发展成果更多更公平惠及全体市民。本次调查数据表明（见图1），2024年上海人民城市建设的民享指数最高，达到80.6分，其次为民生指数（76.6分）和民意指数（73.3分），总平均分为76.0分。这一结果表明，上海在整体生活质量和民生服务方面具备相对良好的基础，居民的实际生活和公共服务满意度均较高，生活体验处于较为乐观的水平。当然，从相对分数来看，民意指数的提升空间相对较大，这一结果表明，政府在未来的政策制定和实施过程中，可更加重视倾听民众的声音，以提高居民的满意度。

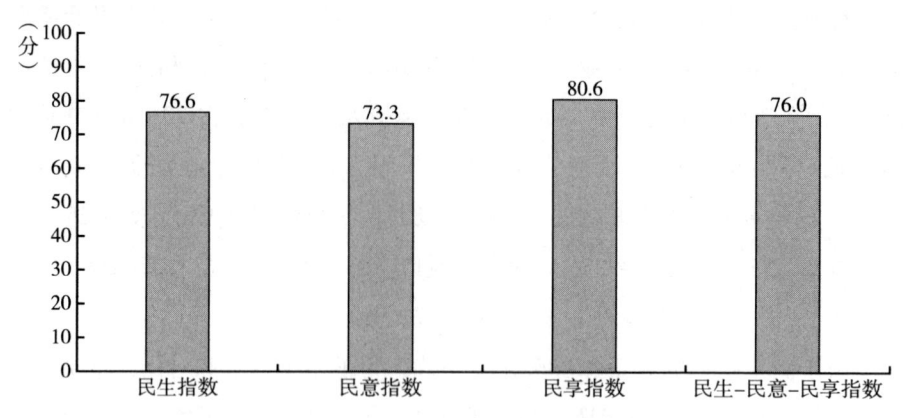

图1　上海民生-民意-民享指数的整体水平

（二）民生指数：劳动就业指数最高，文化教育指数有待提升

具体从民生指数来看，2024年上海在六大城市生活维度的得分排序由高到低依次为劳动就业指数（87.8分）>医疗健康指数（80.4分）>社会保障指数（75.8分）>居住环境指数（71.6分）>文化教育指数（71.4分）>收入消费指数（71.0分）（见图2）。这一结果表明，2024年，上海居民在劳动就业方面的发展状况相对最好，而在文化教育方面发展空间较大。

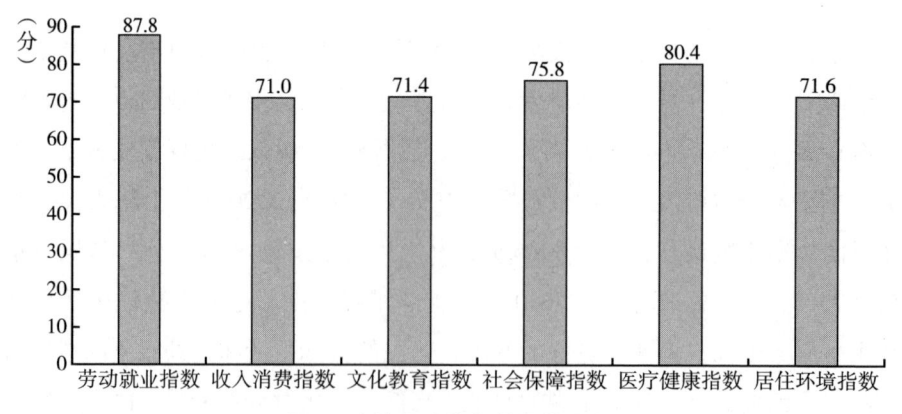

图2　上海民生指数的具体分布

其中，劳动就业方面发展状况较好具体表现为 2024 年上海在规范就业市场、创造就业机会和促进劳动力就业方面取得较好成效，这可能得益于政府对就业政策的支持、经济结构的优化以及各类职业培训的实施，这是保障居民生活质量的基础。

同时，医疗健康指数也超过 80 分，达到较高水平，这表明通过健康生活方式的宣传和医疗服务质量的不断提升，上海居民的整体健康状况达到较高水平，这是保障居民幸福感和获得感的前提。社会保障指数得分相对较高，表明上海居民在养老、失业保险等方面得到一定程度的保障，但仍有提升空间。值得注意的是，上海的居住环境指数、文化教育指数和收入消费指数均处于相对较低的水平，这表明上海居民在收入水平和消费能力方面面临挑战，而"双减"政策效果和教育均衡方面的相对有限使文化教育指数的提升空间较小，同时人均居住面积较小也使居住环境指数有待提升。

（三）民意指数：社会有保障，消费和就业信心明显不足

从民意指数来看，上海居民对六个城市生活维度的评价从高到低分别为教育满意度（83.7 分）、社保满意度（83.0 分）、医疗满意度（81.5 分）、安居满意度（76.4 分）、消费信心度（63.0 分）、就业信心度（50.6 分）（见图 3）。从中可以看出上海居民对教育、社保和医疗的满意度较高，均超过 80 分，这一结果表明，居民对学校教育服务质量、社会保障政策以及医疗服务质量的认可度很高。虽然居民的安居满意度也较高，但低于前三个维度，这可能反映出居民对住房问题，尤其是长者照护和物业管理、文体设施等方面的关注。然而，消费信心度较低，表明居民对未来经济形势和个人财务状况方面的担忧，这可能与经济增速放缓、生活成本上升、收入增长不平衡等因素有关。特别值得注意的是，居民的就业信心度相对较低，这一结果表明居民对当前就业形势和自身就业机会存在较大担忧，这可能与经济环境、过于"内卷"的职业环境以及劳动力市场的不确定性有关。

图3 上海民意指数的具体分布

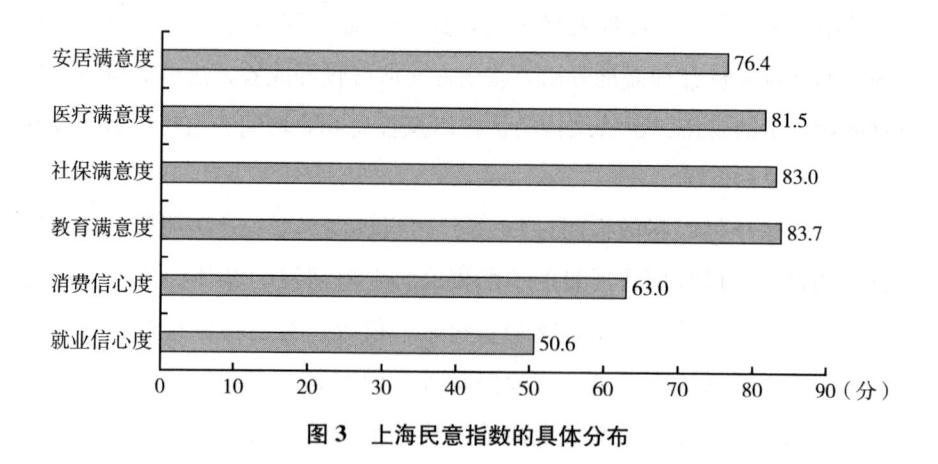

（四）民享指数：普遍积极乐观的人民城市体验

从民享指数来看，2024年上海居民的整体城市生活体验呈现较为积极的状态，民享指数各维度（包括安全感、幸福感、信任感、自豪感、融入感和信心度）的得分均在80分左右（见图4）。这一结果表明，近年来，上海市政府通过经济、社会、文化、环境等多方面的政策支持和改革举措取得较好的成效。例如，上海市政府在《上海市推动生活性服务业补短板上水平提高人民生活品质行动方案》中提出，通过补齐社区服务设施短板、增

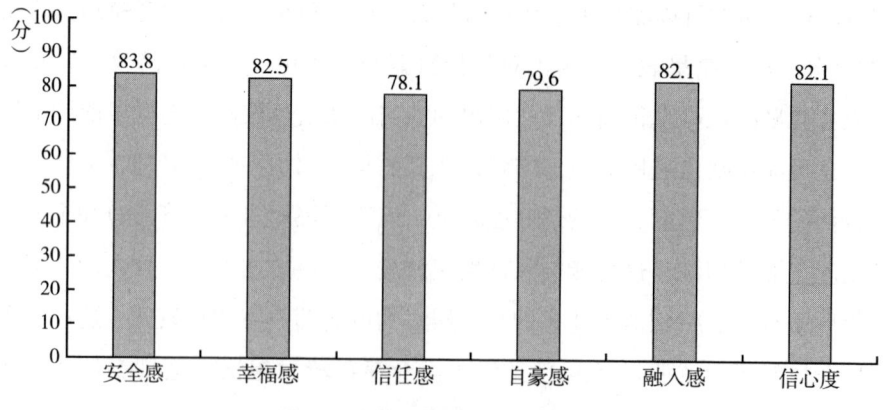

图4 上海民享指数的具体分布

安全感 83.8；幸福感 82.5；信任感 78.1；自豪感 79.6；融入感 82.1；信心度 82.1

加旅游休闲好去处、拓展体育健身空间和丰富文化生活体验等措施,全面提升社区生活服务便捷度和增加品质生活服务新供给。《惠民生、留文脉、促发展并进 上海以城市更新推进高质量发展》中提到,通过城市更新改善居民的居住条件,增加公共设施,构建"15分钟社区生活圈"。而最落地的民生专项实事项目也在每年持续进行中。可以说,正是这些实实在在的民生政策让居民真实直接地感受到政府的努力和自身生活品质的提升。

三 上海人民城市社会建设的多维需求

(一)人民城市建设核心需求:居住、教育和医疗

人民城市建设必须紧贴居民的核心需求。调查数据表明,为了贯彻落实"人民城市人民建,人民城市为人民"重要理念,上海居民认为最需要加强的三项工作分别为"持续改善市民居住条件"(43.6%)、"提高教育质量"(39.9%)和"提高医疗卫生服务质量"(39.0%)(见表1)。这一结果表明,居住、教育和医疗是人民城市建设最需要聚焦的领域。

表1 上海居民对未来人民城市建设的期待

单位:%

政策需求内容	整体占比	排序
持续改善市民居住条件	43.6	1
提高教育质量	39.9	2
提高医疗卫生服务质量	39.0	3
提高社会保障水平与覆盖面	37.5	4
发展经济,增加市民收入	36.3	5
优化养老托幼服务	34.3	6
建设宜居韧性智慧城市	33.9	7
扩大就业	27.2	8
刺激消费	23.3	9
推进长三角一体化	22.8	10

新质生产力，尤其是人工智能等先进技术，能为人民城市建设提供创新动力和促进效率提升，推动城市治理现代化和公共服务智能化。本报告调查结果也显示，在民生和治理领域，居民最希望新质生产力"赋能生活更便利"（58.1%）、"提升安全更可靠"（57.6%）和"赋能就业更多样"（56.5%）。从人民城市建设的角度来看，生活、安全和就业可能是最能直接展示新质生产力的领域。

（二）高AI职业从业意愿与低主动关注并存

就业是最大的民生，而人工智能是引领这一轮科技革命和产业变革的战略性技术，具有溢出带动性很强的"头雁"效应。[1] 正如2024年《政府工作报告》所提出的，深化大数据、人工智能等研发应用，开展"人工智能+"行动。加快"人工智能+"迭代动态发展，不仅有助于实现技术变革，而且有助于推动产业深度转型升级，是当前培育和形成新质生产力的关键所在。然而，调查数据显示，"经常关注资讯或产品"或为"AI软硬件的发烧友"的居民并不多，加起来仅有两成，超过七成居民表示不了解和有点了解，甚至有少量居民没有听说过人工智能。从具体使用场景来看，在使用过人工智能的居民中，"内容生成与编辑"（35.5%）、"数据分析与预测"（32.7%）两个功能的使用比例最高，这表明部分居民已开始尝试利用人工智能的技术优势。值得一提的是，关于是否愿意从事与人工智能相关的职业，有超过70%的居民表示"非常愿意"和"比较愿意"。这一结果表明，上海居民存在高AI职业从业意愿与低主动关注并存的现象。在信息获取极度便捷的当下，甚至很多应用已自动将人工智能模型添加到各种实际应用App或软件中，但上海居民中主动关注人工智能的比例仍然较低。换句话说，在面对未来职业最大的冲击时，大多数人的职业危机意识并不强。虽然人工智能的使用门槛极低，但与传统技术一样，人工智能作为一项新技术，也需要人们经历长期学习与摸索的过程，才能将新技术融入职业能力中。

---

[1]《加快形成以人工智能为引擎的新质生产力》，新华网，http://www.xinhuanet.com/politics/20241030/3d80399f6a2442538e0925c7a7eb1b37/c.html，2024年10月30日。

（三）收入来源相对单一，能理性平衡收入与消费

本次调查结果表明，上海居民的年收入平均为 14.69 万元（标准差 = 7.25 万元），家庭年收入平均为 30.73 万元（标准差 = 18.68 万元）。标准差数值表明，上海居民年收入的内部差异较大。值得注意的是，上海居民表现出收入来源过于单一的倾向，超过八成居民的主要经济来源为工资 (84.8%)，这意味着在就业形势严峻的当下，单一收入来源可能给居民带来较大的社会压力。

从消费情况来看，接近七成居民的总消费占总收入的 30%~50%，有 16.2% 的居民存在相对较高的消费占比；若政府出台消费刺激政策，接近一半的居民表示会提高消费意愿 (49.2%)。这一结果表明，大部分家庭能将收入与消费控制在较合理的范围，而少数消费占比较高者可能会给家庭带来风险。具体到消费渠道，调查结果表明，淘宝、京东等传统电商 (74.1%)，商场、超市、集市等线下消费渠道 (71.1%) 以及美团、饿了么等外卖跑腿代购平台 (52.0%) 是目前上海居民的三大消费渠道。这一结果不但表明传统实体消费仍占有重要地位，也暗示代购型消费在日常消费中的重要前景。而越来越受青睐的抖音、小红书等短视频直播 (40.5%)，以及以低价策略为主的拼多多等拼购电商 (40.0%) 的重要性仍不及传统消费渠道。从消费内容来看，调查数据显示，休闲娱乐 (50.8%)，服饰、奢侈品、美妆 (45.5%) 和旅游度假 (37.4%) 成为排名前三的消费内容，而医疗保健 (16.0%) 则排名最后。这一结果表明，上海居民的消费模式呈现明显的体验型消费倾向，关于追求生活品质提升的支付意愿很高。当然，需要注意的是，有三成上海居民在"现代化智能家居、智能穿戴装备"(31.5%) 方面的花费最多，这也是居民希望"新质生产力赋能生活更便利"的直接体现。

（四）减少教育过度竞争，聚焦现有文化资源

基础教育是民生建设的重要基石。调查结果显示，上海居民最渴望"推行快乐教育"(57.7%)，他们一方面希望"加强理科教育"(44.6%)、

"加大对英才学生的选拔力度"（38.7%）和"校内划分重点班和普通班"（24.3%），另一方面也希望"降低考试难度"（30.8%）、"不公布考试排名"（29.1%），甚至"取消中考"（18.0%）。看似矛盾的观点表明，一方面，上海居民理解教育承载着人才选拔功能，甚至有部分人认同校内分班的必要性；但另一方面，他们更希望看到孩子快乐地度过童年，尤其是减轻教育对普通孩子的竞争压力。

在生育率很低的社会背景下，托育服务是生育友好型城市的重要体现，因此托育服务是当下大部分有未成年子女家庭的核心需求。调查数据表明，为提升上海的整体教育质量，居民认为"打造更多儿童友好城市阅读新空间"（64.2%）最为重要，这可能与对虚拟世界给儿童带来的强大吸引力的担忧有关，阅读是让孩子避免网络沉迷的有效途径。此外，为困境未成年人家庭改善居住环境（56.9%）、提供爱心暑托班/寒托班（47.0%）、增设公办幼儿园托班（46.1%）、增加社区托育"宝宝屋"托额（42.4%）等政策也均得到超过四成居民的认同。从托育服务形式来看，超过一半的居民选择全日托（早送晚接）（54.3%），这可能是因为上海有大量的城市新移民，与原生家庭的空间隔离，使他们对全日托的需求更强。

从文化服务来看，调查数据显示，关于社区（附近）休闲健身场所，"市民健身中心"（55.6%）和"市民健身步道"（54.5%）获得的关注最多，其次为"市民运动球场"（44.6%）、"市民健身驿站"（43.6%）、"社区露天的健身苑点"（43.1%）、"口袋（街心）公园"（38.1%）。从中可以看出，居民对休闲健身场所的类型需求略有不同，各种形式的需求量均不低。这一结果表明，多样化的休闲健身场所才能满足居民多样化的文化需求。从具体服务内容来看，"加强社区体育健身设施的更新维护"（66.1%）受到的关注最多，其次为"城市公园24小时开放"（53.2%），然后是"增建口袋公园（街心公园）"（48.8%）、"更多艺术普及教育活动进社区"（46.6%）、"发放文体活动消费券"（40.8%）。这一结果表明，社区文化服务的第一要务是用好和开发现有资源，然后是增加新文化资源。

（五）居家养老仍为首选，紧急援助需求最强

上海作为最早进入老龄化的城市，养老成为时下最热门的话题。本次调查数据显示，有超过八成的居民选择"居家养老"（86.1%），而对照料者的选择则呈现明显的传统文化观念，即选择"与子女一起生活"（27.0%）、"配偶照料"（26.1%）的最多，其次为"自己独立生活"（18.8%），最后为"社区居家养老（社区提供服务）"（7.5%）和"请保姆或钟点工照料"（6.8%）。从中可以看出，上海居民并不愿意"外人"介入自己的老年生活，只有在不得不借助外力时，才愿意接受社会养老服务。一些新型养老方式，如旅游养老（4.6%）、抱团养老（1.0%）和机器人养老（0.2%）得到的认同并不多。

从具体的养老助老需求来看，排在前五位的需求由高到低依次为"紧急援助"（50.6%）、"医疗护理"（47.8%）、"家务援助"（46.3%）、"陪同就医"（44.1%）、"休闲娱乐活动"（39.5%）（见图5）。结合前面的养老方式来看，上海居民的理想养老模式是"日常居民养老+紧急养老服务"。

项目	百分比(%)
长者夜托服务	13.9
长者日托服务	15.7
学习培训活动（如学习手机应用等）	21.3
社区长者之家	24.5
适老化改造	25.0
心理咨询和辅导	28.3
送餐服务	28.6
社区长者食堂	30.5
代购服务	32.2
康复训练	35.6
生活护理	36.9
休闲娱乐活动	39.5
陪同就医	44.1
家务援助	46.3
医疗护理	47.8
紧急援助	50.6

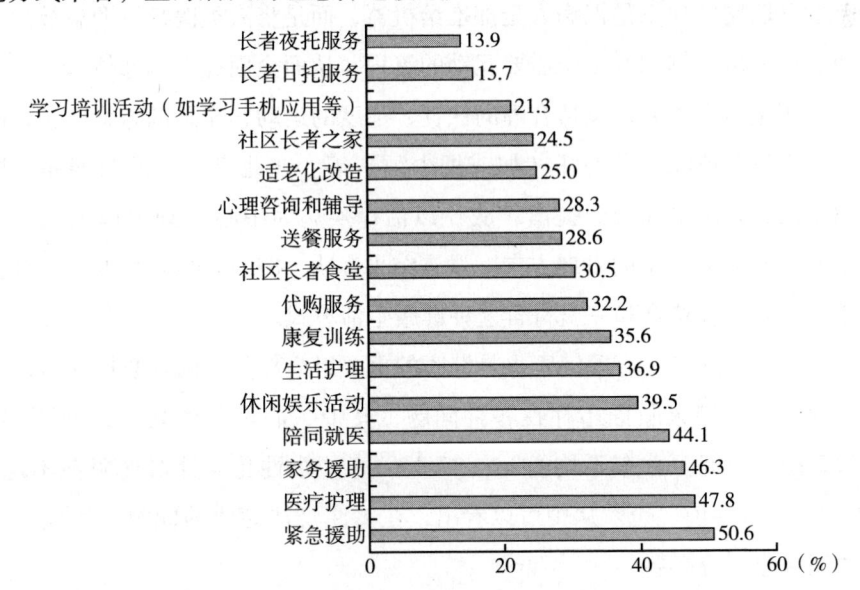

图5 上海居民的养老助老服务需求

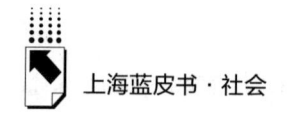

（六）用互联网和健康生活方式缓解医疗资源不足

从医疗健康服务来看，除了"排队时间长"（39.8%）问题依旧明显外，其他医疗服务问题相对分散。这一结果表明，随着网上预约和各种数据系统的运用，就医流程越来越优化，但医疗资源（尤其是高质量医疗资源）明显不足，可能是导致"排队时间长"问题依然严重的核心因素。

随着人工智能与医疗相结合，越来越多的互联网医疗服务兴起，为解决医疗资源不足问题提供了更多的可能性。然而，就目前来看，"诊断准确性不够"（30.5%）和"医患沟通体验欠佳"（30.0%）的问题相对较多，其他如"隐私安全问题"（26.0%）、"适用病种范围有限"（25.0%）、"医保报销存在障碍"（22.8%）、"网络技术可能出现故障"（22.0%）、"医疗纠纷处理机制不完善"（19.5%）、"对医生资质存疑"（19.4%）、"服务效果不佳"（17.1%）等问题也不同程度地存在。由此可以看出，作为极有前景的互联网医疗服务在生成式人工智能的加持下，以上问题会有明显改善，但未来的互联网医疗不是把病人全部推给机器，而是将人类医疗资源解放出来做更重要的事，例如专注于需要互动的流程，从而全面提升沟通体验。

健康生活方式通常包括合理的饮食、适度的运动、充足的睡眠、良好的心理状态以及戒除不良嗜好（如戒烟少酒）等。在北京召开的第四届中国健康生活方式医学大会上提出，从"以治疗疾病为中心"到"以人民健康为中心"是未来医学的发展方向。调查结果表明，83.1%的居民表示，自己的生活方式比较符合和完全符合这种健康生活方式。

需要指出的是，心理健康也是健康的重要组成部分。调查数据显示，目前上海的心理健康服务还存在各种问题，其中"心理健康教育普及不够"（27.2%）、"资源分布不均衡"（27.1%）、"个性化、针对性服务不足"（26.1%）排在前三位。从中可以看出，在关注身体健康的同时，加强心理健康服务也十分必要。

（七）小区改造项目受认同，需强化物业公司职能

社区是以人民为中心的城市建设理念的集中体现。调查结果表明，有超过四成的居民所在小区进行过"社区花园/绿化微改造"（42.5%），三成居民所在小区进行过"加装充电桩/集中充电点"（31.6%）以及"社区道路铺设"（29.4%）。由此可以看出，有四成居民至少享受过一项居住环境改造项目，这一结果表明，上海实事项目具有明显的"普惠"特征。调查结果同时显示，居民对生活便利、环境绿化、交通便捷的满意度排在前三位，但对"长者照护"和"物业管理"的满意度相对较低。具体来看，居民关注最多的居住安全问题是"在安全通道、楼道堆放杂物"（38.3%）和"高空抛物"（30.0%）。经过多年的努力，政府牵头促进的公共环境改造取得较好的效果，居民最关心的两个居住安全问题均属于物业公司的职责范围，为进一步改善居民的居住环境，需要针对物业公司加强管理。

四　人民城市社会建设的政策建议

（一）优化劳动就业与职业培训体系

就业信心是人民城市建设的重要基石，它直接影响城市的经济发展和社会稳定，是衡量城市生活质量和居民幸福感的关键指标。[1] 以人工智能为代表的新质生产力对劳动者提出了新的需求，包括对高技能和创新能力的追求，对跨学科知识的掌握，以及快速适应技术变革的能力。[2] 这些需求意味

---

[1] Organisation for Economic Co-operation and Development（OECD）, *Employment Outlook* 2020: *Worker Security and the COVID-19 Crisis*. Paris: OECD Publishing, 2020, Retrieved from https：//www.oecd.org.

[2] International Labour Organization（ILO）, *Skills for A Greener Future: Key Findings*. Geneva: ILO Publishing, 2021, Retrieved from https：//www.ilo.org.

着劳动者需要不断更新知识和技能，以适应不断变化的工作市场。要提升人们的职业信心，就必须以适应新质生产力的要求为前提。

根据国际劳工组织（ILO）的报告，职业技能培训的有效性在于其与市场需求的紧密结合。以新加坡为例，该国通过与行业协会合作，开设"未来技能"课程，成功使青年失业率降至较低水平。[①] 这种模式不仅提高了毕业生的就业率，还使企业快速适应新技术和市场变化，提升整体经济的竞争力。

借鉴新加坡的经验，上海可尝试建立政府、企业与教育机构的协同机制，为学生提供更多实习和就业机会。因此，上海需要特别重视加强前瞻性职业技能的培训，特别是与人工智能和数字技术相关的培训，以提高劳动者的竞争力；建立政府、企业与教育机构的合作机制，为学生和劳动者提供实习和就业机会，使教育培训与市场需求紧密结合；提供政府补贴和税收优惠，激励企业参与职业培训，提高劳动力市场的灵活性和适应性。

（二）优化教育资源配置，减轻教育竞争压力

"2024 ESG 全球领导者大会"在上海举办，其中可持续教育成为最亮眼的专场。当前，我国存在严重的教育"内卷"现象，从小的高强度灌输式学习使大部分学生耗尽心力，是造成"躺平"文化普遍盛行于我国青年群体之中的最大社会根源。[②] 因此，优化教育资源配置，减轻教育竞争压力，探索一条可持续的绿色人才发展之路，是人民城市建设的重要组成部分。

正如 OECD 在其教育报告中所指出的，教育资源的公平分配与社会稳定和经济发展密切相关。[③] 例如，在芬兰，政府实施区域教育政策，确保所有

[①] Singapore Ministry of Manpower, *Future Skills Initiative Report*. Singapore：MoM Press，2020, Retrieved from https：//www.mom.gov.sg.

[②] Lu, H., Hou, J., Huang, A., Wang, J., & Kong, F., "Development and Validation of the 'Lying Flat' Tendency Scale for the Youth," *Behavioral Sciences*，2023, 13（11）：915.

[③] Organisation for Economic Co-operation and Development（OECD），*Education at a Glance* 2018：*OECD Indicators*. Paris：OECD Publishing，2018, Retrieved from https：//www.oecd.org.

地区的学校获得相同的资金和资源。取得的成效是，芬兰学生的学业成绩在全世界持续名列前茅，教育压力大大减轻。[1] 通过建立教育资源共享平台，有效提高弱势地区学生的教育质量，减轻优质学校的竞争压力，让更多学生享受到优质教育。

为促进教育资源均衡配置并提高教育质量，上海可建立优质教育资源共享平台，依托数字教育资源公共服务体系，推动数字资源的供给侧结构性改革，创新供给模式，汇聚数字图书馆、数字博物馆等社会资源，建立教育大资源服务机制。同时，政府需统筹各区教育发展，实现财政拨款、学校建设和教师配置的均衡布局，加快薄弱学校改造，形成全市同标准、一体化发展的格局。此外，应加强教师培养，提高教师的职业地位和待遇，吸引优秀人才投身教育事业，完善学校教育教学设施和提升信息化水平。媒体也应积极引导，树立正确的教育价值观，减少家长的教育焦虑，避免传播错误观念，以缓解教育"内卷"的现象。

（三）加强居家养老服务与社区支持

上海是我国最早进入老龄化的城市，面对日益增长的老年人口需求，上海应积极探索居民满意的养老服务模式。[2] 调查数据表明，居家养老是居民首选的养老方式，因此，加强居家养老服务将是改善老年生活质量的重要途径。

借鉴瑞典的社区照护模式，通过整合社区资源和志愿者力量，为老年人提供定期探访、生活照料和心理支持，有效缓解老年人的孤独感，同时增强社区居民的社会责任感。[3] 这种模式强调以社区为中心，通过定期的健康监测、文化活动和紧急援助服务，确保老年人的基本需求得到满足，提升其生

---

[1] Sahlberg, P., *Finnish Lessons: What Can the World Learn from Educational Change in Finland?* New York: Teachers College Press, 2011.
[2] 国家统计局：《中国老龄化社会发展报告》，中国统计出版社，2021。
[3] Nordberg, G., Von Strauss, E., & Wimo, A., "Integrating Formal and Informal Care in Swedish Community Care Models: A Case Study," *Health & Social Care in the Community*, 2020, 28 (2): 375-385.

活满意度。

结合上海的实际情况,可以探索发展"居家养老+社区支持"的养老模式。具体措施包括整合社区资源,建立老年人健康档案,提供定期回访、健康监测、心理疏导、文化活动及紧急救助服务。同时,应鼓励志愿者和社会组织积极参与社区养老服务。研究表明,社区志愿者的参与不仅能够提升服务的覆盖率,还能增强社区的凝聚力和居民的归属感。① 此外,政府应通过政策引导和资金支持,为社区养老服务提供保障,推动养老服务模式的可持续发展。

(四)推广互联网医疗与健康生活方式

根据世界卫生组织(WHO)的研究,数字健康技术能够显著提高医疗服务的可及性和效率。引入智能健康管理平台,能够帮助居民进行自我健康监测,增强健康意识。② 例如,美国的《健康信息技术促进经济和临床健康法案》促进了电子健康记录的使用,提高了医疗服务的效率和质量。③

上海利用互联网医疗模式,可以缓解医疗资源紧张问题,同时提升居民的健康水平。因此,上海可借助 AI 技术,建立健康管理 App,整合居民健康数据,提供个性化的医疗建议和远程咨询服务。

越来越多的证据表明,健康和寿命的 60%取决于生活方式。④ 根据《中国居民营养与慢性病状况报告(2020 年)》,我国 18 岁以上居民高血压的患病率为 27.5%,相当于每 10 个成年人中有将近 3 个高血压患者;血脂异常患者约 2 亿人,超重或肥胖人群约 2.4 亿人。健康生活方式将成为未来医

---

① Abrams, D., Horsham, Z., & Davies, B., Literature Review-Linking Volunteering and Social Cohesion: Causal Evidence in the UK and Beyond, 2023.
② World Health Organization, *Global Diffusion of eHealth: Making Universal Health Coverage Achievable*. Geneva: WHO Press, 2016, Retrieved from https://www.who.int.
③ U.S. Department of Health and Human Services, *Health Information Technology for Economic and Clinical Health Act (HITECH)*, 2009, Retrieved from https://www.hhs.gov.
④ Patel, M. S., Asch, D. A., & Volpp, K. G., "Wearable Devices as Facilitators, not Drivers, of Health Behavior Change," *Journal of the American Medical Association*, 2015, 313 (5): 459-460.

学的研究重点。因此，结合最新的人工智能技术，推广健康生活方式，通过定期健康检查、运动指导及营养咨询，提供个性化的健康生活方式指导，是促进人民城市建设的重要部分。

（五）强化小区治理与物业管理机制

根据国际城市管理的研究，良好的物业管理能够显著提升居民的生活质量和满意度，有效的物业管理不仅涉及基础设施的维护和服务质量的提升，更关乎居民的安全感和社区归属感。[1] 以日本的"业主自治"模式为例，该模式强调居民在小区事务中的积极参与，使居民能够直接影响物业管理的决策和服务质量。[2] 这种参与式管理不仅提升了物业服务的质量和效率，还增强了社区的凝聚力和居民的责任感。

上海可借鉴日本的经验，推行类似的物业管理模式，以有效增强居民对社区的归属感和参与感。首先，政府应制定完善的物业服务考核制度，将居民满意度和社区参与度纳入评估指标，确保物业公司充分听取和回应居民意见。其次，推动物业公司与居民之间建立沟通和反馈机制，提高物业管理的透明度和效率，这也是提升服务质量的重要途径。例如，定期组织居民座谈会和满意度调查，不仅可以帮助物业公司及时了解居民的需求，还能鼓励居民积极参与社区事务，从而使物业公司调整服务策略，进一步提升居民的生活体验。

（六）加强社会保障与消费信心

人民城市建设，消费信心比黄金更珍贵。2022年12月召开的中央经济工作会议强调"要坚定做好经济工作的信心""大力提振市场信心"，特别指出我国2023年的经济工作要"从改善社会心理预期、提振发展信心入

---

[1] 《2024中国物业服务满意度研究报告》，https://news.qq.com/rain/a/20240723A00T3E00?utm_source=chatgpt.com，2024年7月23日。

[2] 俞祖成：《日本社区治理的制度框架与实践动向》，《社会治理》2021年第2期。

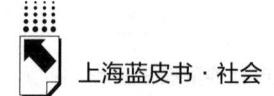

手"。有效的社会保障政策能够减少居民对经济波动的担忧，提高消费信心。①

研究表明，在拥有完善社会保障的国家，如北欧国家，居民的消费意愿普遍较高。② 这是因为社会保障为居民提供了基本的生活保障，使他们在面对经济波动时能够保持稳定的消费水平。相反，在缺乏社会保障的国家，居民往往由于对未来不确定性的担忧而选择储蓄，抑制消费。因此，政府应加大对社会保障体系的投入，确保医疗、失业等保障措施的覆盖率和有效性，以提升居民的消费能力和意愿。

此外，由于创新和创业常常伴随较大的风险，许多人因担心失败而不敢尝试。例如，德国的"创业扶持计划"结合社会保障的支持措施，为初创企业提供资金和培训服务，鼓励年轻人投身创新领域。③ 这种政策设计不仅激发了经济活力，也推动了社会的整体发展。因此，政府应在政策层面加大对社会保障的投入和优化力度，使居民在面对未来不确定性时，能够感受到社会的支持与安全。这不仅有利于增强消费信心、激励创新，还能将人民城市建设推向更高层次。

正如中央经济工作会议指出的，"改善社会心理预期，提振发展信心，是推动经济高质量发展的重要抓手"。本报告聚焦人民城市社会建设的核心主题，围绕劳动就业、收入消费、文化教育、医疗健康、社会保障和居住环境等多维议题展开，通过民生-民意-民享指数对上海城市发展的整体情况进行考察。研究表明，上海的民生-民意-民享指数总体上处于较高水平；民生指数中，劳动就业指数相对较高，文化教育指数有待提升；民意指数显示社会有保障，但消费和就业信心方面需进一步关注；民享指数则呈现普遍积极乐观的态势。

---

① 吴卫星：《健全经济治理体系提振发展信心》，《人民论坛》2023年第7期。
② Organisation for Economic Co-operation and Development (OECD), *Social Protection in OECD Countries: Key Indicators*. Paris: OECD Publishing, 2019, Retrieved from https://www.oecd.org.
③ Federal Ministry for Economic Affairs and Energy, *Entrepreneurship in Germany: Policy and Support Mechanisms*. Berlin: BMWi Press, 2021, Retrieved from https://www.bmwi.de.

未来，上海的人民城市社会建设应立足居民需求，从劳动就业、收入消费、文化教育、社会保障、医疗健康和居住环境等具体城市生活场景出发，制定更加精准的政策措施。同时，应推动资源配置的均衡化和服务供给的精准化，通过深化实事项目的实施，不断优化城市治理体系，增强居民的获得感、幸福感和安全感。上海作为全球化大都市，应在持续满足居民生活需求的同时，树立高质量城市建设的国际标杆。通过政策创新、社会多方协同和资源有效整合，上海有能力探索出一条具有示范意义的人民城市建设之路，为实现全面社会进步和经济可持续发展提供坚实支撑。

社会民生篇

B.2 上海育龄女性生育意愿和政策需求调研报告

包蕾萍*

摘　要： 本报告从政策需求侧角度出发，对上海育龄妇女的生育意愿和政策需求进行分析。基于三次大型调研，指出上海育龄女性的生育意愿总体处于较低水平，制约生育意愿的主要因素包括教育成本、养育成本、房价、照料和赡养负担等综合性社会因素，民生需求较大。调研数据显示，育龄妇女的政策需求呈现梯度性特点：第一梯度为经济类生育支持政策，如育儿津贴和税收支持政策；第二梯度为时间类支持政策，如弹性工作时间、产假和育儿假；第三梯度为服务类支持政策，如托育教育支持政策、住房支持政策、科学育儿知识需求、生殖健康服务。构建生育友好型社会，亟须从以上几个方面出发，不断丰富政策供给，尽快出台家庭能够获得实惠的支持政策。

关键词： 生育意愿　政策需求　"五个人人"

---

* 包蕾萍，上海社会科学院社会学研究所研究员，主要研究方向为社会政策与儿童青少年。

一 研究背景

党的二十大报告指出，人口规模巨大是中国式现代化的重要特征，但最新统计数据也显示，中国的超大型城市正面临人口老龄化和家庭能力弱化带来的高质量发展挑战。国家统计局发布的数据显示，2024年我国经济增长率达5.0%，新出生人口954万。与全国相比，上海更早面临人口自然增长率不断下降的趋势，2020~2022年一度出现连续三年常住人口负增长的情况，2023年有所回升。

国内外大量研究显示，生育率一旦长期低于更替水平，出生人口下降趋势就很难扭转。此外，现代社会受教育机会、受教育年限和就业机会增加，更多女性进入职业化工作场所，工作—家庭平衡也面临更多的挑战。事实上，早在20世纪60年代，欧美国家就开始了第二次人口转型，不同于高生育率、高死亡率的第一次人口转型，第二次人口转型的特征表现为结婚率下降、单亲家庭、重组家庭增加，出生率降低等。由于这种变化是社会结构、文化价值和避孕技术共同作用的结果，因此需要构建不同维度的社会支持政策。在此背景下，许多国家从20世纪70年代开始便积极采取生育支持政策以缓解低生育率带来的压力，但在政策供给不断加强的情况下，仍然面临生育率低位徘徊、生育意愿持续低迷的状况。联合国2024年7月发布的《世界人口展望2024》显示，已经有1/2的世界人口生活在生育率低于2.1的更替水平的国家或地区，有将近1/5的国家，包括中国、意大利、韩国和西班牙正面临"超低生育率"的威胁。

中国人口转型和国际人口转型不尽相同之处在于，国内人口转型是在社会发展、经济发展与人口政策等三股主要力量的推动下进行的。特别是在政策性安排下，政府不断加大对文化教育和卫生健康方面的投资，短短几十年时间内完成了从高出生率、高死亡率向低出生率、低死亡率、低自然增长率的重大转变，从传统人口增长类型转变为现代人口再生产类型。而人均受教育程度的不断提高，也帮助中国实现了从人口大国向人力资源大国的跨越，人口优势顺利地转化为发展优势和经济增长动力。但人口年龄结构的悄然老化，使中国和全球一样开始面临越来越严峻的低婚育率挑战。尤其是上海、北京这样的特大型城市，已经进入超老龄化阶段，亟须突破原有的人口政策思路，不断扩大政策供给的领域和力度。

进一步完善生育支持政策体系，加快建设生育友好型社会，既是党的二十届三中全会提出的重要发展任务，也是人民城市理念的集中体现。要促进人口高质量发展，既需要从"全国一盘棋"的思路出发，出台具有实效的政策举措，也需要立足国情市情，基于"五个人人"原则，了解人民群众特别是育龄妇女的所思所想，结合上海民生实践的重点政策，切实加强家庭能力建设，通过政策驱动，积极构建生育友好型社会。

二 数据来源

为客观评估上海育龄女性的生育意愿和政策需求现状，本报告采取元分析方法，对智库机构近年来的三次大型问卷抽样调查数据进行综合分析，调查数据主要来源和基本情况如下。

2023年上海育龄妇女生育情况评估专题调查。该调查由上海市卫健委委托上海社会科学院开展，采取问卷调查方式，从市卫健委育龄妇女数据库中抽取2022年1~12月生育过的20~49岁育龄妇女进行调查。调查内容包括育龄妇女基本情况、生育状况和生育意愿、家庭和健康情况、生育假期和公共服务情况四大部分。调查涉及上海16个市辖区，最终获得有效问卷14187份（居民家庭卷）。

2023年上海各阶层女性思想状况与民生民意问卷调查。该调查为2023年上海决策咨询课题，由上海市妇联委托上海社会科学院开展，采取问卷调查方式，主要围绕女性民生状况与价值理念两大结构内容，其中价值理念包含价值观、两性观、婚恋观、生育观、就业观五个维度。调查采用PPS抽样方法，利用电脑辅助访问系统（CAPI）进行取样，最终获得有效问卷4076份。

2022年三孩政策背景下上海育龄妇女生育状况和生育意愿专题调查。该调查由上海市卫健委委托上海社会科学院开展，采取问卷调查方式，调查内容包括家庭状况、生育和养育成本、生育意愿、生育假期和公共服务需求四大部分。调查涉及上海16个市辖区，最终获得有效问卷19314份。

三 主要发现

（一）生育意愿分析：整体处于较低水平

1. 生育意愿低迷：三成左右育龄妇女愿意生育子女

2022年三孩政策背景下上海育龄妇女生育状况和生育意愿专题调查数据显示，上海育龄妇女的生育意愿为31.88%，即有31.88%的育龄妇女在未来愿意生1个及以上子女。其中，23.23%的育龄妇女未来愿意生育1个子女，8.08%的育龄妇女未来愿意生育2个子女，0.58%的育龄妇女未来愿意生育3个子女。高达68.12%的育龄妇女未来不愿意生育。

此外，从生育数量上看，上海育龄妇女未来愿意生育子女的平均数量为0.41个。

2. 不同身份育龄妇女的生育意愿存在明显差异[①]

调查显示，上海户籍育龄妇女生育意愿比外省市低，上海市户籍育龄妇女生育意愿平均值为0.26，外省市户籍育龄妇女生育意愿为0.38。实际生育数量也呈现同样的趋势，上海市户籍育龄妇女的平均值为1.01个，外省市户籍育龄妇女的平均值为1.23个。

中等收入家庭的妇女生育意愿最低。其中，年收入10万元以下已婚育龄妇女生育意愿平均值为0.32，年收入10万～20万元家庭妇女的生育意愿为0.28，年收入20万～30万元为0.30，年收入30万～40万元为0.31，年收入40万元及以上为0.32。年收入在10万元以下、30万元及以上的已婚育龄妇女生育意愿高于年收入10万～30万元的已婚育龄妇女。实际生育数

---

① 明显差异指统计检验达到显著水平，下同。

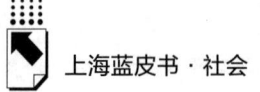

量也表现出类似的趋势：年收入10万元以下已婚育龄妇女生育数量平均值为1.10个，10万~20万元为1.05个，20万~30万元为1.03个，30万~40万元为1.04个，40万元及以上为1.16个。

但和传统认知不同的是，受教育程度越高的妇女生育意愿越高。小学及以下已婚育龄妇女生育意愿平均值为0.24，初中为0.32，高中/中专为0.28，大专为0.27，大学为0.31，研究生为0.45。但调查也发现明显的"知行背离"现象，受教育程度越高的妇女实际生育数量越少。小学及以下妇女生育数量平均值为1.55个，初中为1.27个，高中/中专为1.12个，大专为1.03个，大学为1.00个，研究生为0.99个。

独生子女比非独生子女生育意愿高，独生子女育龄妇女生育意愿平均值为0.30，非独生子女的生育意愿为0.29。

3. 一孩和二孩母亲的生育意愿最低

调查显示，未婚妇女的生育意愿为53.37%（生1个及以上子女），未育妇女的生育意愿为57.02%，已生一孩妇女的生育意愿为20.18%，已生二孩妇女的生育意愿为9.96%，已生三孩妇女的生育意愿为13.60%。数据表明，未婚、未育育龄妇女的生育意愿不到60%，其中未婚育龄妇女的生育意愿低于未育育龄妇女。

此外，从生育数量上看，未婚育龄妇女未来愿意生育子女的平均数量为0.73个，未育育龄妇女未来愿意生育子女的平均数量为0.77个，已生一孩育龄妇女未来愿意生育子女的平均数量为0.23个，已生二孩育龄妇女未来愿意生育子女的平均数量为0.16个，已生三孩育龄妇女未来愿意生育子女的平均数量为0.32个（见表1）。

表1 不同婚育情况育龄妇女的生育意愿

单位：%，个

数量	未婚	未育	一孩	二孩	三孩
0个	46.63	42.98	79.82	90.04	86.40
1个	34.71	37.96	17.64	4.38	4.00
2个	17.97	18.24	2.29	4.64	0.80

续表

数量	未婚	未育	一孩	二孩	三孩
3个及以上	0.69	0.82	0.25	0.94	8.80
生育意愿	53.37	57.02	20.18	9.96	13.60
生育意愿(平均生育数量)	0.73	0.77	0.23	0.16	0.32

（二）影响因素分析

1. 超大城市生活压力是影响上海育龄妇女生育意愿的最主要因素

调查显示，影响生育意愿最主要的因素来自超大城市生活方方面面的压力，其中，教育成本高是影响上海育龄妇女生育意愿的第一大因素（47.75%），养育成本（吃穿用）高是影响上海育龄妇女生育意愿的第二大因素（43.42%），房价太高是影响上海育龄妇女生育意愿的第三大因素（37.62%）。

此外，没人帮忙照看子女（28.08%）、父母养老压力大（20.66%）也是影响上海育龄妇女生育意愿的重要因素。而个人发展原因，如影响个人工作或职业发展只占15.15%，怕影响身材和不孕不育等的占比都低于5%（见图1）。

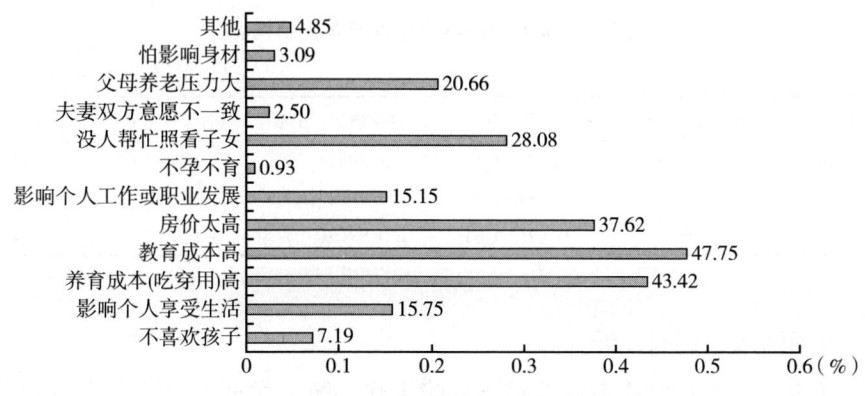

因素	百分比
其他	4.85
怕影响身材	3.09
父母养老压力大	20.66
夫妻双方意愿不一致	2.50
没人帮忙照看子女	28.08
不孕不育	0.93
影响个人工作或职业发展	15.15
房价太高	37.62
教育成本高	47.75
养育成本(吃穿用)高	43.42
影响个人享受生活	15.75
不喜欢孩子	7.19

图1 影响上海育龄妇女生育意愿的因素

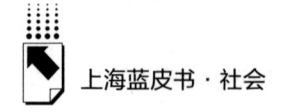

2. 上海养育子女成本过高

2023年上海育龄妇女生育情况评估专题调查显示，养育一孩成本每年达到13.04万元，与全口径城镇单位就业人员年平均工资（14.62万元）相当；养育两个孩子的成本每年达到21.11万元；养育三个孩子的成本每年达到29.75万元。经测算，在家庭经济独立（没有房贷、车贷、养老等外债压力，亦没有父母、岳父母的家庭支持）的前提下，处于平均收入水平的普通家庭生育一孩可过正常生活，生育两孩达到极限。养育子女成本给存在房贷、车贷或养老等外债压力，又缺少父辈家庭经济支持这部分家庭带来较大的经济压力。

养育硬成本是上海养育子女的最大支出。调查显示，无论是一孩、二孩还是三孩，吃穿用方面的养育硬成本始终是最大支出，占养育子女总支出的50%左右，其中，仅一孩吃穿用养育硬成本占总支出的48.6%，仅二孩吃穿用养育硬成本占总支出的59.2%，仅三孩吃穿用养育硬成本占总支出的61.2%。

医疗费随着孩次的增多占总支出的比重提高。调查显示，一孩的医疗费只占总支出的13.0%，在所有支出中比例最低；而随着二孩、三孩等孩次的增多，医疗费支出占比相应地分别提升到15.7%、17.9%，在所有支出中上升为第二高的支出项目。医疗支出也属于养育硬成本，随着二孩、三孩的增多，上海家庭养育子女的医疗支出硬成本占比也有所提升（见表2）。

表2 2022年上海养育子女成本支出情况

单位：万元，%

孩次	吃穿用（占比）	兴趣班（占比）	学业辅导（占比）	医疗（占比）	总支出
一孩	6.34(48.6)	2.62(20.1)	2.39(18.3)	1.69(13.0)	13.04
二孩	4.78(59.2)	1.07(13.3)	0.95(11.8)	1.27(15.7)	8.07
三孩	5.29(61.2)	0.92(10.6)	0.88(10.2)	1.55(17.9)	8.64

3. 职业发展影响分析

近九成育龄妇女认为养育孩子影响工作和事业发展。2023年上海育龄妇女生育情况评估专题调查显示，89.4%的育龄妇女反映养育孩子影响工作和事业发展，只有 10.6% 的育龄妇女反映养育孩子没有影响工作和事业发展。

养育孩子影响育龄妇女在工作和事业上的时间、精力投入。调查显示，养育孩子对育龄妇女的影响首先体现在工作和事业上的时间、精力投入，56.6% 的育龄妇女因养育孩子而社交活动时间减少，55.1% 的育龄妇女因养育孩子花在工作上的时间和精力减少。

养育孩子影响育龄妇女职业规划和工作晋升。调查显示，养育孩子对育龄妇女的影响还体现在职业规划和工作晋升上，41.4% 的育龄妇女为了照顾孩子，改变了原有的职业规划；34.1% 的育龄妇女因养育孩子工作晋升机会变少（见图2）。

项目	百分比
其他影响	0.8
事业发展更好，工作收入增加	1.7
为了养育孩子，自己工作更加努力	20.4
社交活动时间减少	56.6
工作收入减少	26.3
工作晋升机会变少	34.1
花在工作上的时间和精力减少	55.1
为了照顾孩子，改变了原有的职业规划	41.4
为了照顾孩子，选择在家做全职太太	17.2

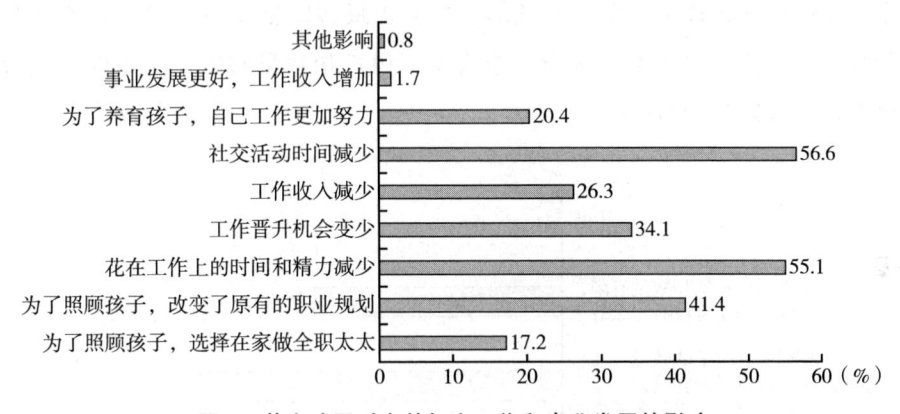

图 2　养育孩子对育龄妇女工作和事业发展的影响

（三）生育支持政策需求评估

数据显示，育龄妇女对婚育支持政策的欢迎程度呈现梯度性特点：第一梯度为经济类生育支持政策，如育儿津贴和税收支持政策；第二梯度为时间类支持政策，如产假和育儿假；第三梯度为服务类支持政策，如托育服务支持政策、住房支持政策、科学育儿知识需求、生殖健康服务需求。

1. 育儿津贴支持政策

九成以上育龄妇女支持发放育儿津贴政策。调查显示，96.57% 的育龄妇女希望发放育儿津贴，只有3.43%的育龄妇女不主张发放养育津贴。在发放育儿津贴的对象上，育龄妇女的意见有分歧，55.33%的育龄妇女希望为所有生育家庭发放育儿津贴，25.09%希望为低于上一年全市居民平均收入水平的生育家庭发放育儿津贴，13.64%希望为低保家庭发放育儿津贴，2.51%希望为其他家庭发放育儿津贴。

2. 税收支持政策

育龄妇女普遍支持实施"个人所得税抵扣支持生育"的政策。调查显示，61.50%的育龄妇女支持个人所得税抵扣子女抚养费，认为应"把个人所得税抵扣拓展到抚养0~3岁孩子的家庭"；52.90%的育龄妇女主张实施阶梯式个人所得税抵扣政策，认为应"按照养育孩子的数量，实行阶梯式个人所得税抵扣政策，生育三孩的可以获得最多的抵扣"；但也有36.05%的育龄妇女持不同意见，认为"个人所得税抵扣数量有限，对于促进生育没有什么效果"（见图3）。

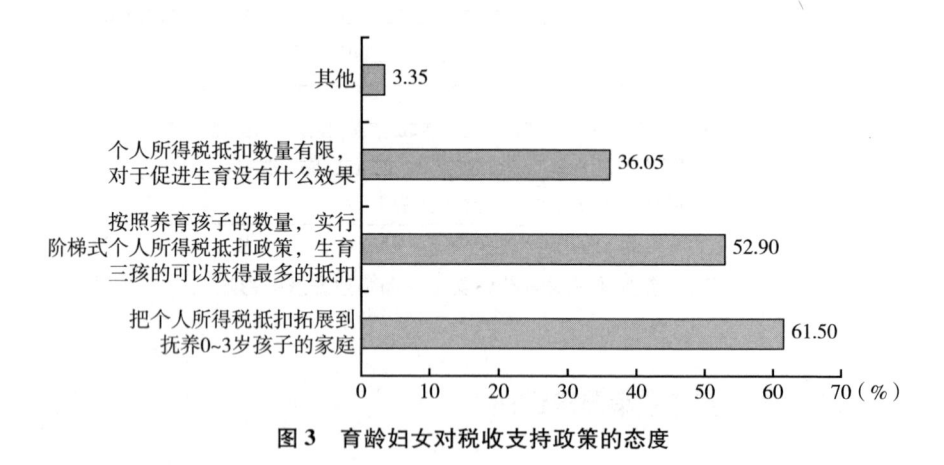

选项	百分比
其他	3.35
个人所得税抵扣数量有限，对于促进生育没有什么效果	36.05
按照养育孩子的数量，实行阶梯式个人所得税抵扣政策，生育三孩的可以获得最多的抵扣	52.90
把个人所得税抵扣拓展到抚养0~3岁孩子的家庭	61.50

图3 育龄妇女对税收支持政策的态度

3. 托育服务支持政策

育龄妇女的托育服务政策需求较高。调查显示，62.61%的育龄妇女希望孩子入幼儿园前，将其送入托育机构；30.78%的育龄妇女表示不需要，还有6.61%已入托育机构与幼儿园。

选择托育服务的主要原因不是孩子缺少照看，而是培养孩子的自理能力。调查显示，产生托育需求的首要原因是培养孩子的自理能力（40.17%），其次是让孩子有玩伴（32.87%）、家里无人照看（31.64%）、减轻老人负担（27.74%）、减轻自己照料孩子的负担（18.96%）（见图4）。

```
其他                                    0.48
托育机构比较专业                        21.60
减轻自己照料孩子的负担                  18.96
减轻老人负担，让老人有更多的闲暇时间    27.74
培养孩子的自理能力                      40.17
让孩子有玩伴                            32.87
家里无人照看                            31.64
        0    10    20    30    40    50(%)
```

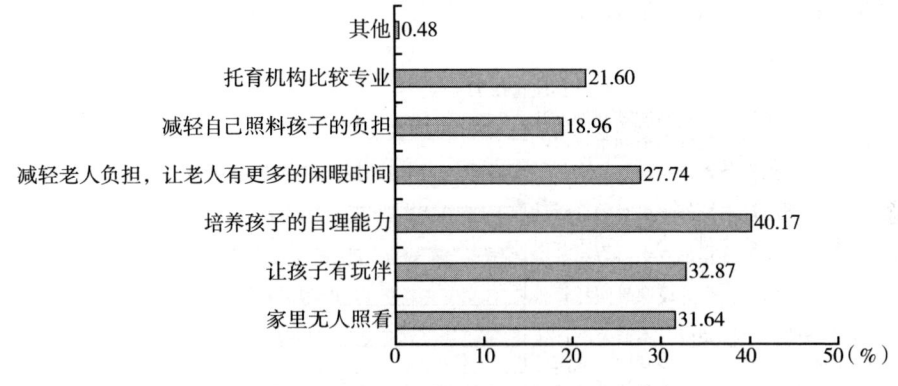

图4 育龄妇女选择托育服务的主要原因

4. 教育支持政策

五成以上育龄妇女认可实施发展托幼一体化、0~3岁托育服务及控制学区房支持生育的教育政策。调查显示，54.73%的育龄妇女认为实施"发展托幼一体化，在幼儿园开设托班"、53.78%认为实施"以普惠型为主发展0~3岁托育服务，切实减轻托育负担"、51.30%认为实施"调整义务教育对口学区划片办法，实行多校同招，控制学区房炒作"的教育政策可以提高生育水平。

四成以上育龄妇女认可实施减轻小学生作业负担、开设晚托班支持生育的教育政策。调查显示，43.02%的育龄妇女认为实施"小学生作业在学校完成，不留家庭作业"、42.23%认为实施"托儿所、幼儿园、小学、初中开设晚托班，与家长下班时间衔接"的教育政策可以提高生育水平。

三成以上育龄妇女认可实施开设寒暑假托管班、延长义务教育支持生育的教育政策。调查显示，38.98%的育龄妇女认为实施"把义务教育延长到高中阶段"、38.38%认为实施"小学、初中开设寒暑假托管班"的教育政策可以提高生育水平。

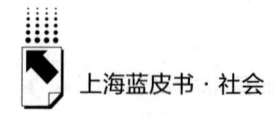

两成以上育龄妇女认可实施打击校外学科类辅导、促进师资均衡支持生育的教育政策。调查显示，28.89%的育龄妇女认为实施"严厉打击校外学科类辅导活动"、26.20%认为实施"实行师资轮岗流动制度，让校长、教师在不同学校流动"的教育政策可以提高生育水平（见图5）。

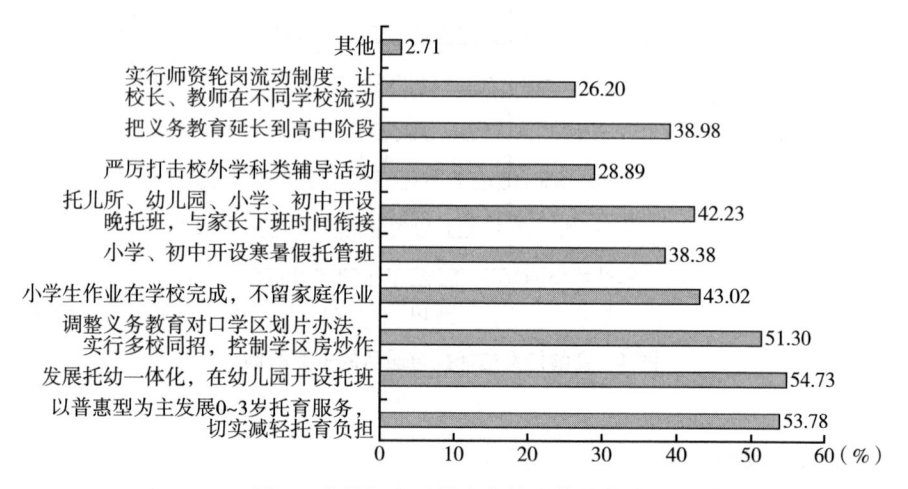

类别	比例(%)
其他	2.71
实行师资轮岗流动制度，让校长、教师在不同学校流动	26.20
把义务教育延长到高中阶段	38.98
严厉打击校外学科类辅导活动	28.89
托儿所、幼儿园、小学、初中开设晚托班，与家长下班时间衔接	42.23
小学、初中开设寒暑假托管班	38.38
小学生作业在学校完成，不留家庭作业	43.02
调整义务教育对口学区划片办法，实行多校同招，控制学区房炒作	51.30
发展托幼一体化，在幼儿园开设托班	54.73
以普惠型为主发展0~3岁托育服务，切实减轻托育负担	53.78

图5 育龄妇女对教育支持政策的态度

5. 生育假期支持政策

50.23%的育龄妇女期待法定产假在6个月以上，44.77%的育龄妇女期待有1~3个月的生育假，55.03%的育龄妇女期待有1~3个月的陪产假，39.61%的育龄妇女期待有3~6个月的哺乳假。

在生育假期的态度上，育龄妇女最希望延长产假（67.80%）、生育假（58.53%），其次是希望新增育儿假（55.12%）、延长配偶陪产假（54.88%）（见图6）。

在对待育儿假时间的态度上，在婴幼儿3周岁之前，70.53%的育龄妇女赞同夫妻双方每年可享受各30天（一共60天）的育儿假，13.37%赞同夫妻双方享受各30天（一共60天）的育儿假，7.82%赞同夫妻双方享受各20天（一共40天）的育儿假，4.76%赞同夫妻双方享受各25天（一共50

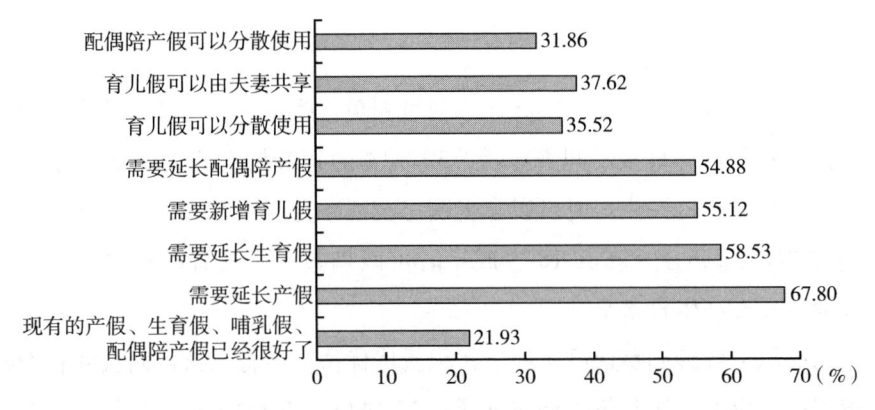

图6 育龄妇女对延长或新增生育假期的态度

- 配偶陪产假可以分散使用：31.86
- 育儿假可以由夫妻共享：37.62
- 育儿假可以分散使用：35.52
- 需要延长配偶陪产假：54.88
- 需要新增育儿假：55.12
- 需要延长生育假：58.53
- 需要延长产假：67.80
- 现有的产假、生育假、哺乳假、配偶陪产假已经很好了：21.93

天）的育儿假，3.52%的育龄妇女赞同其他方案。

在对育儿假期间待遇的态度上，59.45%的育龄妇女持停薪留职态度，28.77%赞同工资、奖金等与上班时一样，6.06%赞同只拿工资、没有奖金，3.09%赞同只要有育儿假就可以，1.62%持其他态度（见图7）。

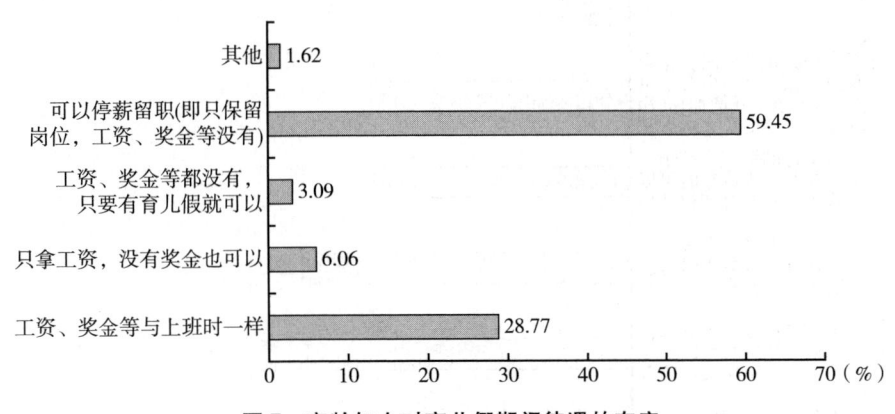

图7 育龄妇女对育儿假期间待遇的态度

- 其他：1.62
- 可以停薪留职(即只保留岗位，工资、奖金等没有)：59.45
- 工资、奖金等都没有，只要有育儿假就可以：3.09
- 只拿工资，没有奖金也可以：6.06
- 工资、奖金等与上班时一样：28.77

6. 住房支持政策

四成以上育龄妇女认可实施多生育增加购房指标、购买二套房享受首套房购房政策的住房政策。调查显示，49.82%的育龄妇女认为实施"生育二孩或三孩家庭，可以新增1套购房指标"、44.16%认为实施"生育二孩或三

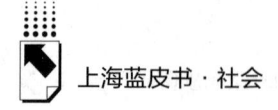

孩家庭,购买住房时可以享受首套房购房政策"的住房政策可以提高生育水平。

三成以上育龄妇女认可实施购房契税减免、生育二孩可购买共有产权住房支持生育的住房政策。调查显示,39.93%的育龄妇女认为实施"生育二孩或三孩家庭,购买住房时可以享受购房契税减免待遇"、35.55%认为实施"生育的第二个孩子,在其18岁成年时可以购买一套共有产权住房"的住房政策可以提高生育水平。

两成以上育龄妇女认可实施公共租赁房优待、生育三孩可购买共有产权住房支持生育的住房政策。调查显示,27.98%的育龄妇女认为实施"在提供公共租赁房时,生育二孩或三孩家庭可以按照每增加一个孩子新增加1间房的办法,享受更大的面积"、22.04%认为实施"生育的第三个孩子,在其18岁成年时可以购买一套共有产权住房"的住房政策可以提高生育水平(见图8)。

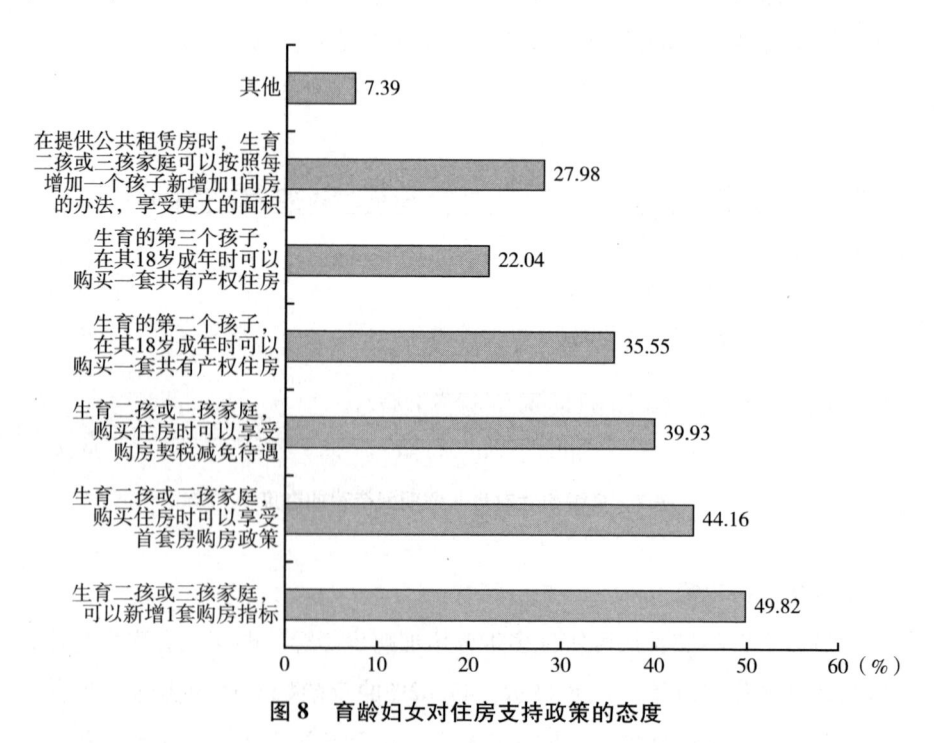

政策	百分比
其他	7.39
在提供公共租赁房时,生育二孩或三孩家庭可以按照每增加一个孩子新增加1间房的办法,享受更大的面积	27.98
生育的第三个孩子,在其18岁成年时可以购买一套共有产权住房	22.04
生育的第二个孩子,在其18岁成年时可以购买一套共有产权住房	35.55
生育二孩或三孩家庭,购买住房时可以享受购房契税减免待遇	39.93
生育二孩或三孩家庭,购买住房时可以享受首套房购房政策	44.16
生育二孩或三孩家庭,可以新增1套购房指标	49.82

图8 育龄妇女对住房支持政策的态度

7. 科学育儿知识需求

育龄妇女对科学育儿知识的需求呈现多元特征，一半以上育龄妇女对婴幼儿疾病预防知识有需求，四成以上对婴幼儿护理、营养及喂养、智力开发知识有需求，三成以上对婴幼儿意外伤害预防知识有需求，两成以上对婴幼儿动作指导、语言发育指导、视觉发育指导、听觉发育指导知识有需求（见图9）。

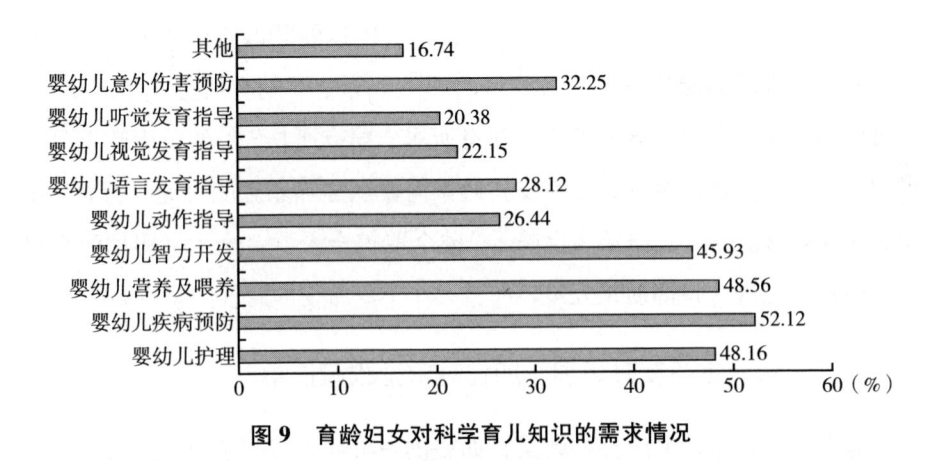

```
其他                      16.74
婴幼儿意外伤害预防         32.25
婴幼儿听觉发育指导         20.38
婴幼儿视觉发育指导         22.15
婴幼儿语言发育指导         28.12
婴幼儿动作指导             26.44
婴幼儿智力开发             45.93
婴幼儿营养及喂养           48.56
婴幼儿疾病预防             52.12
婴幼儿护理                 48.16
          0   10   20   30   40   50   60（%）
```

图9　育龄妇女对科学育儿知识的需求情况

8. 生殖健康服务需求

育龄妇女对生殖健康服务的需求较高。其中，对避孕知识宣传服务的调查需求率为50.84%，对了解预防性病、艾滋病知识的调查需求率为42.70%，对免费避孕药具的调查需求率为40.35%，对不孕不育服务的调查需求率为17.65%。

四　倡导积极婚育文化的公共政策

国内外人口发展现状和趋势都表明，人口事件属于长周期事件，低生育率回升是慢变量，只有尽早健全生育支持政策体系，提振生育信心，才可能推动实现适度生育。

创新发展积极的公共政策与服务协助家庭养育儿童，是延缓本市人口负增长态势、促进人口高质量再生产的迫切需要。从国内外促进生育的政策经

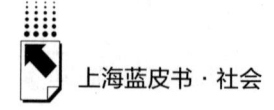

验及本市家庭的需求看,当前及今后一个时期,上海可以从经济资助、照顾服务、提升育儿附加值以及积极婚育文化打造等方面入手,稳步推进支持家庭育儿的公共政策与服务的发展。

(一)坚持民本思想,关注家庭能力建设

党的二十大报告强调:"必须坚持在发展中保障和改善民生。"[①] "人民幸福安康是推动高质量发展的最终目的。"[②] 目前,"幼有所育、学有所教、劳有所得、病有所医、老有所养、住有所居、弱有所扶"[③] 的民生政策已关切到不同人民群体的需求,生育支持政策需要从加强家庭能力建设的立场出发,更多考虑家庭育儿需求和保障,"健全覆盖全人群、全生命周期的人口服务体系,促进人口高质量发展"[④]。

(二)营造生育友好环境,加强需求型政策供给

努力推动普惠性家庭支持政策,如提供一次性生育奖励金、为家庭提供0~3岁育儿津贴、推动普惠托育服务等。支持人口发展或家庭建设的政策工具,不仅需要有补差型政策举措,更需要有普惠性的政策工具,才能激发和满足大部分家庭的需求。

(三)推动高质量发展,家庭人口发展与社会经济发展同频共振

家庭的经济状况会影响个体的婚姻行为,社会经济环境又会显著影响个体与家庭的生活水平。高房价、高教育投入、鼓励女性就业导致工作和家庭

---

① 《二十大报告摘登|增进民生福祉,提高人民生活品质》,共产党员网,https://www.12371.cn/2022/10/16/ARTI1665903082745551.shtml,2022年10月16日。
② 《在发展中保障和改善民生》,中国政府网,https://www.gov.cn/yaowen/liebiao/202308/content_6897392.htm,2023年8月9日。
③ 习近平:《高举中国特色社会主义伟大旗帜 为全面建设社会主义现代化国家而团结奋斗——在中国共产党第二十次全国代表大会上的报告》,《求是》2022年第21期。
④ 习近平:《关于〈中共中央关于进一步全面深化改革、推进中国式现代化的决定〉的说明》,《求是》2024年第16期。

难以兼顾等都会抑制生育，目前，世界各国普遍采取经济支持、公共服务支援、扩展社会福利等方式来减轻家庭的育儿压力。

在全面建设社会主义现代化国家的新发展阶段，社会经济发展需要与人口家庭发展同向而行。在促进社会经济高质量发展的同时，不断完善家庭政策支持体系，增强家庭凝聚力和支持功能，提升家庭应对外部风险的能力。在此过程中，推动工作与家庭领域性别平等需要更多切实有力的政策工具，通过公正公平的规范制度来促进婚姻观、生育观和家庭观的内生性变革，提升民众的婚育内在需求和家庭建设能力。

（四）坚持系统性观念，增强生育支持政策与公共服务配套政策的整体性、协同性

生育支持政策的初衷是解决人口数量下降问题，扭转人口负增长的惯性，减缓人口老龄化等。但系统性的支持政策不仅需要解决生育问题，更需要关注导致低生育意愿背后的高工作压力、高婚育成本、高教育成本、高社会风险等诸多阻碍年轻人进入婚姻家庭的影响因素。

目前，我国尚缺乏以"家庭"为支持对象的显性、普适性政策，更多偏向对特殊困难家庭采取兜底社会救助政策。普通家庭作为社会政策的受益单位成为社会政策改革议题是从2018年个人所得税征收专项附加扣除变革起始，家庭政策的制定目标从偏向家庭人口延续、社会保障和社会福利供给以及提升家庭经济功能等，逐渐转向维护家庭的稳定和谐、关注个体在家庭中的角色需求以解决家庭的性别平等问题、增强家庭的发展能力等。为帮助家庭承担更多社会保护职能，应更重视对家庭的支持，构建符合中国实际的发展型家庭政策。支持家庭、家庭友好的社会政策包括一系列提升家庭自身可持续发展能力的福利制度和举措，涵盖托育、住房、税收抵免、育儿假、孕产妇及儿童筛查保健医疗服务、教育或医疗领域的家庭福利、居家养老等支持家庭功能的公共服务保障体系。家庭政策体系需要关注家庭差异化的能力和发展需求，帮助个体处理好育儿与养老、就业与家庭、个人发展与家国同构的多重关系。

（五）坚持男女平等基本国策，促进两性在社会与家庭中的平等协作

北欧福利国家把家庭作为社会投资领域，实施优厚的家庭政策，支援家庭生育养育，支持女性就业；推动性别平等，实现男女共同参与家务与育儿的平等家庭观念，确保总和生育率保持在正常世代更替水平。也就是说，在女性不会因分娩而遭受经济劣势的社会环境中，女性的劳动力参与率、收入和生育率都可以得到提高。目前，男女平等仍存在发展不协调的地方，如传统性别角色和刻板印象仍然根深蒂固，就业市场的性别歧视（包括就业机会不平等、职业发展受限以及工资差距等）、家庭中传统性别角色分工等。性别平等的发展不协调是一个复杂的社会现象，需要实施教育、政策、文化观念改变等多方面的举措。通过教育和公共宣传提高对男女平等基本国策的深刻认识；改变社会规范，构建基于人的全面发展的性别平等意识；建立支持性别平等的社会服务和支持系统，在家庭中公平分配资源，包括教育、时间和经济资源；通过法律保护妇女和女童的权利，逐步改变家庭内的性别不平等，进而促进整个社会的性别平等。

（六）加强婚育意愿行为的调查研究，家庭政策弥合传统与现实的断裂

生育政策调整目标需要与民众的需求相匹配，确保人口发展与个体选择之间形成相容互促的关系，帮助恢复家庭功能以满足人们对幸福家庭生活的期待。生育政策的制定思路需要立足人民多元需求，立足中国国情构建更加本土化的政策理论框架，设计多元的支持家庭的政策，不要拘泥于传统的分工或双薪共育的二元对立，针对不同需求类型的家庭提供不同的政策选择。例如，既可以出台保护女性生育后就业的政策，也可以保障选择家庭内育儿的女性权益；既可以提供优质的早期托育服务，也可以出台鼓励祖辈带养的支持政策，延续家庭伦理文化中"含饴弄孙"的天伦之乐。关注家庭间差异化的发展需求，聚焦家庭政策的核心目标，赋予家庭更多主体选择权。发挥地方政府在支持家庭政策体系建构中的主体责任，因地制宜探索支持家庭

政策解决当地民生问题的侧重点。

三孩生育政策背景下，未来的生育政策应进一步转向强调"婚姻—生育—养育—教育"更加友好的系统性政策①，即需要超越以生育养育支持为中心的微观对策，考虑低结婚率、低生育率背后社会文化方面的宏观对策②。构建支持性的政策系统，进一步推动构建积极健康的婚育文化。

参考文献

包蕾萍等：《关于生育和家庭支持政策的研究报告》，上海市发展改革委决策咨询课题，2024年8月。

陈蓉、顾宝昌：《低生育率社会的人口变动规律及其应对——以上海地区的生育意愿和生育行为为例》，《探索与争鸣》2021年第7期。

梁建章、黄文政、何亚福等：《中国生育成本报告2024版》，https://news.qq.com/rain/a/20241121A00LN500，2024年11月20日。

宋健、胡波：《中国育龄人群的生育动机与生育意愿》，《人口与经济》2022年第6期。

满小欧、刘嘉桐：《低生育背景下家庭支持政策的工具组合与策略选择——基于QCA的国际比较研究》，《人口与发展》2022年第4期。

Earle A., Raub A., Sprague A., Heymann J., "Progress towards Gender Equality in Paid Parental Leave: An Analysis of Legislation in 193 Countries from 1995-2022," *Community, Work & Family*, 14 July, 2023.

Peng, X., *Demographic Transition in China: Fertility Trends Since the 1950s*. Oxford: Clarendon Press, UK, 1991.

---

① 《解读三孩生育政策推动构建包容性配套支持措施》，《妇女研究论丛》2021年第4期。
② 沈洁：《"超少子化"现象的政策思考——兼论日本与韩国的经验与教训》，《社会政策研究》2022年第1期。

B.3 上海新职业青年群体生存与发展情况调查报告

曾燕波[*]

摘　要： 发展新职业对缓解当前青年就业严峻形势有利，这是由于新职业大多属于朝阳产业，青年在对新事物和新技术的掌握上具有天然的优势，近年来新职业的蓬勃发展给青年提供了更多的就业岗位。但是，新职业领域管理政策的不完善给从事新职业的青年带来很多现实性问题。对新职业青年的调查发现，新职业青年经济压力比较大，社会保障没有完全覆盖，权益保障和职业稳定性不强，新职业青年的过劳问题突出。由此，在人民城市建设中需要大力保障新职业青年的合法权益，实现社会保障全面覆盖，制定完善的促进青年就业政策，保障新职业青年的职业稳定性并有效促进其职业发展。

关键词： 新职业青年　青年就业　就业政策　上海

一　新职业青年群体的就业问题是人民城市建设的重要议题

就业是最大的民生，事关广大人民切身利益，事关经济社会健康发展，事关国家长治久安，我们党对此历来高度重视。党的二十大科学把握就业形势新变化，顺应人民群众新期待，着眼扎实推进高质量发展和全体人民共同富裕，作出促进高质量充分就业的重大部署。在宏观层面，高质量充分就业

---

[*] 曾燕波，上海社会科学院社会学研究所研究员，主要研究方向为青年社会学。

主要包括就业机会充分、就业环境公平、就业结构优化、人岗匹配高效、劳动关系和谐等；在微观层面，高质量充分就业主要表现为劳动者不仅有活干，而且工作稳定、收入合理、保障可靠、职业安全等。促进高质量充分就业，是新时代新征程就业工作的新定位、新使命，国家以推动高质量发展为基础，深化就业体制机制改革，为中国式现代化建设提供有力支撑。因此，在上海人民城市建设中，就业问题是重中之重。

然而，近年来，上海失业率高于全国平均水平。2023年4月，全国城镇调查失业率为5.2%，31个大城市调查失业率为5.5%，上海作为特大城市，城镇调查失业率为5.6%，高于全国0.4个百分点，高于全国大城市平均值0.1个百分点。从2018年1月到现在，中国城镇调查失业率比较稳定地徘徊在5%左右，2022年上半年全国城镇调查失业率为5.7%，上海是8.9%，为全国最高，高出全国3.2个百分点。在当前经济形势下，青年就业问题突出。经过促经济和就业政策的调整，国内经济持续恢复，全国失业率总体下降，而青年失业率明显上升。

关于新职业的概念，从广义上来讲，新职业是指在社会经济发展中产生并且已经成熟发展起来的新兴职业；从狭义上来讲，新职业是指《职业分类大典》中尚未收录但已形成规模的职业。[①] 2023年，全国总工会发布的第九次全国职工队伍状况调查报告显示，全国职工总数约为4.02亿人，其中新职业劳动者有8400万人，占全国职工总数约两成。[②] 新职业从业者以青年群体为主，新职业的应运而生，为青年群体拓宽了自主择业的空间，让更多青年追求更有价值、更适合自身发展的就业模式，为社会注入新的活力。在这样的大背景下，新职业的发展对青年就业更为有利。青年具有的创新能力使其成为社会进步最重要的推动力量，同时要注意的是，青年就业稳定是社会稳定的前提。青年就业不仅仅是为了生存，更是为了发展，如果在求职入职初期遭遇不公平待遇，会对其社会心理和人生观产生不利影响，青年人失业更

---

① 艾瑞咨询：《2021年在线新经济背景下的新职业与新就业发展白皮书》，《国际品牌观察》2022年第5期。
② 《全国新就业形态劳动者达8400万人（新数据　新看点）》，《人民日报》2023年3月27日。

是对我国人力资源的浪费，不利于我国经济社会发展。由于青年就业是从准入场位置开始的，在职场竞争中大多处于不利地位，需要更强的竞争能力和更多的机遇。这时，不少人转向非正规就业，这是新职业的一部分，在当前的社会形势下，我国非正规就业的劳动权益难以保障，而从业者多为新职业青年。

目前，在上海人民城市建设中，以新产业、新业态、新技术、新模式为主体的新经济逐渐成为经济发展的新动能。在新职业不断发展壮大的过程中，新的问题也不断出现。比如，监管机制和政策保障体系不够完善，正成为新职业发展的壁垒，进一步发现问题，并提出具有针对性的政策建议是本报告的重点。由于新职业是近年才提出的概念，专门研究新职业的前期成果不多，大量研究着重针对灵活就业群体等方面。新职业的研究主要集中在概念内涵、群体特征和劳动保障问题上，研究角度各有侧重，较为系统的研究和相关理论呈现不足，对新职业青年的生存情况、发展情况和社会观念等缺少综合性的实证研究和判断。本报告从青年生存与发展角度，全面分析新职业青年的属性和面临的问题，着重于在人民城市建设中提出促就业政策建议的针对性。

二 上海新职业青年群体的生存与发展现状调查

课题组采用问卷调查法，根据青年世代的特征以判断抽样的方法选取抽样个体，共抽取上海市361名40周岁及以下新职业青年作为调查样本，共得到有效样本350个，问卷有效回收率为97%。调查时间为2024年8月下旬至11月上旬。

（一）上海新职业青年群体的生存情况

由于新职业青年分布广，职业性质差异大，收入和学历等存在明显差异，但从就业人数来看，网约配送员等从事体力劳动的青年占比较大，从户籍和收入方面进行整体判断，新职业青年在上海的生存性基础不牢。

第一，从户籍来看新职业青年，农村户口青年占一半以上。问卷调查的数据显示，农村户口青年占新职业青年的56.0%，具体情况见表1。

表1　新职业青年及父母的户籍情况

单位：%

项目	上海农业户口	上海非农户口	外地农业户口	外地非农户口	外国护照或港澳台证件
本人	4.6	20.6	51.4	23.1	0.3
父母	4.3	15.4	54.9	25.1	0.3
母亲	4.3	15.4	55.7	24.3	0.3

在新职业青年中，城市户口青年中还有父母是农村户口的青年，这从父母的户籍情况可以看出，当然，父母的城市户口可能是农转非的。研究分析发现，上海非农户口中的女性比例高于男性，分别为58.3%和41.7%；上海农业户口中，男性居多，而女性只占1/4；外地非农户口则是男性比例高于女性，分别为63.0%和37.0%；外地农业户口中男性占79.4%，远高于女性的20.6%。这些数据说明，上海城市户口的女性所从事的工作相对稳定，而外来青年中以男性居多。

第二，从住房情况来看新职业青年，多数青年没有自己的住房。新职业青年目前的居住地情况是：新职业青年拥有个人/家庭自有产权房的占25.4%，市场租房的占40.3%，住在父母、亲朋家的占6.3%，住在单位宿舍的占10.0%，住保障性住房（如公租房、安置房等）的占7.4%，住人才公寓的占2.3%，其他占8.3%。从表2可以看出，学历越高，拥有个人/家庭自有产权房的比例越高（博士研究生学历青年由于数量少，其占比不能完全代表博士研究生学历青年住房情况）。

表2　新职业青年学历与住房的交互情况

单位：%

学历情况	保障性住房	市场租房	产权房	单位宿舍	人才公寓	父母亲朋家	其他
初中及以下	11.9	52.2	7.5	10.4	3.0	4.5	10.4
高中或中专、职校、技校	5.3	54.7	13.3	10.7	2.7	4.0	9.3
大学专科	8.2	39.3	27.9	9.8	0.0	3.3	11.5

续表

学历情况	保障性住房	市场租房	产权房	单位宿舍	人才公寓	父母亲朋家	其他
大学本科	7.2	27.9	36.9	9.0	1.8	12.6	4.5
硕士研究生	2.9	28.6	42.9	11.4	5.7	0.0	8.6
博士研究生	0.0	0.0	100.0	0.0	0.0	0.0	0.0

在问及目前拥有几套住房（产权为本人、配偶或者本人和配偶共同拥有）时，没有住房的新职业青年占63.1%，有一套住房的新职业青年占30.6%，有两套住房的新职业青年占4.9%，有三套住房的新职业青年占0.9%，有四套及以上住房的新职业青年占0.6%。

第三，从收入情况看新职业青年，多数青年收入不高，家庭经济情况一般。在本次问卷调查中，认为自己家庭经济条件非常好的新职业青年占0.6%，认为自己家庭经济条件比较好的新职业青年占7.4%，认为自己家庭经济条件一般的新职业青年占57.7%，认为自己家庭经济条件不太好的新职业青年占22.6%，认为自己家庭经济条件很不好的新职业青年占8.9%，认为这不好说的新职业青年占2.9%。当问到新职业青年2023年全年总收入时，回答在5万元以下的占36.0%，5万~10万元的占35.4%，10万~20万元的占19.1%，20万~50万元的占5.7%，50万元及以上的占3.7%。为了人生理想从事新职业的青年为少数，多数青年从事新职业是因为在传统行业领域难以找到工作，可见，当前青年就业困难对新职业从业者产生重要影响。进一步分析发现，从事的职业类型对收入产生显著影响，一般来看，新职业中新兴互联网科技从业人员的收入高于新文艺青年，最低的是网约配送员，同样，家庭经济状况较好的家庭其子女大多从事收入较高的职业。

第四，从社会保障情况看新职业青年，各类保险并未实现完全覆盖。新职业的出现使得传统的劳动关系认定标准难以适用，新职业从业者面临的主要挑战包括劳动关系不明确、社会保障覆盖不足和职业发展不稳定等。本次问卷调查的数据显示，签订正规劳动合同的新职业青年占50.9%，签订劳动协议或劳务派遣协议的新职业青年占 14.0%，签订合作协议的新职业青年占 11.1%，只有口头协议的新职业青年占 2.9%，其他占 21.1%。从是否签订劳动合同的情况可以看出，新职业青年没有完全签订劳动合同。在新职业青年中体力劳动者签订正规劳动合同的比例最低，比如，快递员和网约配送员签订正规劳动合同的占 32.9%，签订劳动协议或劳务派遣协议的占 20.3%，签订合作协议的占 17.1%，口头协议和没有任何劳动合同等情况高达 29.7%。新职业青年目前的社会保障情况见表 3，相对来说，新职业青年有三险一金的占比较高，然而社会保障的整体覆盖率仍需提高。黄乐平和韩容的研究也表明，平台从业的灵活就业人员由于无法参与工伤保险，而现有的商业保险又有较高的保费且保障力度不足，这部分群体在职业伤害保障方面存在明显的缺口。①

表 3 新职业青年目前的社会保障情况

单位：%

社会保障	个人参保	企业参保	未参保	不清楚
养老保险	18.0	32.6	25.1	24.3
医疗保险	27.1	32.3	19.4	21.1
失业保险	11.7	31.1	29.7	27.4
工伤保险	16.3	34.9	22.9	26.0
生育保险	10.3	28.3	30.0	31.4
商业意外保险、商业医疗保险等其他商业保险	14.9	28.0	26.3	30.9
住房公积金/住房补贴/福利房	9.4	32.3	30.3	28.0
城乡最低生活保障	9.1	21.4	32.6	36.9

第五，从就业的稳定性来看新职业青年，多数青年有过跳槽经历。调查数据显示，多数新职业青年从事当前工作年限为 1~3 年。从事当前工作的年限分布具体如下：从事当前工作不到半年的新职业青年占 23.7%，从事

---

① 黄乐平、韩容：《平台从业者职业伤害保障的困境及其应对——兼论台湾地区职业灾害保险制度的启示》，《华北电力大学学报》（社会科学版）2022 年第 1 期。

当前工作1年的新职业青年占16.0%，从事当前工作2年的新职业青年占13.7%，从事当前工作3年的新职业青年占11.4%，从事当前工作4年的新职业青年占7.4%，从事当前工作5年的新职业青年占8.9%，从事当前工作6年的新职业青年占4.3%，从事当前工作7年的新职业青年占2.6%，从事当前工作8年的新职业青年占2.9%，从事当前工作9年的新职业青年占1.1%，从事当前工作10年的新职业青年占2.3%，从事当前工作10年以上的新职业青年占5.7%。虽然从业时间的长短和年龄有关，也和青年所从事的新职业建设有关，但从事当前工作的时间短也能反映出青年就业稳定性不足这一问题。跳槽次数最能反映就业的稳定性，问卷调查数据显示，新职业青年跳过槽的占59.1%，其中，跳过1~2次槽的新职业青年占30.6%，跳过3~4次槽的新职业青年占18.9%，跳过5次及以上槽的新职业青年占9.7%，可见，跳槽在新职业青年中较为常见。

青年期待职业稳定，但现实情况不能保证。在问卷调查中，当问到青年在未来两年是否愿意继续从事当前职业时，有52.3%的青年表示愿意，不愿意的占15.4%，没考虑的占32.3%，一半以上的新职业青年期待职业稳定；然而，新职业青年对职业稳定性自信心强的不占多数，当问到新职业青年认为自己在半年内失业的可能性时，认为自己极有可能失业的青年占17.4%，认为自己有可能失业的青年占15.1%，没想过这一问题的青年占39.4%，认为自己不太可能失业的青年占19.7%，认为自己一定不会失业的青年占8.3%。这在职业分类上产生差异，新兴互联网科技从业人员（云计算/大数据/物联网、人工智能、区块链等领域）职业稳定性更高，新文艺青年（网络写手、影视戏剧艺术工作者、主播、电子竞技从业者、非遗手艺人等）次之，网约配送员（外卖骑手、快递员）职业稳定性最差，见表4。

表4 新职业青年自认为在半年内失业的可能性

单位：%

分类	极有可能	有可能	没想过	不太可能	一定不会
网约配送员	24.7	15.8	43.0	12.0	4.4
新文艺青年	21.1	18.4	31.6	21.1	7.9

续表

分类	极有可能	有可能	没想过	不太可能	一定不会
新兴互联网科技从业人员	6.9	15.5	37.9	29.3	10.3
其他新兴职业	10.4	12.5	37.5	26.0	13.5

（二）上海新职业青年的职业发展情况

第一，注重自我感受是新职业青年入职的重要因素。在问卷调查中，当问到新职业青年选择当前这份工作最主要的原因时，由高到低分别为"工作自由度"（19.7%）、"入职门槛低"（17.4%）、"兴趣爱好"（14.0%）、"发展前景"（13.7%）、"工资待遇"（9.7%）、"工作地点"（8.9%）、"家庭原因"（6.3%）。此外，选择"其他"的青年占10.3%。新职业青年择业的自由度高于传统行业青年，因此，从事新职业的青年自主性比较强，选择当前工作是多重因素综合作用的结果。青年并没有把工资待遇放在第一位，虽然工资待遇很重要，但并不是最主要的因素，这是当前青年注重生活质量的考虑，也可能是基于"过渡性"工作的考虑。

择业时新职业青年对收入、职业发展前景等方面的重要程度见表5，可以看出，青年比较看重"高收入""福利好""职业稳定""单位所在城市""较多的发展空间""良好的工作环境""兼顾家庭，照顾父母""机会均等，公平竞争"等，而看重"单位规模"的较少，说明新职业青年对自身发展的认识更为现实，对新兴职业也有较高的认同度。

表5 在选择工作时新职业青年对相关因素的重视程度

单位：%

相关因素	非常重要	比较重要	一般	比较不重要	非常不重要
高收入	46.9	31.7	18.0	1.4	2.0
福利好	40.0	32.0	22.3	3.1	2.6
职业稳定	41.7	29.4	23.7	2.6	2.6
单位规模	26.3	21.7	36.9	10.6	4.6

续表

相关因素	非常重要	比较重要	一般	比较不重要	非常不重要
单位所在城市	33.7	26.9	30.6	6.0	2.9
较高的社会地位	20.9	24.6	43.4	8.0	3.1
较多的发展空间	32.6	33.1	26.0	5.7	2.6
良好的工作环境	32.9	34.9	26.0	3.7	2.6
符合兴趣爱好	28.6	29.1	33.7	5.4	3.1
学以致用，发挥所学	25.7	31.7	32.6	6.9	3.1
提供进修和培训的机会	24.3	30.0	36.0	6.9	2.9
兼顾家庭，照顾父母	31.1	34.6	29.4	2.3	3.6
机会均等，公平竞争	30.9	36.3	25.7	4.3	2.9

第二，专业对口的新职业青年占比不到一半。从专业对口情况和职业培训两个方面进行分析，数据显示，新职业青年专业完全对口的占12.6%，部分对口的占31.1%，不对口的占56.3%。基于经济社会发展和大学毕业生就业的市场化，青年整体性的专业对口度大幅下降，而新职业青年由于处于非传统行业，专业对口度更低。数据显示，在当前就职的单位中，接受过职业培训的新职业青年占72.0%，没有接受过职业培训的新职业青年占28.0%。数据表明，近1/3的新职业青年入职后没有接受过任何形式的培训，职业发展受到阻碍。

专业对口度低表明新职业青年在职业发展上需要提高学习成本和加大就业后职业培训力度。新职业通常具有较强的创新性和变化性，这使得新职业青年的职业发展面临较大的不确定性，行业竞争激烈，新职业青年随时面临失业的风险。新职业的出现意味着传统职业结构以及配套的教育培训体系逐步走向解体，新职业以及新职业青年的持续发展需要强化多方互动机制，帮助新职业青年解决知识技能无法满足职业发展需求、职业发展空间不足等问题。[1]

---

[1] 人民论坛杂志社课题组、徐保军：《当前新职业青年群体的特征、困境与应对》，《人民论坛·学术前沿》2021年第11期。

第三，新职业青年的工作压力大，劳动强度大。问卷调查数据显示，认为自己在工作上压力大的新职业青年占 23.6%，较有压力的新职业青年占 45.0%，感到压力一般的新职业青年占 28.4%，认为自己工作压力较小的新职业青年占 2.4%，没有压力的新职业青年只占 0.7%。可见，多数新职业青年的工作压力大。

加班是新职业青年工作压力大最明显的表征，从问卷调查数据可以看出，当前的新职业青年加班现象比较普遍，52.3%的新职业青年表示每月工作超过法定工作天数的 22 天，59.1%的新职业青年每周工作超过法定工作时间的 40 小时。笔者把本次调查数据和 2017 年对上海市职业青年的调查数据对比发现，新职业青年的加班时间远远超过整体职业青年，详细情况见表 6。谢晖和胡燕的研究也认为，大部分新就业形态劳动者通过延长工作时间与提升劳动强度的方式提高劳动收入，导致"过劳"问题突出，不利于和谐劳动关系的构建。[1] 互联网平台通过算法对劳动者的行为施加影响，使劳动者在追求满足算法设定的要求时，可能会损害自身的劳动权益，导致新业态中的劳资关系呈现控制性特征，这种控制性特征使灵活就业人员的相关权益难以得到充分保障。[2]

表 6　上海新职业青年与上海职业青年加班情况对比

单位：%

分类	每月工作超过 22 天	每周工作超过 40 小时
上海新职业青年	52.3	59.1
上海职业青年	17.9	26.9

第四，新职业青年认同新职业，但发展问题须引起重视。从职业自豪感上可以看出青年对本职工作的满意度，当问到新职业青年会不会主动向朋友

---

[1] 谢晖、胡燕：《新就业形态劳动者"过劳"问题治理困境及对策研究》，《湘潭大学学报》（哲学社会科学版）2024 年第 4 期。

[2] 金华、陈佳鹏、黄匡时：《新业态下数智化劳动：平台规训、风险生成与政策因应》，《电子政务》2022 年第 2 期。

介绍自己的工作时，表示会主动介绍自己工作的占 27.7%，朋友问到自己工作时才介绍的占 29.7%，明确表示不会向朋友说起自己工作的占 42.6%。同时，调查也显示新职业青年对工作安全、工作兴趣或价值感、上下班路上时间、工作内容等的满意度相对较高，对薪资收入和晋升空间的满意度相对较低，见表 7，这说明新职业青年认同新职业，但新职业领域的管理和发展问题仍较突出。

表7 新职业青年对于当前工作的满意度

单位：%

工作情况	非常满意	比较满意	说不清楚	不太满意	非常不满意
工作内容	17.1	30.0	44.6	5.4	2.9
工作时间	16.9	27.7	45.4	6.9	3.1
工作环境	16.9	30.9	44.6	4.9	2.9
薪资收入	12.9	25.1	48.9	8.6	4.6
能力和技能使用	16.0	29.1	48.3	3.7	2.9
晋升空间	13.4	24.3	52.3	6.3	3.7
人际关系	16.3	29.7	47.7	4.0	2.3
行业发展前景	14.6	25.7	51.7	4.3	3.7
上下班路上时间	18.0	25.1	48.0	6.0	2.9
工作安全	20.0	27.1	43.7	5.4	3.7
工作兴趣或价值感	18.6	25.1	49.4	4.0	2.9
他人给予工作的尊重	16.9	28.0	45.4	6.3	3.4
总体情况	15.4	29.1	46.3	6.0	3.1

第五，新职业青年追求职业发展，对职业能力有理性认知。新职业青年对就业能力的认识情况可以反映青年对个人就业能力的判断和提升就业能力的重视程度。数据显示，青年对"有责任心，脚踏实地，求真务实"最为看重，认为"有丰富的想象力"和"敢于尝试新任务，迎接挑战，有冒险精神"重要的相对较少，见表8。

表8　新职业青年对下列就业能力描述的看法

单位：%

就业能力描述	非常不重要	比较不重要	一般	比较重要	非常重要
敢于尝试新任务,迎接挑战,有冒险精神	7.4	9.1	48.9	21.1	13.4
自信心强	7.1	8.3	47.4	22.9	14.3
悟性较好,对问题有正确、独到的判断力	7.1	8.0	44.9	23.7	16.3
科学合理地安排时间和计划工作任务	6.9	7.4	48.0	21.1	16.6
有责任心,脚踏实地,求真务实	8.3	8.9	41.1	18.0	23.7
能很好地控制情绪,理性地解决问题	6.9	8.3	42.3	19.7	22.9
有丰富的想象力	7.4	7.4	51.1	18.6	15.4
有效地倾听和理解他人的观点	7.1	8.9	42.3	21.4	20.3
能很好地应对突发事件,急中生智	6.0	9.1	41.1	22.3	21.4
对任务执行情况保持关注,以便于调整	6.0	8.0	41.7	23.7	20.6
善于从实践中总结经验教训,触类旁通	6.6	9.1	41.4	21.4	21.4
团队协作能力强,配合团队有效开展工作	5.7	8.3	42.9	23.1	20.0
工作中能独当一面,独立地完成某些工作	6.3	7.7	40.9	23.1	22.0

三　促进上海新职业青年群体职业发展的政策建议

未来，新职业将会吸纳越来越多的青年人，很多新职业在就业方式和劳动关系上的变化导致出现新问题，目前相关管理政策并不完善，需要各方综合施策，解决好新职业青年的现实问题，促进新职业及新职业青年的发展。

（一）实现新职业青年社会保障全覆盖

基于新职业的特点，一些新职业青年就业稳定性差，权益保障和劳动保护不足，职业伤害风险大，最需要社会保障。然而，很多新职业特别是灵活就业青年的失业保险、工伤保险、生育保险等参保率低，社会保障不完善。通过对180份政策文本的研究分析也发现，新就业形态劳动者社会保险政策存在缺位现象，损害了劳动者的合法权益。① 因此，应从规章制度的角度规范和监督就业人员参与各项社保，比如，针对平台从业者劳动权益保障问题，可以实行分类保障制度，将劳动者分为雇佣者、中间类别劳动者、自雇者，要保护好传统劳动者和新型劳动者的权益，也要将中间类别劳动者纳入保障范围，减轻互联网对用工经济的影响，这样也可以减轻企业用工成本压力，赋予网络平台相应的法律责任，推动社会保障的政策调整。

（二）促进新职业青年高质量就业

新职业主体的流动性特征制约新职业青年的职业发展。虽然短期新经济发展红利使新职业从业者的收入增长较快，但是，由于未来收入溢价挤压趋势明显，从长期甚至中期新职业发展情况来看，这也加剧了新职业的不稳定风险。就新成长劳动力而言，灵活就业并未成为就业市场的主流，青年职业发展和劳动保障诉求变化更多地表现为中长期的潜在需求。当前的稳就业形势和宏观经济风险压力较大，新职业青年高质量就业成为其职业发展的重要需求和挑战。目前，还没有完善的法律法规对平台和新职业从业者的法律关系进行规范，在司法实践中，同样案件的认定标准有时在不同地区和不同法院会存在差异，影响司法的公正性和权威性。这些情况给新职业青年的职业发展带来严重影响，当务之急是优化行业管理，制定完善的法律法规，扫除这一障碍会极大地促进新职业的发展。

（三）有效解决新职业青年的过劳问题

很多新职业青年劳动强度大，需要用法律和政策规制新职业从业者的工作强度。陈建伟的研究也认为新职业从业者的权益保障存在一系列问题，包括劳动关系的界定存在模糊性，工资保障体系未能全面覆盖，以及社会保险的参与度和待遇水平需要进一步提高。这些问题的存在反映了当前劳动市场

---

① 郭磊、金慧颖：《新就业形态劳动者社会保险政策演进与创新——基于政策体制视角的分析》，《甘肃行政学院学报》2022年第5期。

在适应新就业形态时所面临的制度性障碍和保障机制的不足。① 在个性化、多元化消费模式下，引导企业或者机构采取平台式、协作式的方式，利用大众形成的知识网络，调动大众运用互联网平台承担企业或机构特定任务的新形态用工模式，在工作时间、劳动强度、工作内容、评价标准上予以引导，改变以"加班费"为主要收入的形式，从而改变长期"被加班"的局面，营造公平竞争环境。作为政策的制定者，政府应根据行业特点，制定和监督落实合理劳动定量、定额的弹性工时制，以解决平台从业者的过劳问题。

（四）开发共享经济下的保障性住房

新职业青年多数是外地青年，住房为其最大的需求，新职业青年中农村户口青年多，住房是其面临的最大难题。保障性住房本身就是一种社会公共资源，目的在于让弱势群体以公平合理的付出共享我国经济发展成果。政府可以采取"产权共有""租售并举"的方式，让各方按一定的出资比例确定产权的份额，共同拥有房屋的产权，可以先租后买，以稍低于市场的价格逐渐从政府手中购买剩余的产权。这种方法有利于解决新居民特别是新职业从业者的资金缺口问题，从而最大限度地改善新职业青年的生活质量，缓解就业压力，提升广大青年职业发展的潜力。

（五）创建各就业群体的行业工会

随着技术的不断发展，用工形式发生变化，一些劳动者的组织化程度降低，劳动者之间的共事和交流并不会因为地域地点的不同而受到影响和限制，很多同一平台的工作人员不用见面。这一用工形式一方面使企业降低了成本，另一方面使就职者节省了时间，自由度提高，但是平台企业越来越强势，就职者一旦遇到纠纷难以维权。政府可以倡导成立各就业群体的行业工会，特别是新职业从业者的行业工会，扩大工作服务的范围，积极维护从业者的合法劳动权益。行业工会可运用集体劳动法保护新职业从业者的权益，

---

① 陈建伟：《加强灵活就业和新就业形态劳动者权益保障》，《人民论坛》2024年第12期。

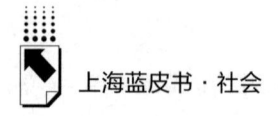

在薪资收入、计费方式和标准、福利待遇、工作时间、工作强度、劳动保护等方面开展行业集体协商。

参考文献

艾瑞咨询：《2021年在线新经济背景下的新职业与新就业发展白皮书》，《国际品牌观察》2022年第5期。

《全国新就业形态劳动者达8400万人（新数据 新看点）》，《人民日报》2023年3月27日。

黄乐平、韩容：《平台从业者职业伤害保障的困境及其应对——兼论台湾地区职业灾害保险制度的启示》，《华北电力大学学报》（社会科学版）2022年第1期。

人民论坛杂志社课题组、徐保军：《当前新职业青年群体的特征、困境与应对》，《人民论坛·学术前沿》2021年第11期。

谢晖、胡燕：《新就业形态劳动者"过劳"问题治理困境及对策研究》，《湘潭大学学报》（哲学社会科学版）2024年第4期。

金华、陈佳鹏、黄匡时：《新业态下数智化劳动：平台规训、风险生成与政策因应》，《电子政务》2022年第2期。

郭磊、金慧颖：《新就业形态劳动者社会保险政策演进与创新——基于政策体制视角的分析》，《甘肃行政学院学报》2022年第5期。

陈建伟：《加强灵活就业和新就业形态劳动者权益保障》，《人民论坛》2024年第12期。

B.4 上海网约配送员群体工作与生活状况调查报告

朱妍*

摘　要： 近年来，网约配送员群体的雇佣属性和劳动保障引发越来越多的关注。基于对2023~2024年上海网约配送员（外卖骑手）群体的调查数据分析，骑手的劳动合同/劳动协议签订率较高，与工作安全相关的教育培训得到广泛认可。调查同时发现，骑手的工作强度仍然很大，经济状况十分脆弱，平台算法对骑手的束缚较为严重，算法导致的精神焦虑尚未缓解，职业尊严感有待提升。"算法取中"等改进措施并未得到充分实践，对骑手的社会保险措施也亟须加大宣传和落实力度。要进一步推动新就业形态劳动者权益协商协调机制建设的立法工作，进一步推动骑手职业伤害险和"三者险"落地，进一步探索新就业形态劳动的最低工资制度，进一步完善骑手服务评价体系，进一步着力推进骑手友好型社区建设。

关键词： 网约配送员　工作状况　权益保障　政策期待

一　网约配送员群体兴起的经济、技术与政策背景

（一）多因素助推网约配送员群体形成

近年来，国家相继出台多项政策，为"互联网+服务业"体系建设发展

---
* 朱妍，上海社会科学院社会学研究所副研究员，主要研究方向为上海城市社会史、工业史、职业群体与知识生产等。

营造了良好的政策环境。2021年，国家发展改革委发布《关于推动生活性服务业补短板上水平提高人民生活品质的若干意见》，对于满足居民最终消费需求的服务活动（包括文化、旅游、体育、健康、养老、教育等诸多领域）的提质增效提出9个方面30项具体举措。同年12月，国家发展改革委联合多部门印发《关于推动平台经济规范健康持续发展的若干意见》，特别指出要鼓励平台企业拓展"互联网+"消费场景，提供高质量产品和服务，数据要素驱动和平台企业支撑的新经济形态由此爆发式增长，促进了全国生活服务业的数字化转型升级。与此同时，我国人均可支配收入不断增长，消费规模扩大和消费升级并行发展，消费者的网购类型也呈现多元化趋势，以往各类生活用品通过快递要1~3日才能送达的时效性已经无法满足城市居民日益多元的需求，许多商品（如生鲜、药品、礼品等）有着越来越明显的即时消费属性，需要迅速派送。

2020年2月，"网约配送员"正式被纳入国家职业分类目录，即通过移动互联网平台等，从事接收、验视客户订单，根据订单需求，按照平台智能规划路线，在一定时间内将订单物品递送至指定地点的服务人员。[①] 网约配送员与传统快递和仓储物流员在配送环节、配送技术、配送范围和配送场景上都有显著区别：在配送环节上，网约配送员是点对点服务，无集中取送和中转接驳；在配送技术上，网约配送属于基于位置的服务（Location Based Service，LBS），对于移动互联网具有强依赖性，需要配送平台利用移动互联网等技术提供网络定位、时间计算、路径规划等；在配送范围上，网约配送具有很强的本地化、生活圈化特色，不存在远距离异地配送；在配送场景上，网约配送对象需求多样化，包括餐饮外卖、B2C零售、商超便利、生鲜宅配、C2C递送等。[②] 因此，宏观产业政策、平台技术发展与消费市场扩容，共同促

---

① 《人力资源社会保障部办公厅 市场监管总局办公厅 统计局办公室关于发布智能制造工程技术人员等职业信息的通知》，中国政府网，https://www.gov.cn/zhengce/zhengceku/2020-02/26/content_5490210.htm，2020年2月25日。

② 《新职业——网约配送员就业景气现状分析报告》，中华人民共和国人力资源和社会保障部网站，https://www.mohrss.gov.cn/SYrlzyhshbzb/dongtaixinwen/buneiyaowen/202008/t20200825_383722.html，2020年8月25日。

使依托互联网平台从事配送服务的劳动者数量激增。

网约配送员（外卖骑手）群体的出现和壮大与即时配送行业的发展紧密关联。根据《2023年中国即时配送行业趋势白皮书》的分析，我国即时配送行业经历了萌芽期（2012年前）、发展期（2013~2019年），目前正处于成熟期。在萌芽期，即时配送行业随着餐饮外卖行业市场需求的增长而不断发展；在发展期出现饿了么、美团外卖和百度外卖三足鼎立的局面，生鲜电商如每日优鲜的崛起也推动即时配送需求快速增长，顺丰同城、闪送等第三方即配平台也开始发展；自2020年开始的成熟期，本地生活服务行业进一步蓬勃发展，即时配送服务从餐饮外卖扩展至各种丰富多元的场景，实现所谓"全品类、全场景小时级别履约时代"。①

行业高速发展吸引了越来越多的劳动者加入骑手大军，这一群体的绝对规模和在新就业形态劳动者中的相对比例都迅速提升。2023年发布的第九次全国职工队伍状况调查数据显示，在全国职工总数4.02亿人中，新就业形态劳动者有8400万人，其中美团和饿了么两大平台的注册骑手数量就超过1000万人，并且仍在不断增长中。骑手群体业已成为现代城市生活的有机构成，是新经济形态快速吸纳就业的典型代表。《2023年美团骑手权益保障社会责任报告》显示，2023年在美团平台获得收入的骑手共745万人，饿了么平台截至2023年9月也报告其有超过400万的活跃骑手。② 两大平台都表示，骑手来源遍布全国各地，但一直存在从三、四线城市向一、二线城市转移的趋势，一线和新一线城市因总体收入高、场景丰富、机会多等因素对于骑手的吸引力最大，其中，又以北上广等城市的骑手数量最多。③ 以提供服务外包的灵活就业平台趣活科技的数据为例，趣活平台上的活跃骑手主

---

① 《2023年中国即时配送行业趋势白皮书——万物到家趋势构筑行业增长新动能》，https：//img.frostchina.com/attachment/17106048/147HsjUM89a5zxJwX3rpF1.pdf，2024年3月。
② 《2024年中国外卖行业市场规模、企业数量及区域分布情况分析》，https：//www.163.com/dy/article/J7RVRTMS051481OF.html，2024年7月24日。
③ 《美团和饿了么京津冀骑手人数?》，前瞻经济学人网，https：//www.qianzhan.com/wenda/detail/190828-add50811.html。

要集中在中东部的一、二线城市。① 据饿了么旗下蜂鸟配送的数据，上海、北京是骑手流入最多的城市。2023年1月1日，当日全上海外卖骑手的出勤人数已经达到15.1万人，日订单量达800万单。② 2023年12月7日，上海举办全国首届网约配送员职业技能大赛，饿了么、美团、盒马、闪送、达达、叮咚买菜6家重点平台企业的几十名骑手参与竞技。③

骑手群体规模日益扩大的同时，这一群体的雇佣属性、劳动保障和社会效应也引发越来越多的关注。2020年9月，一篇名为《外卖骑手，困在系统里》的文章阅读量超过300万次，引发人们对于外卖骑手的广泛关注，作者赖祐萱问道："一个在某个领域制造了巨大价值的行业，为什么同时也是一个社会问题的制造者？"城市居民享受着骑手带来的便捷低廉的服务，同时也讨论着大量的超速逆行违章所导致的风险，层出不穷的骑手与保安等社区工作人员的冲突也让我们难以回避这个规模日益庞大的群体所带来的外部效应，他们已经构成了城市社区的重要肌理。

党的二十大报告、"十四五"规划和2035年远景目标纲要中都明确提出，要"支持和规范发展新就业形态"，要加强灵活就业和新就业形态劳动者权益保障。上海的新就业形态劳动者数量已经超过320万人，围绕骑手等新就业群体的合法权益，习近平总书记反复强调"要完善多渠道灵活就业的社会保障制度"，指出"相配套的法律法规政策措施也不能姗姗来迟"。近年来，央地各部门相继出台相关政策，积极补齐新就业形态劳动者权益保障短板。2021年，出台《关于上海推进新就业形态劳动者入会和服务保障工作的指导意见》；2023年，上海市总工会协调"饿了么"企业工会举行全

---

① 于浩、乔雨萌：《一线城市外卖骑手难寻爆单，撤离还是继续等待？》，界面新闻，https：//www.jiemian.com/article/9399745.html，2023年5月16日。
② 《日均投递量1000万件，外卖骑手出勤人数超15万人 上海快递外卖运力基本恢复正常》，上海市人民政府网站，https：//www.shanghai.gov.cn/nw4411/20230104/0fa1d48b16894ea39ca48b5d2cb447dc.html，2023年1月4日。
③ 《全国首届网约配送员职业技能大赛在沪举行》，上海市人民政府网站，https：//www.shanghai.gov.cn/nw4411/20231208/4d908d6f54274e909716ce202452b130.html？siteId＝1，2023年12月8日。

国网约送餐行业的首次职代会，签订首份集体合同。同一年，上海推进新就业形态职业伤害保障试点，目前已将美团、饿了么、货拉拉、曹操出行等7家新就业形态职业伤害保障试点平台企业的113.09万名劳动者纳入保障范围。还为新就业形态劳动者定制"上海工会新就业形态劳动者（灵活就业人员）专享保障"。政策的落地离不开流程的科学化。为了更好地服务新就业形态劳动者，上海工会还对入会流程进行"瘦身"，职工扫码即可加入工会，并将工会服务内嵌到上海市民最常用的服务平台系统"随申办"中，大大提升了工会服务的可及性。新就业形态劳动者参保也只需登录"随申办"App，找到"新就业劳动者参保申请""参保缴费"事项，即可实现一键参保、线上缴费。据2023年度给付报告，全年共有2359人次申请给付，总计给付384.49万元保障金。

（二）关于网约配送员群体的研究述评

对网约配送员群体的关注是近年来国内社会研究的热点议题。2021年中国社会科学院将网约配送员群体调查作为国情调研重大项目之一，2023年课题最终成果以《骑手的世界》为题出版。与此同时，共青团上海市委也委托同济大学对上海的外卖员开展调查，并于2024年出版《智能革命与骑手未来》一书。2021年，北京大学在读社会学博士生陈龙加入中关村的一家外卖骑手团队，在5个月的田野调查后，他完成博士学位论文，在专业期刊上发表了他的研究成果，并获得"余天休社会学优秀博士论文奖"。中国社会科学院孙萍研究员带领团队历时7年在19个城市对外卖骑手的调查构成《过渡劳动：平台经济下的外卖骑手》一书的实证基础，该书甫一出版便引发热议。

除了学者的研究之外，包括外卖骑手在内的新就业形态劳动者自身的叙事，以及围绕这一群体而形成的纪实非虚构写作也出品了一大批跨界、破圈层的文字作品。如《我在北京送快递》一书荣膺2023年豆瓣年度图书第一名，作者胡安焉记录了他在20年内的19段工作经历，最后落脚在北京当快递员。同一年深圳读书月年度十大好书颁给了另一本关于新就业群体的非虚构作品，即张小满所作《我的母亲做保洁》。骑手王计兵在送外卖间隙用诗歌记录着自己的狼狈和自尊，诗集《赶时间的人》收获了大量的共鸣，被称为"真正劳动者的诗歌"。

这些对骑手的记录与分析，将骑手群体置于社会研究的聚光灯下，他们作为依托互联网而实现就业的典型代表，其工作性质、劳动条件、社会地位等问题都成为人们关注的焦点。这些研究大体关注外卖骑手的劳动性质与工作环境、劳动过程与控制、劳动关系与权益保障、劳动策略与反抗，许多研究还分析了规模日益庞大的骑手群体所带来的社会效应，以及对国家—平台—劳动者三者关系的思考。

研究指出，外卖骑手的工作具有明显的灵活性和自主性。他们可以自由选择工作时间和地点，这种灵活性吸引了大量劳动者加入。① 然而，这种自主性是有条件的，骑手们实际上处于平台算法的严格监控与管理之下。平台通过算法对骑手的工作时间、地点、休息和休假等进行控制。② 自主性背后，是平台系统对骑手的精细化管理和全面监控。

外卖骑手群体的配送可以看作平台塑造劳动过程的典型案例，平台系统通过数据分析和算法优化，对骑手的配送路线、时间等进行精准计算和控制。③ 骑手在劳动过程中的每一个动作都被转化为数据，成为平台优化算法、提高效率的依据。这种基于数据的劳动控制被称为"数字控制"④，它不仅削弱了骑手的反抗意愿，也蚕食了他们发挥自主性的空间。外卖骑手与平台之间的关系复杂且模糊。尽管骑手在平台上接单、工作，但他们与平台之间往往不存在直接的雇佣关系，这给骑手的权益保护带来了难题。⑤ 骑手

---

① 陈龙、韩玥：《责任自治与数字泰勒主义：外卖平台资本的双重管理策略研究》，《清华社会学评论》2020年第2期。
② 吴清军、李贞：《分享经济下的劳动控制与工作自主性——关于网约车司机工作的混合研究》，《社会学研究》2018年第4期。
③ 孙萍：《"算法逻辑"下的数字劳动：一项对平台经济下外卖送餐员的研究》，《思想战线》2019年第6期。
④ 陈龙：《数字控制下的劳动秩序——外卖骑手的劳动控制研究》，《社会学研究》2020年第6期。
⑤ 陈龙、韩玥：《责任自治与数字泰勒主义：外卖平台资本的双重管理策略研究》，《清华社会学评论》2020年第2期。

在工作中面临的风险和压力，如交通事故、过劳、客户投诉等，往往缺乏有效的社会保障和法律支持。

尽管外卖骑手在平台经济中处于较为弱势的地位，但他们并非完全被动。研究表明，骑手通过发现并利用平台算法的漏洞，进行"逆算法"的劳动实践，以实现自身利益的最大化。例如，骑手通过"挂单"游戏、探寻近路、提前确认送达等策略，来对抗平台的规训和控制。①

外卖骑手的工作不仅对自身产生影响，也对社会产生了深远的影响。他们的劳动过程、权益保护、社会地位等问题，反映了平台资本主义下劳动者的普遍困境。研究者因此呼吁，要从技术政治、劳动关系、社会转型等多维度重新审视和思考外卖骑手的劳动现状，并探讨可能的改善路径。外卖骑手作为平台经济下的一种新型劳动形态，其工作特征、劳动过程、劳动关系和社会影响等方面，都呈现与传统雇佣劳动不同的新特点。他们在工作中表现出的自主性与平台系统的数字控制并存，这种矛盾关系揭示了平台资本主义下劳动者的复杂处境。同时，骑手的劳动策略和反抗行为，也展现了劳动者在新技术环境下的生存智慧和抗争潜力。

二 调查项目的方法路径与受访者情况

既有研究为学术共同体和政策制定者提供了大量信息和有价值的分析，后续也需要各界进一步关注外卖骑手的权益保护、劳动条件改善以及他们在社会经济结构中的地位变迁。对于政府所推动的各项政策措施，骑手们有没有感知，又作何评价？当前，上海骑手群体的实际工作和生活状况是怎样的？有着怎样的社会心态和政策期待？他们期待哪些政策和支持？对于这些问题，目前的研究尚没有针对性的调查分析和研判，为此上海社会科学院社会学研究所于2023~2024年开展专题调查，根据问卷调查、选点调研和个案访谈的资料，形成这份关于上海网约配送员群体的调查报告。报告依托

---

① 孙萍：《过渡劳动：平台经济下的外卖骑手》，华东师范大学出版社，2024。

"2023年上海职工思想心理常态化研判工作项目",该项目由上海市总工会宣教部委托上海社会科学院社会学研究所团队承担。用于报告分析的调查数据有三个来源:一是由上海市总工会宣教部通过其基层工作网络分发问卷二维码;二是由社会学研究所挂职科研人员委托崇明区委组织部协助收集数据;三是由课题组成员自行向外卖骑手发送问卷二维码。用于报告分析的访谈资料均由课题组成员自行调查和访谈获得。

本次调查聚焦美团与饿了么两大平台提供服务的骑手,共完成518份有效调查问卷。除此之外,课题组还对10多名骑手进行个案访谈,案例来源是在外卖平台下单,拿到商品时询问骑手是否愿意添加微信,对于那些愿意加微信的骑手进行多次微信访谈,访谈多以微信聊天的方式间断进行。

调查样本的性别、年龄、文化程度、服务平台、跑单类型及兼职情况如表1所示。本报告呈现了上海骑手群体的工作与经济状况、生活与社会支持、社会心态与感受度等相关内容。

表1 受访骑手的特征分布

单位:%

	分类	占比		分类	占比
性别	男	94.0	服务平台	美团	64.7
	女	6.0		饿了么	29.2
年龄	五零六零后	1.4		两者都服务	6.2
	七零后	6.6	兼职还是全职	兼职	6.4
	八零后	10.4		全职	93.6
	八五后	20.3	跑单类型	专送/团队	92.7
	九零后	20.3		众包	3.1
	九五后	19.3		优选	0.8
	零零后	21.8		乐跑/乐跑远	0.2
文化程度	初中及以下	27.0		畅跑	0.6
	高中/职高/中专/技校	50.4		同城核心	1.5
	大专/高职	16.2		其他类型	1.2
	大学本科	4.8			
	研究生及以上	1.5			

三　上海网约配送员群体的工作与生活状况

（一）送外卖，究竟挣不挣钱

2024年1月，一位名叫"陈思"的外卖骑手引爆舆论，他自述出生于1998年，小学肄业，在老家江西抚州贷款开饭店，经营失败后2019年负债来沪。起初，他在饭店当厨师，2020年成为美团众包骑手，"三年多，赚了102万元"，每月收入大抵在2万元以上，有时甚至能达到6万元，此时已经还清了开饭店所贷的80万元，还剩10万元房贷。陈思收入的真实性很快得到确认，他接受媒体采访时表示，超长的工作时间、超高的工作强度、极其娴熟的派送效率，是成为"单王"的法宝。① 他表示自己把挣钱放到第一位，但网友们不必效仿他。②

"单王"陈思的新闻引发大量讨论，尤其是针对外卖骑手的收入水平，出现了很多质疑。有些观点认为，外卖骑手的收入根本达不到那么高，这种新闻有炒作极端案例的嫌疑，而且会吸引更多人加入派送队伍，进一步"内卷"化，毕竟根据2024年9月美团研究院披露的报告，约745万名注册骑手总共通过美团平台获得800亿元报酬，平均每人每月仅获894.85元。然而，这一报告同时显示，一线城市的部分骑手收入确实过万，例如北上广深的普通众包骑手每月平均能拿到7354元，加入"乐跑"的骑手月均收入达到11014元。③ 这些数字呈现了骑手群体的多样性，因跑单方式、在线时长等因素而导致的收入差异很大。

从此次问卷调查情况来看，"单王"陈思的案例即便真实，也是极其罕

---

① 《外卖小哥3年挣了102万！网友破防了》，澎湃新闻，https://www.thepaper.cn/newsDetail_forward_26013401，2024年1月14日。
② 《3年挣102万的外卖小哥回应收入质疑：我出去跑一圈，最多能带12单》，新浪网，https://news.sina.com.cn/c/2024-01-16/doc-inacrrzr7587540.shtml，2024年1月16日。
③ 《美团披露骑手收入：一线城市专送人员收入过万，业余骑手占比五成》，第一财经网，https://www.yicai.com/news/102279822.html，2024年9月19日。

见的案例。调查显示，骑手的月均收入为7081.7元。其中，50%的受访骑手表示上月收入超过7000元，10%的受访骑手月收入达到10000元以上，月收入能够达到15000元的骑手占比仅为1%。

平台通过细致精巧的工资制度设计，在严格控制总体派送成本的前提下对骑手实施有效激励。例如，平台为了激励骑手多派单，会设置"阶梯式的累进定价机制"，不同的单量层级对应不同的单均价格。以2023年12月至2024年1月美团乐跑项目为例，每周单量在0~200单，单均价格4.5元；201~250单，单均价格5.7元；251~300单，单均价格6.5元；301单及以上，单均价格7.2元。① 大体来说，如果以骑手每周工作6天来计算，每天要达到33~34单，一周送单量超过200单，才能在超过200单部分拿到5.7元的单均价格。平台对于参加乐跑等项目的骑手也有单量考核，除此之外还有出勤分、准时率和完成率等指标，单量要达到一定的数量，对在线时长和出勤率都有要求，尤其是恶劣天气、高峰时段（即午餐2.5小时和晚餐2小时），负责人（队长）会要求所有骑手出勤，最后的订单准时送达率要达到98%，订单完成率也不能低于99%。这些指标达标后都会有奖励系数，每一项指标都决定了骑手参加平台的各类活动项目最后所能获得的服务费收入。

骑手在特殊时段、特殊气候条件下的派送补贴也是大家关注的重点。2022年7月，《新周刊》曾就骑手的高温补贴做过一项调查，记者访谈的"资深"骑手回忆，2017年、2018年平台发放的高温补贴是一笔固定的数额，每年7~8月，300元的月高温补贴被明确地写在工资单上，但从2020年开始，高温补贴变成一种"花头"，需要在各种规则复杂的游戏中闯关才有可能拿到。比如，2021年，有平台推出"夏季挑战赛"，只有几周内送单达标才能获得158元、188元、218元等不同档次的"额外奖励"，原本法定的高温补贴变身成为激励骑手坚持工作的"诱饵"。②

美团和饿了么都表示，在特殊气候情况下，平台是有专项补贴的。比

---

① 2024年1月16日访谈。
② 戈多：《倒在酷暑中的外卖骑手，和失踪的高温补贴》，https://www.huxiu.com/article/612867.html，2022年7月20日。

如，在6月，美团平台会上线高温关怀活动，投入数亿元用于发放"高温关怀金"专项补贴；饿了么同样推出夏季关怀板块，专项关怀红包和补贴可覆盖近200万人次。在台风、暴雨等恶劣天气情况下，平台会启动"特殊天气保护机制"，其中就包括增加订单补贴、取消超时扣款等措施来保障骑手工作中的合理权益。① 据新华社的报道，2023年冬季美团配送在全国投入17亿元补贴，保障骑手低温天气配送"劳有所得"，这些补贴也用于元旦、春节假日跑单能获得更高收入。②

以笔者访问的一位美团乐跑骑手在2024年1月一周的送单收入为例，他获得的基础服务费（根据阶梯式累进定价机制计算）为900+285+325+496.8=2006.8元，大额单补贴为79元，距离补贴为130元。相比之下，在一年中最为寒冷的时节，骑手一周所获得的天气补贴为8.5元，仅占基础服务费的0.4%；夜间（21:00~23:59）时间段的补贴为22.6元，占基础服务费的1.1%（见表2）。③ 同年10月，笔者又回访了这位骑手，他表示2024年夏季也没有从平台获得所谓"高温补贴"，在超过50天的极度酷暑环境下，"高温补贴"以各种复杂的方式隐匿在平台的配送活动中，需要完成各项送单挑战后才能领到额外服务费，而在服务费的明细中并没有"高温补贴"这一类别。

表2 美团乐跑骑手服务费明细（2024年1月8日至1月14日）

单位：元，单

项目	单价	单量	实际收入
基础服务费	4.5	200	900.0
	5.7	50	285.0

---

① 李莹、王莘莘、辛晓彤：《高温多雨的夏天过去了，外卖骑手很"怀念"》，36氪，https://www.36kr.com/p/2421795079529481，2023年9月8日。
② 姜琳、叶昊鸣、王聿昊：《新华视点：新办法来了！"外卖小哥"权益将有更多保障》，https://www.gov.cn/zhengce/202402/content_6933937.htm，2024年2月24日。
③ 2024年1月20日访谈。

续表

项目	单价	单量	实际收入
	6.5	50	325.0
	7.2	69	496.8
天气补贴	0.0	14	8.5
21:00~21:59时间段补贴	0.8	17	13.6
22:00~23:59时间段补贴	1.0	9	9.0
80.0~120.0元大额单补贴	2.0	19	38.0
120.0~200.0元大额单补贴	3.0	7	21.0
200.0~500.0元大额单补贴	5.0	2	10.0
500.0~9999.0元大额单补贴	10.0	1	10.0
2.5~3.0km远距离补贴	0.6	35	21.0
3.0~3.5km远距离补贴	1.1	36	39.6
3.5~4.0km远距离补贴	1.6	23	36.8
4.0~4.5km远距离补贴	2.2	8	17.6
4.5~9999.0km远距离补贴	3.0	5	15.0
5.0~8.0kg重量补贴	0.5	1	0.5
专人直送补贴	2.0	1	2.0
	2.0	2	4.0
	4.0	2	8.0
合计	2261.4		
日程奖	1.23	346	425.6
合计	425.6		
质保补贴			80.0
商户小费			0.0
转单加价			22.0
特殊补贴			0.0
总计			2789.0

由此可见，外卖平台宣称的恶劣天气补贴和特殊时间段补贴可能需要首先服从于阶梯式累进定价机制，还需要服从于外卖配送的实时供需状况。就像笔者在平台调研时所得的信息，当订单多而骑手少的时候，单价会提高，补贴会增加，以鼓励骑手接单[①]，反之，当订单少而骑手数量充足时，单价

---

① 2023年12月22日某外卖平台公司座谈。

甚至会下降，补贴也付之阙如。因此，我们可以预见，平台表示在恶劣天气条件下会给予骑手补贴，很可能存在前置条件，即天气恶劣到在线骑手数量锐减。也就是说，原本作为权益保障型的稳定福利供给变成了完全市场逻辑下的劳动力定价。问卷调查的结果也予以呼应。当询问受访骑手2023年以来他们感知到的每单起步价是否有变化时，超过半数的骑手表示单价"多次降低"和"有过降低"；62.2%的骑手表示，在遇到酷暑、严寒、台风等恶劣天气时，平台给出的单价"基本没提高"（见图1）。

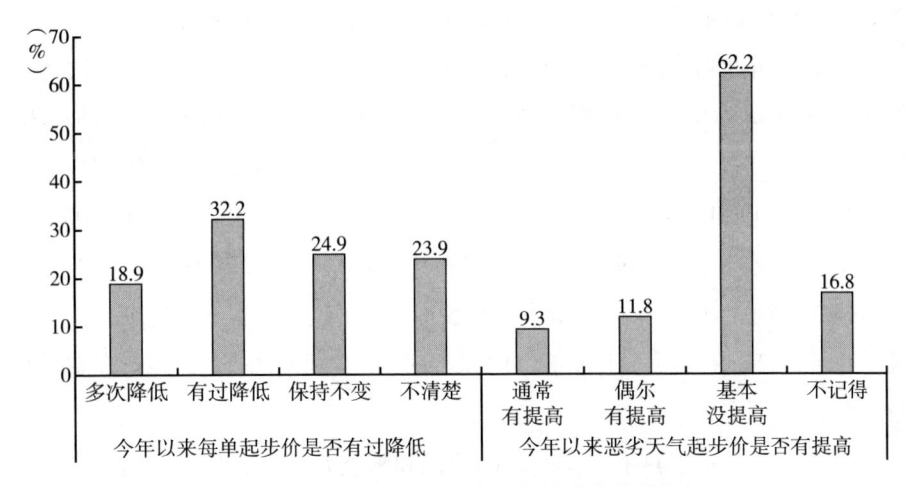

图1　骑手对于单价和恶劣天气补贴变化的感知

（二）"赶时间的人"：超负荷工作的常态化

一位骑手分享了他的每日步数，截图显示其日常步数在25000~30000步，换算后为8~10公里，电瓶车的每日骑行里程则在120~180公里。[①] 另一位骑手表示，他每周休息1天，其余日子每天从上午11点工作到次日凌晨2点，这样算下来每周工作时长为90小时。他表示，也有很多骑手选择一天都不休息，但他觉得如果那样，每天工作时长就要缩短，而且人比较疲

---

① 2024年1月10日访谈。

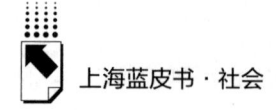

怠，"不如集中休息、集中干活"①。调查呈现的结果也确如他所说，有近七成受访者表示每周有 7 天"跑外卖/快递"，其中又有八成的人表示，每天工作 10 小时以上。也就是说，近六成的骑手每周工作时长超过 70 小时。更极端的情况是，有 22.4% 的受访者每天工作 12 小时，每周工作时长超过 84 小时；7.9% 的受访者每天工作 15 小时，每周工作时长超过 105 小时。

骑手的超长工时频频引发公众关注，一边是人们对于劳动者权益和劳动安全问题的担忧，另一边则是劳动者"沉迷"于工作不能自拔。平台企业为了回应监管诉求和舆论关切，推出了一些规范骑手工时的管理制度。例如，美团乐跑计划会限制骑手每日工作时长，只要乐跑骑手在 24 小时内工作时长达到 12 小时，就立刻限制接单。美团区分了早班（06:00~13:00，17:00~20:00，共 10 小时）、白班（10:00~14:00，16:00~21:00，共 9 小时）、晚班（11:00~13:00，17:00~20:00，21:00~00:00，共 8 小时）和夜宵（11:00~13:00，17:00~20:00，21:00~03:00，共 11 小时）骑手，规定非早班骑手在早晨 10 点前不能接单，非晚班、非夜宵骑手在晚间 21 点必须停止接单，但在上午 10 点到晚间 21 点，允许骑手加班跑单。②

然而，平台对于骑手工作时长的管控和限制并没有起到很好的效果，由于不少骑手同时为不同平台工作，他们很容易就能延长工时。之前提到的美团"单王"陈思，他的日均工作时长约为 18 小时，每天 10 点半到 22 点半他作为美团乐跑的骑手工作 12 小时，在此前和此后，他还注册为蜂鸟众包骑手，每日为饿了么派送订单，工作 5~6 小时。调查中，有 6.2% 的受访者表示同时服务于美团和饿了么，但实际比例肯定远高于此。有时饿了么和美团两大平台的骑手还会接到抖音的外卖单，抖音目前还没有专属合作的即时配送物流承包商和骑手团队，但它可以借力其他平台的物流服务网络。受访骑手表示，同时挂多个平台，看哪个平台有活动就给哪个平台派单是惯常操

---

① 2024 年 1 月 12 日访谈。
② 《请问美团外卖和饿了么的外卖小哥他们的工作时间是怎样的?》，https://www.zhihu.com/question/51988729。

作。调查中,有1/4的受访骑手表示他们会更换不同类型的跑单方式。一位骑手告诉笔者,"至少有一半多的骑手会给不同平台跑单,但人家忙得很,没空给你们填问卷"①。用另一位骑手的话来说,总体上平台对于骑手工作时间的控制是"只能跑多,不能跑少"②。

从派单量来看,受访骑手平均每天派送44单,但骑手之间的差异非常大:有27.0%的受访者表示每天完成单量在30单以下,也有15.3%的受访者每天能够完成50单以上,更有8.3%的受访者日结单量超过60单。考虑到"单王"通常没有时间填答问卷,此次调查的结果一定有所低估。

此次调查显示,有22.8%的受访骑手认为,自己目前送外卖的强度"非常大",有31.1%认为"比较大",而骑手对工作强度的感知主要来源于跑单时长。

在调查中,骑手对于平台最不满的是"乱派单",这会造成骑手的配送时限特别紧张。一位骑手向笔者展示了他向平台客服的投诉,投诉中"派单相关问题"占比最高,其中又以"派单不合理"的问题投诉最多,具体包括"取餐很远送餐很近,但总体服务费很低""强派不顺路的单子""商场取餐难""难取又难送"等情况。③ 对于这些"不合理"的单子,骑手可以有几种选择:一是加价转单;二是取消派件,但要被罚款(一般是10元);三是硬着头皮送,并承担超时的风险,做何选择因人、因场景而异。当询问骑手为什么智能系统会出现乱派单时,他们普遍表示,就是为了让骑手超时,以便平台罚款扣钱节省派送费。④ 研究者将平台的这种基于时间的、闯关式的游戏化管控机制称为"时间套利",认为这种做法重塑了平台经济下的新型时间认知和秩序。⑤

"偷距离"是骑手对平台的另一项控诉,指的是平台地图给出的路程距

---

① 2024年1月25日访谈。
② 2024年9月16日访谈。
③ 2024年9月26日访谈。
④ 2024年9月26日访谈。
⑤ 孙萍、陈玉洁:《"时间套利"与平台劳动:一项关于外卖配送的时间性研究》,《新视野》2021年第5期。

离往往比高德或百度地图给出的实际距离更短，少则二三百米，多则近1公里，还常常给骑手规划逆行配送路线。平台基于自己的路程测算工具给骑手设定配送时限往往非常紧张，骑手自然会因害怕超时罚款而不断赶时间。这些做法不仅变相降低了骑手劳动报酬，还促发了大量违反交通规则的行为，对骑手本人和他人都构成安全威胁。此次调查显示，受访骑手每月的配送超时罚款平均为143元，有25%的受访者每月超时罚款达200元以上；超过半数的受访者会因违反交通规则被罚款，其中9.1%表示经常被罚款。

（三）债务、家庭负担与经济性脆弱

据孙萍研究员在《过渡劳动》一书中所述，2021年她所调查的外卖骑手中负债人数高达62.94%；在背债的骑手中，近半数因买房或买车而负债，创业失败负债的比例也占三成。本报告调查显示，当前骑手的财务状况也大抵如此，骑手身负债务或贷款的情况十分常见：52.70%的受访骑手表示每月有还债/还贷支出，主要债务金额从500元到数千元不等，甚至还有1.74%的受访者每月债务金额超过10000元（见表3）。

表3 受访骑手每月债务/贷款情况

单位：人，%

债务情况	频数	比例
无债务	245	47.30
有债务		
500元及以下	40	7.72
501~1000元	36	6.95
1001~2000元	55	10.62
2001~3000元	53	10.23
3001~4000元	21	4.05
4001~5000元	29	5.60
5001~10000元	30	5.79
10000元以上	9	1.74
合计	518	100

债务形成的原因很多，之前做生意失败是其中一类。一位受访骑手表示，他前几年为了开店进货通过网贷平台借款买了辆面包车，年利率高达20%，经营失败后每月要还3300元，他曾先后进入电子厂和纺织厂做工人，但感觉挣钱太少，约束太多，辞职后开始送外卖，目前还负债6万余元。

调查询问了受访骑手前一份工作的类型。总体来看，前一份工作是从事营业员/客服等商业服务业的商服人员比例是最高的，达到25.5%；其次是在工厂直接从事生产的工人（22.8%）；之前未就业（包括务农/无业/待业/上学/参军等）的人群占18.3%；打各种零工（包括货车司机、网约车、建筑工人等）和私营企业主/个体户的比例均为10.8%（见图2）。由此可以看出，骑手的职业来源十分多样，送外卖这一工作也因门槛较低而成为各行各业人员"职业过渡期"的重要选项。

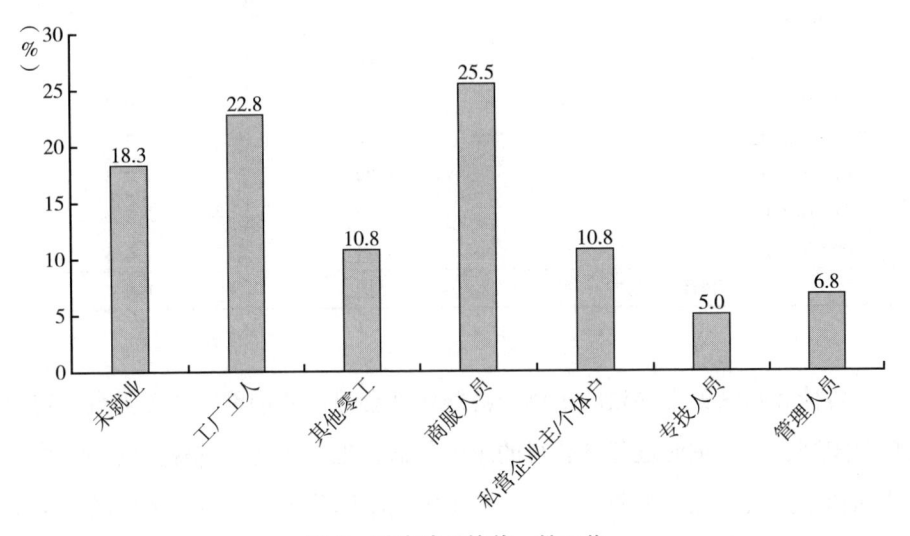

图 2 受访骑手的前一份工作

与负债相比，更普遍的一项支出是养育子女/补贴家人。有65.2%的受访者表示他们每月都有这项开支，平均花费2870元。约1/4的受访骑手表示，每月补贴家用的开支超过2000元；10.6%的受访者甚至每月超过4000元（见表4）。除了养育子女之外，也有不少受访者表示，需要为父母养老看病存钱、供给弟妹读书等。许多研究指出，以骑手为代表的零工群体，他们的户籍来源仍以农村户口为主,这些新生代的农民工与其父辈相比,有着不一样的工作伦理,他们更不愿意进工厂,更不能忍受科层制的规训与支配,向往自由,追求高度的工作自主性,正在拥抱个体主义。① 但从调查与各种媒体报道来看,这一群体仍然在一定程度上嵌入乡土和亲缘伦理中,这种伦理具有复杂性,接济老家并不完全是义务和责任,同时也是自身能力和自主性的彰显。

表4 受访骑手每月养育子女/补贴家人情况

单位:人,%

养育子女/补贴家人	频数	比例
无	180	34.8
有		
500元及以下	55	10.6
501~1000元	67	13.0
1001~2000元	90	17.4
2001~3000元	54	10.4
3001~4000元	16	3.1
4001~5000元	39	7.5
5001~10000元	12	2.3
10000元以上	4	0.8
合计	517	100

负债和补贴家人导致的个体经济脆弱性会迫使骑手更屈从于平台设定的单价规则,更看重通过劳动获得的现金价值,也因此高度重视工资的结算方式和提款的及时性。在调查中,笔者了解到不同跑单形式对应不同的工资结算方式,平台对于提取现金的限制规定也有所不同。以"专送/团队"方式跑单的骑手,工资采取月结形式,有骑手反映"这个月跑单,工资要到次月底才发,实在太慢了"②;以"优选/乐跑"方式跑单的骑手,工资是一周一结;以"众包"方式跑单的骑手,工资是日结,当天跑单的收入,当天

① 孙萍:《过渡劳动:平台经济下的外卖骑手》,华东师范大学出版社,2024。
② 2023年12月13日访谈。

就能计算出来，第二天就能提现。不同平台对骑手提现也有不同规定，饿了么没有提现限制，每天都可以免费提现，美团则每月免费提现2次。在还债和打款的压力下，骑手更倾向于选择工资日结、周结的跑单方式（如众包、优选等形式），而更不愿意选择工资月结的跑单方式（如专送/团队形式），这也使得骑手群体进一步趋向"短工化"和"去稳定化"。

（四）"客户—社区—骑手"关系中的劳动者尊严

很多骑手会在跑单过程中感到尊严受到伤害，但大部分选择沉默，他们耗不起时间、承担不了风险，更重要的是他们觉得抗争没什么用。本报告调查显示，有26.3%的骑手表示在送外卖过程中"经常"有不被尊重的感受，24.7%表示"有时"有，31.7%表示"偶尔"有。

当询问这种不被尊重的感受主要来自哪里时，84.7%的骑手表示"来自顾客"，58.8%表示"来自商家"（见图4）。有骑手表示，送外卖最难的就是商家出餐慢，也就是"卡餐"，然后顾客一直催；或是顾客地址写得不清楚，还不接骑手电话，超时后又肆意投诉、给差评，这些要素只要集齐一两个就是骑手的噩梦，非常影响心态。平台设置骑手评价机制本意是为了提升服务质量、强化内部管控、保障消费者合法权益，但在实际运行过程中也出现偏差，往往过度偏袒消费者和商家，没有重视骑手的正当权益。

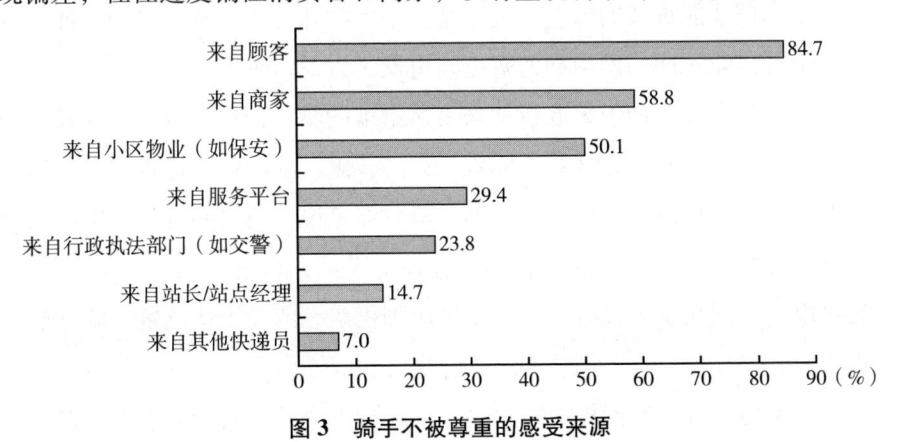

来源	百分比
来自顾客	84.7
来自商家	58.8
来自小区物业（如保安）	50.1
来自服务平台	29.4
来自行政执法部门（如交警）	23.8
来自站长/站点经理	14.7
来自其他快递员	7.0

图3　骑手不被尊重的感受来源

目前，大量申诉是骑手针对超时配送或被迫取消订单后要求取消罚款的情况，平台虽提供了申诉渠道，申诉不成功也可以给客服打电话，但这一渠道并没有充分考虑骑手的正当权益和时间成本，骑手群体对此意见也很大。一位骑手向笔者描述了这样一个案例：某天，平台派给他一单4公里外的外卖单，取送餐预计1小时，但遇到商家卡餐后他致电顾客，顾客说自己联系商家取消订单（因为骑手取消要被扣除50%~200%的配送费），结果商家没有取消订单，而是另外找人完成了配送。骑手致电客服，客服让他自行取消后网上申诉，申诉被驳回后，骑手致电客服，客服说骑手流程有错误，骑手辩驳这是前一天的客服指导他这样操作，但客服并不予理会。此单的后果就是，配送费10元"打水漂"，额外罚款20元，浪费1个多小时取送餐时间，以及与客服两次通话的近半小时。可见，网约配送因时效性要求高，需要商家—骑手—顾客的多方协力，但平台在集成信息方面往往降低对商家和顾客的要求，把过大的压力给到骑手。

排名第三的是小区物业，有50.1%的受访骑手选择此项。小区物业的社区管理制度非常容易引发骑手与物业工作人员之间的直接矛盾。在访谈中，骑手反映，很多社区不允许外卖车辆进入，顾客又要求送餐上门，这大大增加了骑手的工作量。许多商场和部分高档社区不允许骑手使用客梯，骑手需要爬楼或绕行寻找货梯，甚至有些骑手遇到过物业保安要求其脱工作服、摘工作帽才能进楼的情况。近年来，小区物业与外卖骑手之间的冲突频发。骑手与物业之间的困境如何解决，引发了大量讨论。

日常遇到麻烦，积极采取行动来表达不满的骑手仍是少数。当问及遇到麻烦会怎么做时，64%的骑手只是私下发发牢骚。专送骑手有四成会选择向站点站长反映，有两成会向公司投诉，但总体来说，通过制度化的渠道来反映诉求、进行抗争的空间越来越小。有骑手表示，以前在骑手App上投诉还有些用处，现在基本没有用处。或是用脚投票，或是个体抗争，骑手群体呈现明显的碎片化。有个别骑手以一己之力，寻求团结，试图保障自己的权益，有骑手将二维码贴到外卖箱后边，形成数十个几百人的骑手微信群，大家在群内吐槽、分享各类信息，并在群友遇到麻烦的时候为其伸张正义。

骑手对工作的总体满意程度居于中间偏上水平，其中，对工作氛围、工作稳定性和工作自由度最为满意，相对较不满意的几项分别是骑手职业的晋升和发展机会、社会声望、福利保障。本报告以1~5分计，让受访骑手对其工作的各项内容进行打分。可以看到，总体满意度得分为3.25分；分项得分中，工作氛围的满意度得分最高，达3.34分，福利保障的满意度得分则相对最低，为2.99分（见图4）。

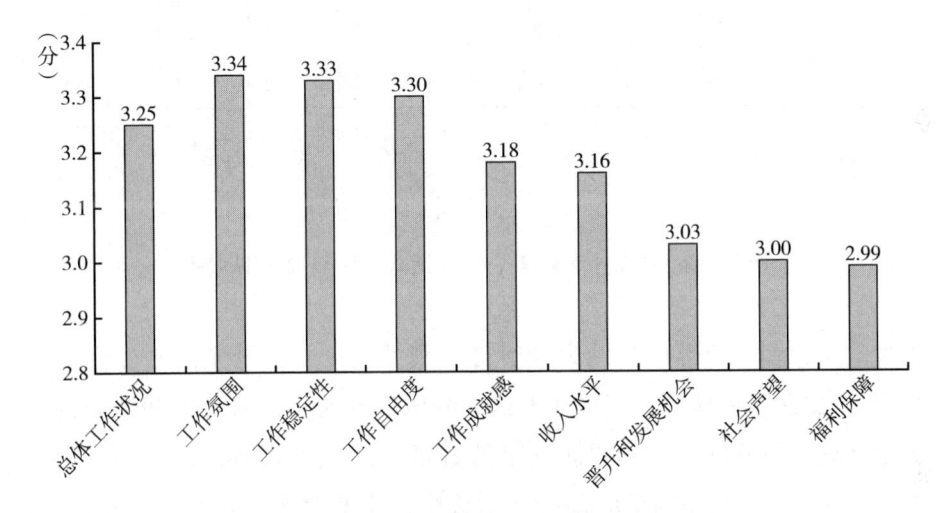

图中各项得分：
- 总体工作状况：3.25
- 工作氛围：3.34
- 工作稳定性：3.33
- 工作自由度：3.30
- 工作成就感：3.18
- 收入水平：3.16
- 晋升和发展机会：3.03
- 社会声望：3.00
- 福利保障：2.99

图4 骑手的工作满意度

比较隶属于站点的专送/团队骑手和完全个体化的众包/优选骑手（非团队骑手），可以看到有站点管理的专送/团队骑手，总体的工作满意度得分（3.24分）低于个体化的非团队骑手（3.43分）。并且，在大多数分项指标上，专送/团队骑手的满意度都低于非团队骑手，有些指标甚至差距惊人，例如工作自由度、工作稳定性和社会声望（见图5）。

平台企业的物流服务大多由区域代理商来承运，这些代理商会进一步划分配送区域，并设立站点，选派站长，接受平台的各项考核。隶属于站点的骑手就是专送/团队骑手，一个站点可能会有几十名甚至上百名专送/团队骑手。众包骑手是为了弥补专送骑手的运力不足而形成的一项制度，高度灵活和自由，在线时长、服务规范等方面受到的约束都显著

图中数据:
- 收入水平: 3.16 / 3.14
- 福利保障: 2.99 / 3.00
- 工作自由度: 3.29 / 3.71
- 工作稳定性: 3.32 / 3.71
- 社会声望: 3.01 / 3.57
- 晋升和发展机会: 3.02 / 3.29
- 工作氛围: 3.34 / 3.43
- 工作成就感: 3.17 / 3.29
- 总体工作状况: 3.24 / 3.43

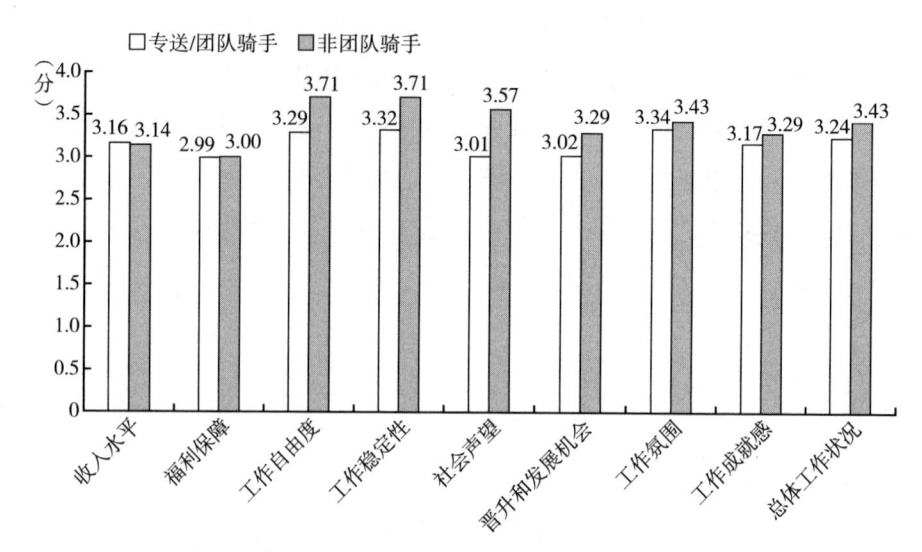

图5　骑手的工作满意度：专送/团队骑手 VS 非团队骑手

更少。平台和上级部门从约束和管理便利的角度，会更倾向于保有和扩大专送/团队骑手队伍，但事实上这一队伍处于人员不断流失和严峻的招工难处境。与此同时，非团队骑手的数量呈现井喷式增长，近年每年上涨20%～30%。从对骑手的调查和访谈中，笔者发现很多人是从专送/团队骑手转向众包骑手，反向转换身份的几乎没有。骑手普遍抱怨代理商和站点对他们的管理、约束甚至盘剥，并没有享受到团队骑手的优势待遇（例如获得更高的单价、恶劣天气补贴、工伤纠纷的调处等），有骑手表示："团队作业是牺牲自由换福利保障，但如果换不来福利保障，为什么还要牺牲自由？"

（五）"职业化"的悖论：骑手的工作规划

当询问骑手为什么选择这份工作时，不少人表示"自由自在"。2021年12月，上海交通大学中国发展研究院发布一份研究报告《骑手职业与城市发展》，在全国188个地市回收55000多份问卷，调查发现，有49.5%的骑手认为这是一份"付出努力就可以获得回报的工作"，53.8%的骑手认为相对灵活的工作时间使他们感到自己对工作有掌控感和自主性。[1] 一些曾经做过专送骑手的外卖员甚至因为向往更多的自由而选择单量和收入更不确定的众包，"这样就可以不受站长管了"。[2] 有一位骑手表示，他知道顺丰、京东等快递企业薪酬更稳定，员工福利也更好，但"那里给再多钱，他也不会去"。笔者十分诧异，问他原因，他说每天都被要求送同样的片区实在非常无聊，一点新鲜感也没有，做骑手至少可以每天接触不一样的街区、楼道、住户，更有意思。[3] 他的这个回答新鲜有趣，且听上去颇有道理。孙萍的调查发现，不拖欠工资、管理松散是很多农村出来的劳动者选择送外卖而不是进工厂做工的主要原因。[4] 本报告调查也显示，当被问及对工作各方面的满意度时，骑手对于当前工作自由度满意度较高，以1~5分计，骑手对于工作自由度的满意度得分达到3.30分。

然而，当询问什么是一份"好的工作"，让骑手从给定的选项中选择最重要的三项时，工作自由度的排名却并不高，最重要的前三项分别是"收入水平"（92.5%）、"福利待遇"（80.3%）和"工作氛围"（40.9%），只有22.6%的受访者选择"工作自由度"。骑手们认为，送外卖是一项"不怎样的工作"，它谈不上什么福利待遇，高收入要靠拼命干，没有什么发展晋升空间，社会声望也不高。但这份工作又是一份"可以干"的工作，它不理想，但差强人意，能够给劳动者一个稳定的预期，这里的"稳定"在于不会被随意辞退，工资也不会被拖欠；规则明确，该拿多少一目了然；多劳多得，不用靠和领导、客户喝酒套近乎。这些都是骑手心中这份工作显而易见的优势。

知乎上有一位用户询问"为什么越来越多的人选择送外卖来过渡？"高赞回答是，作为一份过渡性工作应该满足三个条件，一是门槛低，二是成本

---

[1] 刘昕璐：《骑手职业融入城市发展，5成骑手认可"付出努力就可获回报"》，《青年报》2021年12月13日。
[2] 2023年12月17日访谈。
[3] 2024年1月11日访谈。
[4] 孙萍：《过渡劳动：平台经济下的外卖骑手》，华东师范大学出版社，2024，第115页。

低，三是来钱快，而送外卖恰好都符合。① 2020 年，中华工商联合出版社接连出版《零基础做外卖骑手：小镇青年进城精选工作手册》《外卖骑手这样做：从"小白"到"跑单王"》等，从实战角度，事无巨细地分析了骑手工作的要点，对于送外卖过程中可能出现的各种状况给出了解决方案。如招募骑手的外包公司经常使用的口号：有手有腿，就能跑就能送。不少骑手进入这个行业是抱着"过渡一下"的心态，但对于很多骑手而言，这个"过渡期"显然比预想的长太多。在调查中，过半数的受访者从事骑手工作超过 1 年，3~5 年的占 16%，5 年以上的也有 8.3%。

骑手的未来工作计划是一个有趣的议题。当问及未来 1 年的工作计划时，有 51.7% 的骑手表示还是继续从事当前工作；但当问到未来 5 年的计划时，就只有 29.3% 表示继续做骑手，表示要当个体户/开店/创业的比例显著提高，从 4.6% 提升至 15.8%；与此同时，对未来没有长期计划的比例也显著上升，表示"不知道/没计划"的比例从 20.7% 提升至 28.2%（见图 6）。

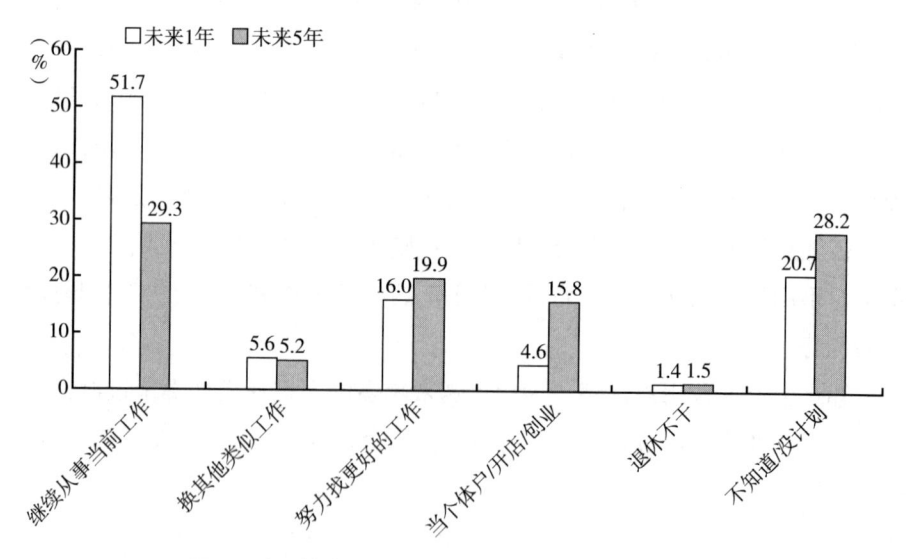

图 6 骑手的未来工作计划：未来 1 年 VS 未来 5 年

---

① 《为什么越来越多的人选择送外卖来过渡?》，知乎，https://www.zhihu.com/question/557946110。

骑手对于未来的规划存在矛盾之处，他们一方面普遍认为送外卖不是长久之计，对未来何去何从持有焦虑情绪；但另一方面又没有时间学习任何系统的职业知识，也就无法实现变道和转轨，只能长久地锁定在送外卖这一条道上。在访谈中，有骑手表示，打工的尽头是送外卖，而送外卖的尽头是开饭店。骑手们会与笔者分享，他们觉得什么样的地段开饭店会成为旺铺，卖20元一份的快餐能赚多少钱等，当他们闲来无事盘算自己攒下多少钱的时候，往往会为以后做点打算，其中最常见的念头就是就地或回老家县城开个小店。目前，平台企业已经设置比较完善的从骑手到站长的晋升机制，甚至有骑手最终成为服务商区域经理的成功案例，然而调查显示只有不到20%的骑手表示有被提拔的可能，不同跑单方式的骑手的晋升期待差异不大。

对新兴职业群体进行技能培训并使其"职业化"，是近年来人力资源政策的实施方向，骑手群体也不例外。2021年12月，《网约配送员国家职业技能标准（2021年版）》发布，将这一职业分为5个等级，明确了各等级需要掌握的工作内容、技能要求和相关知识，也是为了让骑手有更清晰的发展通道。[①] 自2022年起，工会和人社部门开始举办网约配送员技能大赛，大赛通常采用情景模拟方式，还原骑手日常配送作业过程中常见的典型状况，并进行实操竞技。[②] 研究者也对骑手群体所需的显性和隐性技能多有讨论，认为骑手工作并不存在"去技能化"，相反对于从业者的认知能力有着更高的要求，骑手会与技术不断进行交互，形成数字孪生效应。[③] 美团研究院联合南开大学周恩来政府管理学院发布的报告显示，骑手要具备社会适应性技能、行业通适性技能和岗位专用性技能。[④] 但相较于从业人数和活跃骑手数量，实际能获

---

① 刘萌萌：《1300万外卖骑手，从"零工"走向"职业"》，澎湃新闻，https：//www.thepaper.cn/newsDetail_forward_16705371，2022年2月16日。
② 《一展"骑手"新职业群体风采！浦东举办首届网约配送员技能大赛》，腾讯网，https：//new.qq.com/rain/a/20230903A05GDF00，2023年9月3日。
③ 《调查研究｜外卖骑手真的面临"去技能化"困境吗？》，澎湃新闻，https：//www.thepaper.cn/newsDetail_forward_24360118，2023年8月24日。
④ 赵磊、厉基巍、王星：《外卖骑手的职业技能与技能形成研究》，美团网，https：//s3plus.meituan.net/v1/mss_531b5a3906864f438395a28a5baec011/official-website/dc38829c-5068-43bc-bafd-ff9275fcb21d，2023年8月。

得职业技能培训的骑手仍是少数,而能获得职业资格的更少。2022年,上海共有34名饿了么骑手获得二级网约配送员技能等级认定,即便获得这一证书在有些城市可以直接落户,但对于成百上千万的骑手大军而言,终究是凤毛麟角。

对于大部分骑手来说,获得技能等级认定的吸引力并不高。很多骑手不清楚什么是正式培训、在职教育、职业考试,甚至会将站点站长的训话看作培训和职业教育,导致调查结果显示71%的受访者认为自己接受过此类培训教育。对于绝大部分骑手来说,教育培训仅限于与安全有关的内容,骑手所用的App集成了这些功能,并将定期在手机上参加安全教育和通过相应考试作为保有骑手资格的前置条件,而这与职业技能等级认定的培训和教育是两回事。调查中,笔者询问骑手希望政府部门提供的服务,排名前几位的选项,除了保证准时足额发放工资(39.6%)之外,其他几项都是期待改善和落实骑手群体的权益保障。相较之下,骑手对技能培训的需求比其他各项都低,仅10.4%的受访者选择此项(见图7)。

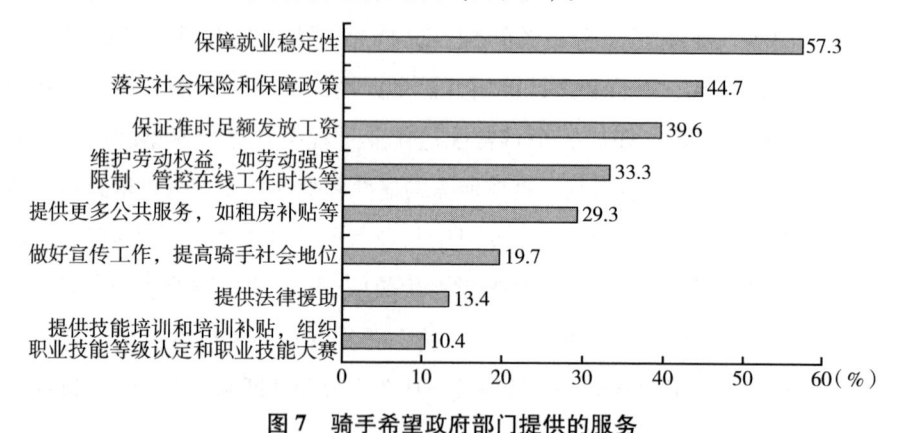

项目	百分比
保障就业稳定性	57.3
落实社会保险和保障政策	44.7
保证准时足额发放工资	39.6
维护劳动权益,如劳动强度限制、管控在线工作时长等	33.3
提供更多公共服务,如租房补贴等	29.3
做好宣传工作,提高骑手社会地位	19.7
提供法律援助	13.4
提供技能培训和培训补贴,组织职业技能等级认定和职业技能大赛	10.4

图7 骑手希望政府部门提供的服务

在骑手们看来,这些培训性价比不高。例如,《网约配送员国家职业技能标准(2021年版)》规定,申报初级工要参加不少于53个标准学时的培训,意味着占用骑手多个工作日。① 骑手们认为,技能等级提升和收入不仅

---

① 裴龙翔:《免学费有补贴,"小哥"为何仍不愿参加技能培训?》,澎湃新闻,https://www.thepaper.cn/newsDetail_forward_22996339,2023年5月8日。

不直接挂钩，还会影响他们跑单赚钱，而且很多骑手只是将送外卖作为暂时谋生的工作，他们认为自己的未来是不确定的、充满开放性，对这份工作也谈不上什么职业归属感，即便培训是免费的，他们也不愿意费时费力去参加。一位第三方配送服务公司的负责人向笔者表示，骑手最为期待的是配送的基础设施更友善，比如路况更好、更容易停车、商家和顾客更配合、社区物业和保安更友好等。[①]

（六）骑手的权益和保障

骑手群体的组织化和工会参与度仍有提升空间。当问及是否加入工会时，受访骑手中明确表示"已加入""未加入""不清楚/不知道自己是否加入工会"的各占1/3。对于工会各项职能，均有1/3的受访骑手表示"不了解/不好说"。在维护新就业形态劳动者劳动保障权益方面，工会如何加快探索新机制，并强化对骑手的宣传、教育与引导，提高工会工作的可及性和显示度，值得进一步思考。

超过七成的受访骑手表示自己签订了劳动合同/协议，六成受访骑手认为签订劳动合同对保障权益有帮助（见图8）。2023年，饿了么平台召开了（全网）一届一次职代会（扩大）会议，现场审议通过全网集体合同及3个全网专项集体合同，覆盖该平台自有职工及全国1.1万个配送站点，超过300万名外卖骑手。但从此次调查来看，劳动合同签署的知晓率仍然不高。以受访的饿了么骑手为例，51.0%明确表示自己签订了劳动合同，23.8%表示没有签订，还有25.2%表示不清楚。相比之下，美团骑手表示自己签订劳动合同的比例显著更高，达到80.0%。通过访谈可知，不同的跑单方式下，签订劳动合同的形式并不一样，专送/团队骑手往往是在所属站点签订劳动合同，而众包、乐跑等类型的骑手则是在App上在线签订，很多骑手对于哪个环节属于劳动合同签订并不清楚，往往也会忽略合同中具体条款与他们的实际福利关联，甚至有骑手反映，"签不签合同都没用，关键还是要看一旦出了事情有没有人管"。

---

① 2024年6月25日访谈。

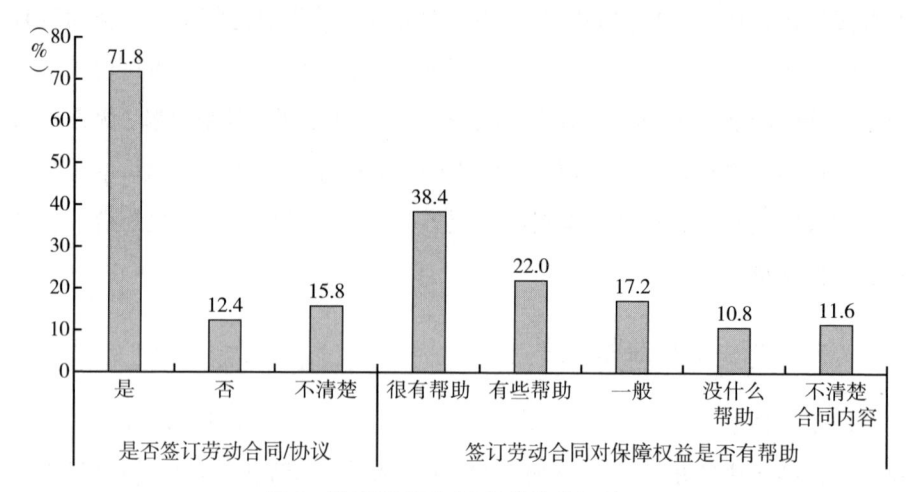

图8　骑手的劳动合同/协议签订情况

上海骑手目前至少享有两份保险，一份是雇主责任险并附加第三者险，简称"三者险"，这一保险主要是保障骑手发生交通事故致人损害，当事人可以要求保险公司理赔或依法寻求救济；另一份则是2023年推出的上海新就业形态就业人员职业伤害保险，简称"新职伤"。前者的缴费方式是在骑手工作的当日直接从其账户余额中扣除，每天2.5元。后者则由平台为骑手缴纳，每个订单缴纳6分钱的保险费，覆盖订单完成前1小时到完成后1小时这一时间段。

调查显示，清楚自己所享有保障的骑手比例并不高，认为自己有工伤保险的比例仅为51.5%；甚至有近一半的受访骑手没有注意到每日账户中"三者险"的扣除。在这种情况下，骑手对于理赔就更陌生了，只有43.4%表示"如果出了工伤，我知道怎么去理赔"，有46.9%表示"不了解/不好说"（见图9）。访谈中，骑手普遍认为这些保险"交了也没什么用"。第一，听说要去指定医院才能报销，而没人说清楚是哪些医院；第二，保险理赔有免赔额，也就是必须自付费用超过一定金额，超过的部分才能得到一些报销；第三，也是最关键的一点，保险理赔需要定损，有一定的流程和周期，还需要预先垫付医药费和赔偿费，而骑手既耗不起时间成本，往往也没有太多现金可以垫付。因此，当骑手在派单中遇到小事故、小纠纷时，他们往往选择私了来节约时间。近八成骑手表示在上海公立医院看病并不能享受报销，因此骑手哪怕出现健康状况也大多选择不就医。在那些表示已经出现健康状况并影响工作的骑手群体中，有45.6%表示过去半年基本没有就医，有38.8%表示几个月才去一次。

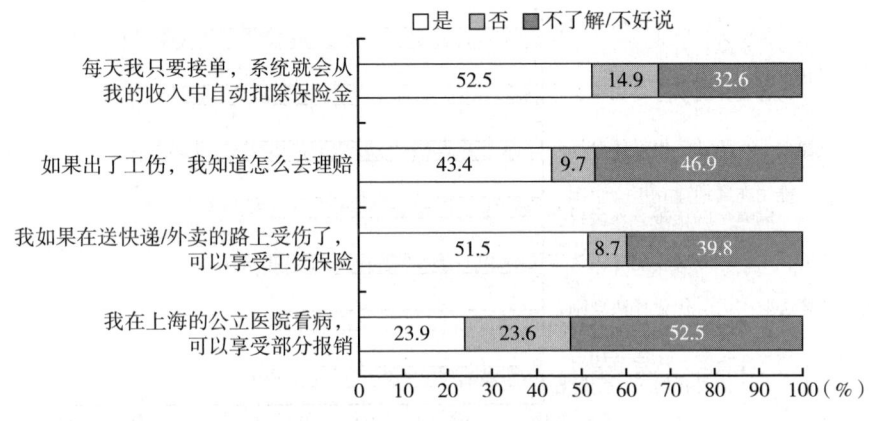

项目	是	否	不了解/不好说
每天我只要接单，系统就会从我的收入中自动扣除保险金	52.5	14.9	32.6
如果出了工伤，我知道怎么去理赔	43.4	9.7	46.9
我如果在送快递/外卖的路上受伤了，可以享受工伤保险	51.5	8.7	39.8
我在上海的公立医院看病，可以享受部分报销	23.9	23.6	52.5

图9　骑手对于相关权益的了解情况

近年来，有关部门推行了一系列保障骑手权益的政策。其中，针对与安全相关的培训和制度设计，骑手的感知度最高，有54.8%参与了多种形式的安全教育培训，骑手所用的App将这些功能集成，并将定期参加安全教育和通过相应考试作为维持骑手资格的前置条件；有47.1%表示感受到对骑手休息权的保障措施。

感知度相对较高的，还包括骑手的意外伤害险和爱心驿站设立，分别有44.2%和43.1%的受访骑手给予肯定（见图10）。目前，仅饿了么在全国就设有10万家不同类型的骑手驿站，提供免费休息、免费接水、优惠餐食等服务。但调查显示仍有超过半数的受访骑手表示听说过驿站但并不了解，也没有享受过相应服务。当笔者询问相关原因时，最主要的原因是"太忙了，没空关注"（54.4%），其次是"不知道具体地址"（39.1%），再次是"不顺路/不方便"（23.9%）和"不了解用途"（23.9%），也有12%表示"不好意思进去"。笔者从平台处得知，骑手所用的 App 上可以查询附近驿站，也能显示驿站所提供的各项服务，但因疏于宣传，驿站使用率不高。与此同时，笔者也注意到，骑手非常关注的配送时间限制和特殊时段补贴仍然停留在政策层面，并没有产生期待中的获得感。

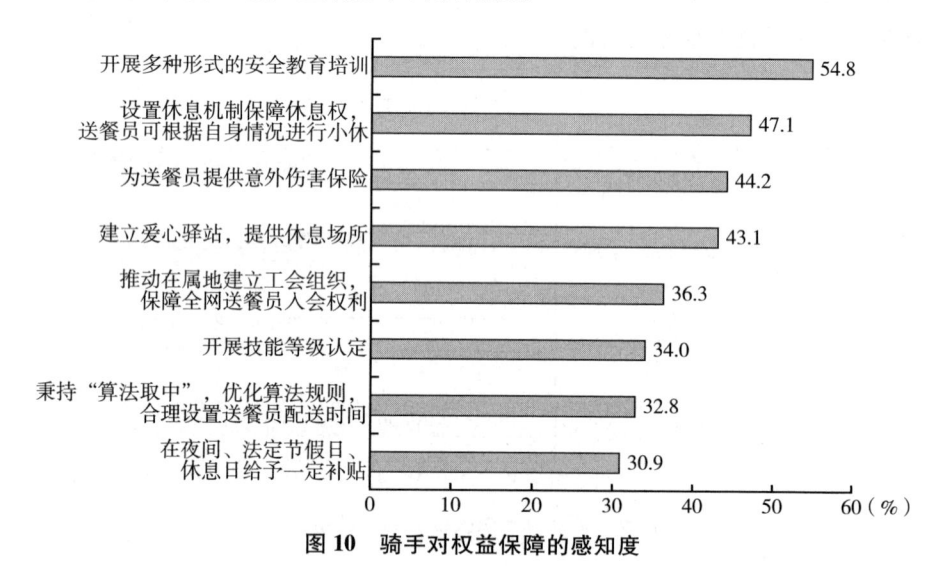

项目	百分比(%)
开展多种形式的安全教育培训	54.8
设置休息机制保障休息权，送餐员可根据自身情况进行小休	47.1
为送餐员提供意外伤害保险	44.2
建立爱心驿站，提供休息场所	43.1
推动在属地建立工会组织，保障全网送餐员入会权利	36.3
开展技能等级认定	34.0
秉持"算法取中"，优化算法规则，合理设置送餐员配送时间	32.8
在夜间、法定节假日、休息日给予一定补贴	30.9

图 10　骑手对权益保障的感知度

四　关于做好新就业形态劳动者服务与保障工作的政策建议

第一，进一步推动新就业形态劳动者权益协商协调机制建设的立法工作，为新就业形态劳动者赋能。以骑手为代表的新就业形态领域劳动关系存在非标准化、劳动者组织程度偏低、社会保障欠缺、维权服务缺位、权利救济困难等问题。建议以立法形式对除集体协商以外的协商恳谈、职代会、全网协商协调等方式以及线上协商协调予以固化，确立相应的程序制度，明确政府、工会、新就业形态劳动者代表、平台企业等参与主体，畅通诉求表达渠道。同时，明确协商协调成果的法律效力，使集体合同、集体协议、协商协议、会议纪要、备忘录等成果形式获得法律支持，更好地维护骑手的劳动权益。

第二，进一步推动骑手职业伤害险和"三者险"落地，提高政策知晓度，公开申请理赔流程，进一步简化操作，在骑手日常使用的 App 中设置一站理赔功能，将理赔知识作为骑手日常培训的必要内容。建议从法律层面扩大社会保险覆盖范围，将骑手的社保关系与劳动关系脱钩，工伤保险制度应着眼于为所有劳动者提供职业伤害风险保障，即对于任何劳动者而言，不管其职业性质如何、就业方式如何，只要是工作原因导致的伤害，均可享受工伤赔付。划分多个参保的缴费档次，供灵活就业者根据自身收入情况合理选择。具体的缴费基数标准和缴费系数应尽量参考企业职工的比例，避免设置差距较大的缴费标准和过高的缴费条件。

第三，进一步探索新就业形态劳动者的最低工资制度，规范平台企业的工资和补贴算法机制，兼顾效率与公平。对骑手群体，应当探索设立最低单价制度，定期调整，调价过程由平台企业、工会和骑手代表共同参与商定。各部门在完善互联网餐饮外卖行业用工模式和制度、制定行业区域最低标准、规范奖惩机制等方面要发挥协同作用，可以根据不同地区的实际价格水平和消费情况设立最低单价，避免计件工资下的加班和过度竞争。不得将"最严算法"作为考核要求，真正落实"算法取中"，合理确定订单数量、准时率、在线率等考核要素，适当放宽配送时限。此外，建议完善平台订单分派机制，在配送路线设计和优化方面严格遵守相应交通规定，合理确定订单饱和度，降低劳动强度，防范骑手发生交通安全事故。加强交通安全教育培训，建立健全应急救援机制，及时处理交通事故和人身伤害事件。

第四，进一步完善骑手服务评价体系，畅通骑手的申诉渠道。要求平台借助技术手段（如定位、电话录音等）来甄别外卖是否准点送达、消费者是否有无理要求等，据此识别恶意差评，切实保障骑手作为服务提供者的合法权益。同时，平台还可以引入大众评审机制，架构起公平的裁决机制。网约平台不妨让一些注册时间满一年、实名认证、拥有良好信用记录的用户成为外卖平台的评审员，让这些中立的第三者对消费投诉进行调查和裁决。这不仅能在一定程度上保证结果的客观公正，也能让消费者和骑手心服口服。此外，对于那些多次恶意差评的用户，要设立黑名单制度。

第五，进一步着力推进骑手友好型社区建设，构建骑手、物业和社区工作者的新型友好互助关系，将骑手服务和管理纳入社区日常治理工作。政府牵头同各相关单位进行专题会商，探索全面实行"一码通"、完善纠纷调处机制、建好用好服务场景、健全社区服务工作机制、支持提升学历技能、保障外卖骑手权益、开展暖心服务系列活动、推动形成外卖行业改革发展合力等措施。加快城市综合服务网点建设，推动在骑手集中的居住区、商业区设置临时休息场所，解决停车、充电、饮水、如厕等难题，为骑手提供工作生活便利。推动公共文体设施向骑手免费或低费开放，丰富公共文化产品和服务供给。

参考文献

陈龙：《"数字控制"下的劳动秩序——外卖骑手的劳动控制研究》，《社会学研究》2020年第6期。

陈龙、韩玥：《责任自治与数字泰勒主义：外卖平台资本的双重管理策略研究》，《清华社会学评论》2020年第2期。

戈多：《倒在酷暑中的外卖骑手，和失踪的高温补贴》，虎嗅网，https://www.huxiu.com/article/612867.html，2022年7月20日。

姜琳、叶昊鸣、王聿昊：《新华视点：新办法来了！"外卖小哥"权益将有更多保障》，中国政府网，https://www.gov.cn/zhengce/202402/content_6933937.htm，2024年2月24日。

李莹、王莘莘、辛晓彤：《高温多雨的夏天过去了，外卖骑手很"怀念"》，36氪，https://www.36kr.com/p/2421795079529481，2023年9月8日。

刘萌萌：《1300万外卖骑手，从"零工"走向"职业"》，澎湃新闻，https://www.thepaper.cn/newsDetail_forward_16705371，2022年2月16日。

刘昕璐：《骑手职业融入城市发展，5成骑手认可"付出努力就可获回报"》，《青年报》2021年12月13日。

裴龙翔:《免学费有补贴,"小哥"为何仍不愿参加技能培训?》,澎湃新闻,https://www.thepaper.cn/newsDetail_forward_22996339,2022年5月8日。

孙萍:《"算法逻辑"下的数字劳动:一项对平台经济下外卖送餐员的研究》,《思想战线》2019年第6期。

孙萍:《过渡劳动:平台经济下的外卖骑手》,华东师范大学出版社,2024。

孙萍、陈玉洁:《"时间套利"与平台劳动:一项关于外卖配送的时间性研究》,《新视野》2021年第5期。

吴清军、李贞:《分享经济下的劳动控制与工作自主性——关于网约车司机工作的混合研究》,《社会学研究》2018年第4期。

于浩、乔雨萌:《一线城市外卖骑手难寻爆单,撤离还是继续等待?》,界面新闻,https://www.jiemian.com/article/9399745.html,2023年5月16日。

张守坤:《外卖员和保安间的困境何解?该不该进小区?专家解读》,澎湃新闻,https://www.thepaper.cn/newsDetail_forward_26028011,2024年1月16日。

赵佳佳:《京城骑侠传:外送江湖骑士联盟盟主陈天河和北京十里河的骑手江湖》,新浪网,https://finance.sina.cn/chanjing/gsxw/2020-11-30/detail-iiznezxs4471356.d.html,2020年11月30日。

赵磊、厉基巍、王星:《外卖骑手的职业技能与技能形成研究》,美团网,https://s3plus.meituan.net/v1/mss_531b5a3906864f438395a28a5baec011/official-website/dc38829c-5068-43bc-bafd-ff9275fcb21d,2023年8月。

B.5 健康流动：上海流动人口健康素养促进报告

梁海祥*

摘　要： 在城镇化快速发展的背景下，中国的社会结构正在经历从"乡土中国"到"流动中国"的重大转变。本报告以人民城市理念为指导，聚焦上海市流动人口健康促进策略，进而探索提升该市流动人口健康素养的有效方法。基于对2022年上海市居民健康素养数据的分析，发现流动白领群体的健康素养普遍较高，而农民工群体在传染病防治和基本医疗知识方面素养较低。因此，本报告建议开展针对性健康教育服务和构建全方位健康城市，推动科普工作数字化转型、精准普及健康知识，深化健康上海行动，倡导树立"健康第一责任人"的理念，旨在建立一个全民参与、共同建设的健康上海。

关键词： 流动人口　健康素养　健康促进　人民城市

一　人口流动性增强成显著特征

2024年是习近平总书记在上海提出"人民城市"重要理念的第五年，坚持以人民为中心的发展思想，构建人人参与、人人负责、人人奉献、人人共享的城市治理共同体。流动人口作为中国经济社会发展的重要组成部分，

---

* 梁海祥，上海社会科学院社会学研究所助理研究员，主要研究方向为城市社会学、健康不平等问题等。

不仅在经济增长中扮演着关键角色，也是社会多元化和城镇化进程的重要推动力。然而，他们在健康领域面临显著的不平等问题，这种不平等不仅体现在健康结果上，也体现在资源配置等方面。为了应对这一挑战，提高流动人口的健康素养被认为是减少健康不平等的有效途径。国家层面的政策响应体现在《"健康中国2030"规划纲要》中，该纲要提出"共建共享、全民健康"的理念，旨在通过优化医疗卫生服务、提高服务质量和促进均衡发展，实现基本医疗卫生服务的公平性和可及性。具体到流动人口健康促进，国家卫生计生委发布的《流动人口健康教育和促进行动计划（2016-2020年）》明确了七项重点工作任务，包括推动形成有利的政策环境、提高卫生计生服务可及性、开展基本公共卫生计生服务政策宣传、提高流动人口健康素养、精准开展流动人口健康教育等。这些措施旨在通过提升流动人口对健康知识和服务的认知，增强其健康意识和自我保健能力，从而减少健康不平等。

在中国城镇化快速发展的背景下，社会正经历着从"乡土中国"向"流动中国"的深刻转变，人口流动性的增强已成为当代社会的显著特征。根据第七次全国人口普查数据，2020年中国流动人口规模达到3.76亿，相较于2010年增长69.73%。这一大规模的人口流动不仅优化了人力资源的地理布局，还推动了消费、信息、资本等市场要素的重新配置，为中国经济增长注入了新动力。然而，这也对各地的社会治理，尤其是基本公共服务的均等化供给，提出了新的挑战。此外，中国正积极推进以人为本的新型城镇化战略，强化顶层设计和政策落实，深化户籍制度和居住证制度改革，并逐步完善与户籍挂钩的教育、医疗、住房、文化等政策体系。通过放宽中小城市落户限制、实施特大城市积分落户政策、允许随迁子女异地参加中高考、实现身份证等证件的异地办理，以及跨省异地就医直接结算等措施，中国已显著提升基本公共服务的均等化水平，更好地保障了流动人口的权益。

尽管取得了显著进展，流动人口在基本公共服务供给方面仍面临一些挑战。例如，一些地方的积分落户政策需要进一步优化，部分城市的落户门槛依然较高，导致"一户难求"的现象；异地就医备案服务和跨省异地就医直接结算等方面还存在盲区和堵点；流动人口的住房租赁、保障以及养老服务供给仍然不足。这些问题不仅阻碍了农业转移人口的城市融入，影响了流动人口对美好生活的期待，也限制了要素的自由流动和有效配置，进而影响了经济社会的持续健康发展。从全球城镇化的普遍规律来看，中国仍处于城镇化率快速增长的阶段，常住人口城镇化率仍有较大的提升空间。优化对流动人口的基本公共服务，深入推进新型城镇化，不仅是扩大内需、构建新发展格局的迫切需求，也是实现共同富裕、满足人民群众对美好生活期待的现实需求。因此，各地必须以更加清醒的认识和更加务实的措施，积极推进这一进程。这包括进一步深化户籍制度改革，降低城市落户门槛，提高基本公共服务的覆盖率和质量，确保流动人口在教育、医疗、住房等方面的权益得到有效保障，以及加强跨地区社会保障体系的衔接，消除流动人口在社会保障方面的后顾之忧。

2020年上海全市常住人口2487.1万人，在2000年的基础上增加878.5万人，外省市在沪常住人口的比例由2000年的19.0%提升到2020年的42.1%（见图1）。在这样的背景下，上海对流动人口健康素养的促进工作具有深远的意义。一方面，这有助于促进社会融合，通过提升流动人口的健康素养，不仅能帮助他们更好地适应城市生活节奏，还能提升他们的归属感和社会参与度，这对于维护社会的和谐与稳定至关重要。另一方面，提高健康素养有助于流动人口采纳更健康的生活方式，这不仅能够降低疾病的发生率，还能减轻公共卫生服务体系的负担，从而提升整体的公共卫生水平。另外，通过提升流动人口的健康素养，可以有效缩小不同群体之间的健康差距，推动实现更广泛的健康公平，这对于构建一个包容性更强的社会至关重要。同时，流动人口健康素养的提升也是实现"健康上海2030"规划目标的关键一环，它不仅有助于构建一个健康、活力、宜居的城市环境，而且能为城市的可持续发展提供坚实的基础。最重要的是，关注流动人口的健康素养促进工作，是践行人民城市理念的具体体现。这意味着城市的发展应以人民为中心，关注每一个市民的健康和福祉，确保所有人都能享受到城市发展带来的红利。

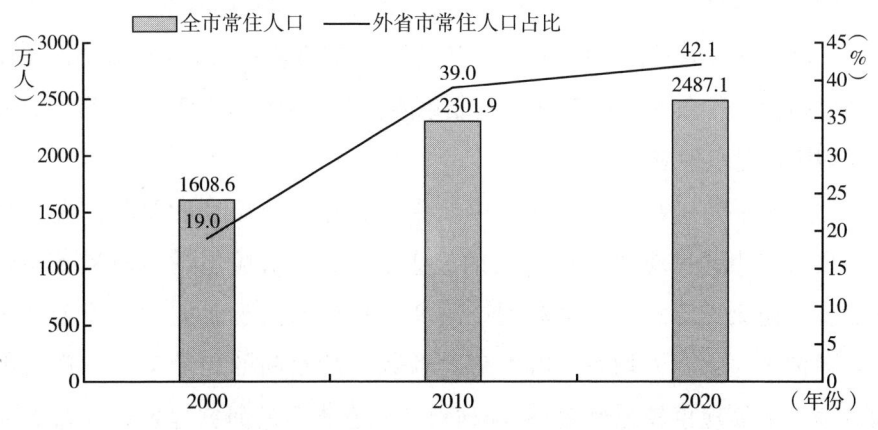

图 1　上海市常住人口分布（2000 年、2010 年和 2020 年）

资料来源：上海市统计局。

二　相关研究和政策的回顾

（一）健康素养相关研究回顾

健康素养是指个体具有获取、理解、处理基本健康信息和服务，并运用这些信息和服务做出正确判断和决定，维持和促进健康的能力。国际上其他一些国家或地区对健康素养的定义虽然稍有差异，但公认健康素养是反映健康教育与健康促进行动效果的一个重要指标。健康素养这一概念最早由美国学者在 1974 年提出，其后，健康素养的研究逐渐受到重视并开始广泛开展。随着研究的深入，健康素养的概念和内涵也在不断发展和丰富。世界卫生组织（WHO）对健康素养的定义则包含提高和改善个人能力及健康行为的层面，强调"健康素养代表着认知和社会技能，这些技能决定了个体具有动机和能力去获得、理解和利用信息，并通过这些途径促进和维持健康"。其定义不仅涵盖个体的基本阅读和计算能力，还包括更高层次的信息处理、沟通和批判性思维技能，体现了健康素养在促进个体和群体健康中的重要作用。随着健康素养研究的不断深入，其内涵已经从最初的基本技能扩展到个体、环境和社区因素相互作用的更广泛领域。健康素养水平是健康上海建设的主要指标，《"健康上海2030"规划纲要》明确指出到2030年上海市成人居民健康素养水平应达到40%。

健康不平等研究主要关注健康结果是否存在阶层性的差距，大多数研究成果表明其呈现"亲富人"的健康状态，优势阶层利用便利条件获取更多的健康资源。齐良书利用中国9个省份的微观面板数据检验了居民自评健康与家庭人均收入和社区内收入不均之间的相关关系，指出中国健康不平等现象较为严重。[1] 同样对于健康素养的研究也发现亲富人的素养差异，健康素养受到社会因素的影响，例如收入、教育、社会组织等结构性因素也会影响健康素养。美国的研究表明大约8000万美国成年人拥有较低的健康素养，主要体现为老年人、少数民族、贫困人口和高中以下学历者处于劣势地位。[2] 中国的研究也显示阶层差异对于健康素养的影响，基于2018年上海健康素养数据分析，结果显示来自农村、年龄在45岁以上、低文化程度、家庭年收入10万元以下的居民是健康素养的薄弱人群。

国内外大量研究发现，与本地人口相比迁移流动人口拥有更好的健康状况，这一现象相悖于健康不平等理论所广泛验证的：健康状况与社会经济地位高度正相关。因此，这种迁移流动人口的健康优势也被称为"流行病学悖论"，大量研究证实了流动人口健康优势的存在。这些研究大多发现，农村外出务工人员的自评健康状况比城市一般居民更好；非户籍人口的死亡率低于户籍人口。但从心理健康和健康行为等指标来看，研究多发现流动人口处于劣势。比如大量研究证实，流动人口感染艾滋病或其他传染性疾病的风

---

[1] 齐良书：《收入、收入不均与健康：城乡差异和职业地位的影响》，《经济研究》2006年第11期。

[2] Kutner, M., Greenberg, E., Jin, Y., Paulsen, C., "The Health Literacy of America's Adults: Results from the 2003 National Assessment of Adult Literacy (NCES 2006-483)," Washington, DC: U. S. Department of Education, National Center for Education Statistics, 2006.

险更高，吸烟、酗酒等行为更加多发，心理健康状况相对较差，更容易产生抑郁、焦虑等情绪。李骏、梁海祥则对"健康移民"适用性、世代差异显著性与劳动权益中介性进一步探讨，发现健康移民不适用于精神健康，新生代流动人口心理健康状况更差等。①

（二）上海流动人口健康促进工作梳理

1. 落实流动人口健康教育和促进行动政策

为贯彻落实国家卫生健康委政策，上海市积极推行《本市流动人口健康教育和促进行动计划实施方案（2016-2020年）》，采取全面而深入的措施，旨在显著提高流动人口在健康知识、自我保护意识和健康水平方面的能力。该方案特别关注三个关键群体：新生代流动人口、流动育龄妇女和流动学龄儿童，并且核心目标是建立一个综合的健康教育和促进工作机制，以提高流动人口对基本公共卫生服务项目的认知度，并提升他们的健康素养。此外，该方案还特别强调提高流动人口对基本公共卫生服务项目的知晓率，确保他们能够充分利用这些服务，以实现更广泛的健康公平。另外，上海通过《健康上海行动（2019-2030年）》强调健康教育的重要性，提出要建立全社会参与的健康教育与促进工作机制，推进市健康促进中心建设，并以此为依托，打造权威的健康教育平台。

上海历来重视健康素养的促进和监测工作，按照国家和上海市健康素养监测方案，对16个区的15~69岁常住人口开展监测，保证监测质量和及时报送监测数据。2008年以前，致力于健康教育，提升上海市民的健康核心知识知晓度，促进市民提升保护自身健康的能力。2008年至今，上海市健康素养监测工作经历了探索期（2008~2009年）、形成期（2010~2016年）、发展期（2017年至今）三个时期。从全体居民的情况看（见图2），上海市居民健康素养水平达到40.46%，实现16年"连升"并创历史新

---

① 李骏、梁海祥：《流动人口的精神健康："健康移民"适用性、世代差异显著性与劳动权益中介性》，《华中科技大学学报》（社会科学版）2020年第6期。

高。在健康中国行动考核中，上海的健康知识普及、合理膳食、全民健身、控烟行动、心理健康促进行动等16项指标提前达到健康中国行动2030年目标。

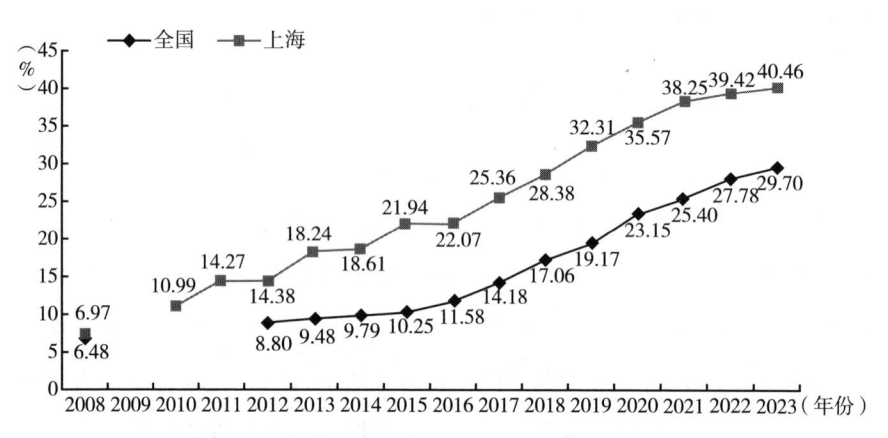

图2　2008~2023年全国和上海市居民健康素养水平分布状况

2. 加强健康场所建设

上海市积极推动卫生健康街镇及各类健康场所（包括医院、学校、机关、企业、社区）建设，针对不同场所和人群的主要健康问题及其影响因素，研究并制定综合性防治策略和干预措施。在以流动人口为主的企业、有一定比例流动儿童的学校，以及长期居住在上海的流动人口家庭中，开展健康促进示范企业、示范学校和健康家庭建设活动。

2023年，上海市卫生健康委员会出台《关于加强本市健康场所建设的实施意见》，旨在优化健康环境、提升健康服务水平、提高市民健康素养，完善健康场所的建设管理模式和运行机制，扩大健康场所的覆盖面。在卫生健康街镇建设方面，上海市爱国卫生运动委员会在全市范围内推进上海市卫生健康街镇建设。通过把握国家卫生乡镇（县城）标准的核心指标，将全生命周期健康管理理念融入城镇规划、建设和管理的全过程，加快健康场所建设，提高群众的健康感知度。这些措施的目的是构建更加健康、活力、宜居的城市环境，为所有居民（包括流动人口）提供更优质的健康服务和支持。

3. 加大健康科普力度

上海市出台《关于加强本市医疗卫生机构健康教育与健康促进工作的指导意见》，通过完善组织体系、管理制度，并建立激励机制，进一步提升健康教育与健康促进工作质量和效率。上海市通过连续实施六轮健康城市三年行动计划和健康上海行动（2019~2030年），积极推进健康城市建设，实现健康资源的共建共享。2023年通过的《上海市爱国卫生与健康促进条例》，进一步确保了健康科普服务的普及和平等。该条例的实施将全生命周期健康管理理念融入城市规划、建设、管理的各个环节，确保包括流动人口在内的所有居民都能公平地获得健康科普服务。

同时，为了表彰和推广优秀的健康科普实践，上海开展"上海市健康科普品牌推选活动"，这一活动不仅挖掘杰出的健康科普品牌和案例，还通过它们的示范作用，提高了公众对健康科普的认知度和接受度。自2021年起，上海市在全国率先推出由财政支持的健康科普专项计划，2024年度共推出45个"健康科普专项"和31个面向社区卫生服务中心的"社区健康科普专项"，特别关注提升基层健康科普能力和优质资源供给水平，尤其是针对流动人口。上海市还推出由财政支持的健康科普人才能力提升专项，首轮名单中包括19位擅长科普的知名医生，他们将为流动人口提供更加专业和有针对性的健康科普服务，进一步增强流动人口的健康意识和自我保健能力。

三 流动人口的健康素养状况

第七次全国人口普查数据揭示了中国流动人口数量的显著增长，总量达到3.76亿人。这一群体已经从过去以农民工为主，即从农村地区进入城市从事非农产业的劳动者转变为更加多元化的结构。如今，除了"农民工"之外，还涌现出"流动白领"群体，他们通常拥有城市户籍，受过大专及以上教育，并选择在非户籍所在地的城市就业和生活。这一变化揭示了中国

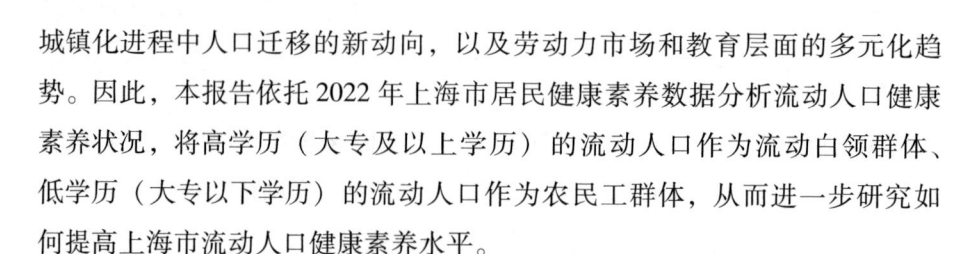

城镇化进程中人口迁移的新动向,以及劳动力市场和教育层面的多元化趋势。因此,本报告依托2022年上海市居民健康素养数据分析流动人口健康素养状况,将高学历(大专及以上学历)的流动人口作为流动白领群体、低学历(大专以下学历)的流动人口作为农民工群体,从而进一步研究如何提高上海市流动人口健康素养水平。

(一)流动白领的健康素养水平较高

数据显示,2022年上海市本地居民的健康素养水平为38.20%,农民工的健康素养水平为31.50%,流动白领的健康素养水平最高为54.34%。流动白领在健康素养三个方面水平均最高,掌握基本知识和理念的流动白领占比最高(61.48%),其次是健康生活方式和行为(52.38%),掌握健康技能的占比相对较低(44.70%)(见表1)。

表1 上海市居民健康素养三个方面的群体分布特征

单位:%

健康素养	农民工	流动白领	本地居民
基本知识和理念	40.34	61.48	47.24
健康生活方式和行为	33.72	52.38	37.92
健康技能	28.43	44.70	34.17

对以公共卫生问题为导向的六类健康知识的掌握方面也存在一定差别,从整体上看,科学健康观、平安与急救方面相对较好,基本医疗方面相对薄弱。分群体看,流动白领在科学健康观、传染病防治、慢性病防治、平安与急救、基本医疗、健康信息六个方面的健康素养均高于其他群体。其中,流动白领在科学健康观方面素养水平最高,科学健康观是指个人对健康的基本认识和态度,它强调以科学的方法来关注和维护人类的健康。数据显示,流动白领拥有科学健康观素养的比例为73.00%,本地居民位居第二(61.01%),农民工的比例最低,为56.56%(见图3)。

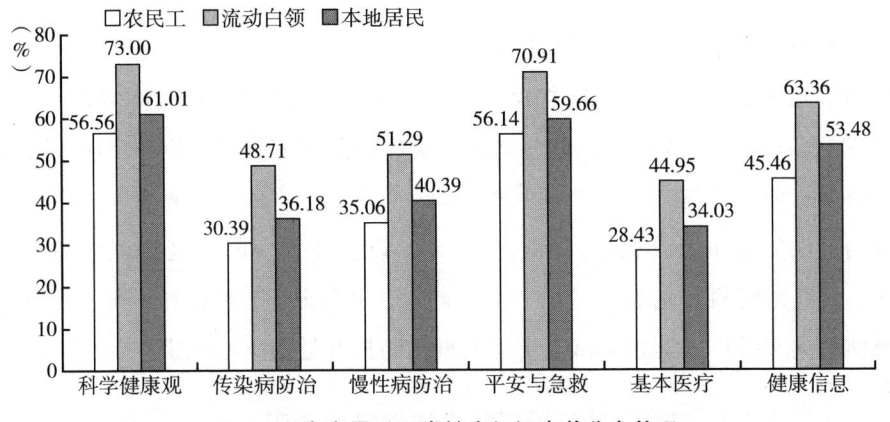

图 3　上海市居民六类健康知识素养分布状况

类别	农民工	流动白领	本地居民
科学健康观	56.56	73.00	61.01
传染病防治	30.39	48.71	36.18
慢性病防治	35.06	51.29	40.39
平安与急救	56.14	70.91	59.66
基本医疗	28.43	44.95	34.03
健康信息	45.46	63.36	53.48

（二）农民工群体传染病防治素养水平为30.39%

传染病防治素养指的是个人对传染病防治知识的掌握和应用能力，它反映了居民在传染病应对和防控方面的能力水平。提高传染病防治素养是控制传染病最经济有效的策略之一，对于提高居民健康水平和降低传染病发病率具有重大意义。但从总体上看，传染病防治素养水平在六类健康知识素养中排名靠后，位居倒数第二。具体到不同群体，农民工群体的传染病防治素养水平最低，仅为30.39%；本地居民稍高，为36.18%；而流动白领群体的水平最高，达到48.71%。

上海在日常工作中的举措也体现出对流动儿童预防接种和流动人口传染病防治的重视。具体来说，上海及时为随迁流动人口中的适龄儿童建立预防接种卡，并确保他们能够接种国家免疫规划疫苗，同时定期开展"查漏补种"活动，以提高疫苗接种率。此外，相关部门还强化了对建筑工地、商贸市场和生产加工企业等流动人口密集地区的传染病监测，以便及时应对和处置疫情。对于流动人口，上海市提供免费的艾滋病咨询、检测和干预服务，并为持有居住证的流动人口提供艾滋病抗病毒治疗和结核病筛查与治疗等减免政策。例如，松江区疾控中心联合区健康促进中心及相关社区卫生服务中心，在辖区内多个人才公寓针对流动人群开展艾滋病宣传干预需求调研，有效激发了流动人口参与重大传染病防治的积极性，并为他们提供专业的防治知识。在新冠疫情防控期间，上海推出《市民新冠防疫知识手册》（1.0~3.0版和Q版画册）和《新冠肺炎疫情防控家庭消毒指导手册》等健康科普资料，并举办"公共卫生大家谈""百名专家线上云科普""市民防疫与健康生活知识云竞赛"等科普活动，以提高公众的防疫意识和知识水平。这些防疫科普精品由"沪小康"首发，并得到50多家中央和上海主流媒体的同步推广，有效丰富了市民的疫情防控和健康生活知识。

（三）超半数的流动白领具备慢性病防治素养

慢性病防治素养是指个人对慢性病预防和控制的基本知识、理念、健康生活方式和行为以及基本技能的掌握程度。数据显示，超过半数（51.29%）的流动白领具备慢性病防治素养，而农民工群体的这一比例为35.06%。上海在慢性病防治领域采取了多项措施，并在《健康上海行动（2019-2030年）》中明确了慢性病防治行动，涵盖心脑血管疾病、糖尿病、慢性呼吸系统疾病等的防治及慢性病健康综合管理。上海市致力于建立慢性病综合防控体系，积极实施《上海市防治慢性非传染性疾病中长期规划（2018-2030年）》，构建了"政府主导、部门协作、社会动员、全民参与"的慢性病综合防控工作机制。该规划以控制慢性病危险因素、建设健康支持性环境为重点，提高居民健康素养，减少可预防的慢性病发病、死亡和残疾。

上海市疾病预防控制中心在国内率先开展社区慢性病健康管理支持中心建设，针对高血压、糖尿病、慢阻肺、脑卒中等主要慢性病，在社区卫生服务中心设立独立区域，运用综合防治适宜技术，进行慢性病综合危险因素的精准化采集和监测，以及精准化综合风险评估、疾病筛查、诊疗干预、随访等服务。各区在慢性病健康管理新模式医防融合方面取得了显著成绩，例如，徐汇区开发了合理营养自评系统和营养门诊咨询管理系统，建立了社区、二级医院、区疾控中心营养干预信息化管理网络，对辖区目标人群实施专业、科学、规范和全程的营养干预。静安区建立"康健苑"提供健康管理服务，组建社区"健康管理师"队伍，设立"康健驿站"开展自我检测，设立"社区健康直通车"提供流动服务，完善以街镇志愿者及居民自我管理为主的慢性病防控模式，提升居民的健康管理意识。

（四）56.14%的农民工具备平安与急救素养

上海市居民健康素养调查结果显示，流动白领在平安与急救素养方面表现较好，达到 70.91%，农民工与本地居民此项素养水平相近，分别为56.14%和59.66%，说明上海市在提升农民工群体急救能力方面存在较大的提升空间。

为了加强紧急医学救援体系建设，2024年上海市卫生健康委员会发布《上海市加强突发事件紧急医学救援体系建设行动计划（2024-2027年）》，目标是完善紧急医学救援体系，提高应对突发事件的紧急医学救援效率。该行动计划涉及构建一个统一指挥、分级调度的突发事件紧急医学救援指挥体系，以及一个联防联控、协作联动的突发事件紧急医学救援处置体系，特别强调对流动人口密集地区的传染病监测，确保传染病疫情得到及时有效的处置。另外，上海还致力于推动紧急医学救援知识的普及，充分发挥紧急医学救援基地、红十字组织、各级医疗卫生机构和社会化培训机构的作用。通过开展紧急医学救援知识和技能的普及活动，覆盖企业、机关、社区、学校和家庭，利用公众号、微博等多种渠道进行宣传教育。此外，上海建立了面向公众的急救知识培训基地和自救互救体验馆，普及心肺复苏（包括 AED 使用）、气管异物处理、外伤人员搬运及伤口处理等关键急救知识。

（五）流动人口基本医疗素养水平低

数据结果显示，流动人口在基本医疗卫生服务的认知和利用方面存在不足，具体而言，他们获取医疗服务、认识医疗服务重要性以及在紧急情况下寻求帮助的能力普遍较低。农民工群体中具备基本医疗素养的比例仅为

28.43%，而流动白领群体稍高，但也仅为44.95%。这一现象凸显了流动人口在健康服务获取、医疗重要性认识以及求助能力方面有待显著提升。基本医疗素养是健康素养的核心组成部分，它关乎个人在健康信息获取、医疗服务利用和健康决策方面的能力，对于提升居民健康水平和减少医疗资源浪费具有重要作用。

上海市针对流动人口（包括农民工和流动白领）的健康服务需求调查表明，他们对常见病多发病健康知识咨询、健康行为干预、就医指导和宣传、意外伤害预防以及健康合法权益维护有着普遍需求。但流动白领由于受教育水平和收入水平相对较高，在健康服务需求的认知和利用上可能更为主动和有效。在医疗保险覆盖方面，农民工参加户籍地居民医保会降低他们在务工地参加职工医保的概率，尤其在没有签订长期劳动合同、自营单位或保险费用全由自己承担的农民工群体中，这一挤出效应更为显著。这可能意味着农民工在医疗服务获取上面临更多的经济和政策障碍，而流动白领可能因工作性质和社会保障的不同，享有更完善的医疗保险。因此，农民工和流动白领在医疗服务理解上的差距主要体现在健康素养水平、健康服务需求的认知、医疗保险的覆盖以及健康服务的利用等方面。农民工需要更多的政策支持和社会关注，以提高他们对医疗服务的理解和利用能力。

（六）超六成的流动白领具备健康信息素养

在农民工群体中，具备健康信息素养的比例相对较低，仅为45.46%，而流动白领群体较高（63.36%），且这一比例高于本地居民。健康信息素养是构成健康素养的核心要素之一，它不仅涉及信息的获取和理解，更强调对健康信息真伪的甄别能力。

为了更好地促进健康上海建设，上海发布全国首个省级健康地图——"健康上海全景电子地图"。该地图依托上海健康云平台，由多家单位联合编制，整合了数万条健康相关机构和设施的数据信息，为公众提供了更清晰的健康行动路径和更精准的指引。推出这一创新工具的目的是为全民打造一个健康之城，助力居民做出更明智的健康决策，从而提升整个城市居民的健康素养水平。自2008年起，上海市政府连续向全市常住居民家庭免费发放健康知识读本和实用健康工具，深受社会各界的好评和上海市民的喜爱。

四 提升流动人口健康素养的对策建议

（一）人民城市背景下的流动人口健康素养促进

上海的人民城市建设坚持"人民城市人民建，人民城市为人民"的原则，确保城市发展成果由人民共享，提高市民的获得感、幸福感和安全感。鼓励和引导市民参与城市规划、建设和管理，形成政府、市场、社会和市民共同参与的城市治理新格局。因此，上海在流动人口健康素养提升工作中也体现出"人民城市人民建，人民城市为人民"的理念核心，以及共建共治共享的理念，具体体现在以下几个方面。

1. 政策支持与公共服务均等化

依据《"健康中国2030"规划纲要》，上海将全民健康作为建设健康城市的核心目标，致力于向所有人群和各个生命周期的人群提供平等、可及且连贯的健康服务。在推进健康上海行动的过程中，上海特别重视流动人口的健康需求，通过政策支持和财政投入，提升基本公共服务的供给水平，增强对中小城市的吸引力，促进流动人口的有序流动和合理分布。上海市政府致力于实现流动人口基本公共卫生服务的均等化，通过整合卫生和计划生育资源，建立跨部门的工作协调机制，并推动相关政策的制定与实施，确保流动人口能够平等享受基本公共卫生和计划生育服务。

2. 全人群的健康教育与促进

上海市全面推进全人群健康教育与促进工作，特别是针对流动人口的健康素养提升。《流动人口健康教育和促进行动计划（2016-2020年）》明确了具体目标，旨在通过精准高效的健康教育活动，完善流动人口健康教育体系。上海市通过举办健康教育讲座、校园文化活动和社会实践锻炼等多元化方式，帮助学生掌握关键健康知识，提升健康素养。上海市还通过广泛的宣传、教育和引导，增强流动人口的健康意识和自我保护能力，提高整体健康水平。特别关注新生代流动人口、流动中的育龄妇女和流动学龄儿童，通过专题讲座和分发健康知识资料，积极推广孕产妇保健和优生优育的科学知识。此外，上海市还针对外来流动人口开展健康知识讲座，普及健康素养的基础知识和技能，强化流动人口对健康教育的认识和重视。

3.共建共治共享的健康推广

在新时代人民城市建设的实践中，上海鼓励居民全面参与城市规划和管理，享受城市发展的成果，同时强调社会公平和社区认同感，不断优化共建共治共享的社会治理结构。在提升流动人口健康素养的工作中，上海通过开展多样化的健康促进活动和实施相关政策，确保流动人口能够积极参与健康城市建设，享受健康成果。上海积极实施乡村振兴战略，不断加强国家卫生乡镇建设，致力于推动健康城市和健康村镇的发展。通过推进社区、单位、学校、家庭等健康细胞工程，上海努力营造一个健康的生活环境，并积极推广健康生活方式。上海的这些措施不仅提升了流动人口的健康意识和生活质量，还促进了健康资源的公平分配，体现了人民城市理念中对所有居民健康福祉的重视。

（二）流动人口健康促进工作的建议

上海市高度重视流动人口的健康状况，并采取一系列措施来提升这一群体的健康素养。首先，上海市通过建立统一、规范的居民电子健康档案系统，为符合"合法稳定就业、合法稳定居住"条件的流动人口提供服务，实现健康信息的动态管理和定期分析，为预防和控制重大传染病等提供了重要的基础数据。其次，上海市以健康城市建设和推广全民健康生活方式为重点，不断优化政府引导、部门合作、市民参与的健康促进工作机制。在流动人口密集的社区、企业、单位和学校等场所，上海市定期开展卫生和计划生育基本公共服务政策的宣传活动，旨在提高流动人口对健康服务的认知度和利用率。为了实现健康素养更好发展，对上海市在流动人口健康素养方面的工作提出以下建议。

1. 提供定向健康指导，全面建设健康城市

依托健康县区、上海市卫生健康街镇、健康场所等建设，上海应特别关注流动人口中的重点人群，如农村居民、城市居民和在校学生。对于农村居民，可以通过农村广播、标语口号、文艺演出等贴近他们生活的方式，围绕村民主要健康问题开展健康教育，传播健康基本知识。对于城市居民，可以提供面对面咨询和指导，同时利用电视和电子宣传屏播放录制的视频，增强居民的健康意识和自我保健意识。对于在校学生，通过健康教育讲座、校园文化活动、社会实践锻炼等形式，促进学生掌握健康知识、提升健康素养。

2. 推动科普数字化，精准普及健康知识

在数字化时代背景下，上海正致力于实施科普数字化转型，通过创新健康教育方式和载体，有效提升流动人口的健康素养。利用云直播、短视频等新兴渠道，上海创作并推广微型科普课堂、微视频和动漫等多种形式的健康教育宣传作品，这些内容通过微信公众号、抖音、快手等网络平台持续推送，以提高宣传的吸引力和亲和力。同时，整合现有的科普资源、服务和实体场地资源，打造一个科普制作、传播、扩散的一体化平台，以促进健康科普的高效发展。加强信息化建设，如建设市级融媒体中心，提升健康促进中心的集聚辐射能力，对于提升流动人口的健康获得感至关重要。此外，利用大数据、云计算、人工智能等技术推动"互联网+健康"的快速发展，以签约家庭医生为抓手，发展个性化、精准化、智能化和远程化的健康科普模式，这不仅提升了专业技术人员的科普实力，也加强了以医生为主导的健康科普。通过完善"两库一机制"，上海能够更有效地向流动人口普及健康知识，提升他们的健康素养，从而增强他们的健康获得感。

3. 深化健康上海行动，推广健康技能

实施健康中国战略的核心在于强调预防为主，倡导健康文明生活方式，并致力于预防和控制重大疾病。这一战略特别强调将健康生活方式的巩固和健康技能的推广作为提升健康素养的关键手段。为了实现这一目标，应不断创新线下活动形式。同时，应深化中医药服务，充分利用中医在预防疾病（"治未病"）和康复领域的独特优势，以健康自管小组为平台，广泛传播

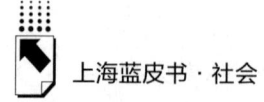

中医药科普知识。此外，推广太极拳、八段锦、五禽戏等中医传统运动项目，这不仅能够强化身体素质，还能传承和弘扬中医药健康养老文化，培养健康科学的生活方式和理念。同时，还需大力推广中医药的预防保健方法和技术，为流动人口提供全面的健康管理和支持，确保他们在健康中国战略中不掉队，共享健康生活。

4. 树立"健康第一责任人"理念，共建共享人人参与健康上海建设

在推动流动人口健康素养提升的过程中，上海积极倡导每个公民，特别是流动性较大的群体，树立"健康第一责任人"理念，这是实现健康上海愿景的关键。《中华人民共和国基本医疗卫生与健康促进法》的实施，为个人健康管理提供了法律支持，鼓励公民主动学习健康知识，提升健康素养，加强自我健康管理。这要求流动人口在多变的环境中增强自我健康管护的能力，积极实践大健康理念。医务人员和健康促进者在这一过程中扮演着重要角色，他们需要为流动人口提供必要的支持和资源，帮助他们培养和提升"第一责任人"的健康素养。这不仅涉及提供健康信息和教育，还包括创造条件让流动人口实践健康行为，从而将传统的"被动健康"模式转变为更加主动和更广泛参与的健康管理模式。

B.6
老年人数字鸿沟弥合的多维策略与上海实践

彭 聪*

摘　要： 作为全国老龄化程度较高的超大城市，上海面临着老年人口基数庞大且持续增长的现实挑战。随着城市数字化进程的不断推进及人口结构的深刻变化，做好数字适老化服务，已成为践行人民城市理念、推动高质量发展、实现市民高品质生活的必然要求。本报告以老年人为研究对象，基于上海地区老年群体抽样数据，分析老年人的数字鸿沟现状及其随时间推移的变动趋势，力图揭示老年群体在数字技能掌握、数字资源获取、数字生活参与度等方面的差异与不足。并通过实地调研和深度访谈了解老年人在数字化过程中遇到的障碍、剖析动因，评估数字适老化措施对老年个体的成效，为老年人弥合数字鸿沟，实现数字融入提供对策建议。

关键词： 老年人　数字鸿沟　老龄服务　上海

数字革命是当今世界百年未有之大变局的关键变量之一，随着5G、人工智能、大数据、云计算、区块链技术的日益成熟和普及，人类迎来了数字化发展新时代，数字化以不可逆之势深刻改变着人类社会。城市数字化转型作为一种全新的城市发展范式，其核心在于"以提升业务价值为引领，以健全机制体制为支撑，以推动技术创新应用为工具，旨在提升城市面向未来的综合竞争力"。2020年底，上海市委、市政府发布《关于全面推进上海城

---

* 彭聪，上海社会科学院社会学研究所助理研究员，主要研究方向为养老保障政策。

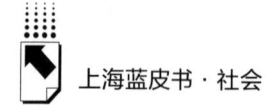

市数字化转型的意见》，明确提出要实现整体性变革，推进经济、生活、治理等领域的全面数字化转型，力求实现全方位赋能与革命性重塑。根据国家互联网信息办公室组织开展的2022年数字中国发展评价工作，全国31个省（自治区、直辖市）中，上海的数字化综合发展水平位列全国前十。[①] 2023年上海"数字城市底座"的顶层设计已基本成形，正处于制定细化标准体系的阶段。[②]

与此同时，在城市数字化转型建设过程中，数字技术发展之"快"与老年人跨越数字鸿沟之"慢"形成了鲜明对比。为解决老年人在运用智能技术方面遇到的瓶颈与难题，促使更多老年人融入并享受数字生活，2020年11月，国务院办公厅发布《关于切实解决老年人运用智能技术困难实施方案的通知》，同年12月，工业和信息化部发布《互联网应用适老化及无障碍改造专项行动方案》；2021年7月，上海发布《推进上海生活数字化转型 构建高品质数字生活行动方案（2021-2023年）》。基于上述背景，在上海城市数字化转型工作领导小组办公室的指导下，政府部门携手企业、市民、社会组织共同发起旨在解决数字鸿沟问题的"上海方案"——"数字伙伴计划"。

2023年12月，工业和信息化部印发《促进数字技术适老化高质量发展工作方案》，提出要推动数字技术适老化进程由"从无到有"向"从有到优"的转变，并提出到2025年底，数字技术适老化标准规范体系更加健全，数字技术适老化改造规模有效扩大、层级不断深入，数字产品服务供给质量与用户体验显著提升，跨行业深度融合的产业生态更加成熟，多方协同、供需均衡、保障到位、服务可及的数字技术适老化高质量发展格局基本形成，老年人在信息化发展中的获得感、幸福感和安全感稳步提升。当数字技术适

[①]《国家互联网信息办公室发布〈数字中国发展报告（2022年）〉》，国家互联网信息办公室网站，https://www.cac.gov.cn/2023-05/22/c_1686402318492248.htm，2023年5月23日。
[②]《数都上海丨上海"数字城市底座"四大基建领域已基本成型》，澎湃新闻，https://www.thepaper.cn/newsDetail_forward_24046749?commTag=true&wd=&eqid=cd3fc78600098cf60000000264cb1b64，2023年7月31日。

老化发展阶段进入"从有到优"时,就不再是"有"就是"优"的阶段,如何衡量和测评什么是"优",则显得尤为重要。

一 老年人数字鸿沟的基本理论及研究进展

(一)数字鸿沟的定义与分类

数字鸿沟最早于20世纪90年代提出,是一个多维度、多层次概念,涉及信息技术的介入、使用和影响,强调信息技术领域的差距现象。随着时间的推移,数字鸿沟的概念意涵已经从最初的接入差异扩展到包括使用范围和参与不同的互联网活动等更复杂的形式。现有研究表明,老年群体"数字鸿沟"主要以递进方式呈现"接入沟""使用沟""知识沟"三种不同的指向。接入沟是指不同社会群体在接入互联网设备、获取数字化信息资源与服务上的机会差异;使用沟是指不同社会群体在使用数字技术的方式、程度、技能方面的差异;知识沟是指因数字接入可及性、使用方式和技能的不同而导致最终知识信息获取结果上的差异。[①] 其分别对应了联合国国际电信联盟定义的面向老龄化"数字包容"(Digital Inclusion)应囊括的可获得的数字设备、可获得的数字服务、可获得的数字技能三个层面的要求。

(二)老年人数字鸿沟的主要理论基础

1. 创新扩散理论

创新扩散理论由美国学者埃弗雷特·罗杰斯(Everett M. Rogers)提出,该理论认为新技术在不同年龄群体间的扩散速度和程度差异是老年数字鸿沟形成的原因之一。这一理论主要侧重于接入沟,即老年人在接触和获取新技术方面所面临的障碍。

---

① 陆杰华、韦晓丹:《老年数字鸿沟治理的分析框架、理念及其路径选择——基于数字鸿沟与知沟理论视角》,《人口研究》2021年第3期。

2. 知识沟理论

知识沟理论由美国传播学者蒂奇纳（P. Tichenor）提出，该理论指出不同年龄个体在获得信息和知识的能力及程度上的差异可能会加剧数字鸿沟，并提出造成"知识沟"扩大的五个因素，包括传播技能差异，知识信息储备量，社会交往程度，对信息的选择性接触、接受、理解和记忆，以及发布信息的大众媒介系统性质上的差异。这一理论强调的是知识沟，即老年人在获取和利用数字信息方面相对于其他年龄群体的劣势状态。

3. 能力贫困理论

能力贫困理论认为老年群体的数字可行能力不足或被剥夺，使其陷入数字贫困。这一理论侧重于使用沟，即老年人在实际使用数字技术时所面临的困难和挑战。能力贫困理论强调的是个体的可行能力，即个体实现自己所珍视的生活的自由和能力，这在老年群体中尤为重要，因为他们可能因为健康、经济和社会支持的限制而面临更多的挑战。

4. 社会排斥理论

社会排斥理论认为社会主流群体对弱势群体的排斥是数字不平等的重要原因。这一理论关注的是社会环境对老年人数字鸿沟的影响，即老年人在社会结构和文化环境中可能遭受的排斥和边缘化。社会排斥不仅影响老年人的心理健康和社会参与，还可能限制他们获取和使用数字技术的机会。

上述理论从技术接入、信息获取、能力发展、社会参与等不同视角切入老年数字鸿沟问题，每个层面均是老年人数字鸿沟形成和持续存在的重要原因。通过这些理论，可更全面地理解老年群体在数字世界中面临的挑战，并积极寻找有效的解决方案。

（三）研究进展

既有研究较为深入地探讨了"数字弱势群体"的成因、社会影响等议题，也从"社会排斥"等多个视角分析了"数字弱势群体"的社会融入困境及其突破策略。对于促进老年人跨越数字鸿沟的数字包容政策评估的实证分析方面，学者基于LDA主题模型和技术分析，发现当前老年数字包容政策可聚类归纳为"基础保障（他助）"与"应用提升（自助）"两大类型，受到不同区域技术供给水平与社会需求水平共同影响形成四种理想类型，力图理解政策的多样性和弥合作用。[①]

二 上海老年人数字使用情况

以数字世界面向老龄化"数字包容"囊括的可获得的数字设备、可获得的数字服务、可获得的数字技能三个层面要求为依据，对上海市老年人的数字使用情况进行分析。

（一）老年人数字使用基本情况

本报告从2016年度、2018年度、2020年度中国老年社会追踪调查[②]数据中选取上海地区老年人作为研究样本，进行老年人手机网络使用变迁情况的分析。2016年、2018年、2020年样本量分别为552个、540个、540个。样本基本分布在虹口区、黄浦区、浦东新区、普陀区、徐汇区、杨浦区、静安区、长宁区。受访者中，2016年男性占比46.6%，女性占比53.4%；2018年男性占比46.7%，女性占比53.3%；2020年男性和女性各占50%。2020年调查数据中，老年人的受教育程度分布情况如下：29.4%的老年人为小学学历，40.4%的老年人为初中学历，21.1%的老年人为高中/中专学历，7.4%的老年人为大专学历，1.7%的老年人为本科及以上学历。

1. 老年人可获得的数字设备情况

2016~2020年，上海老年人在数字设备的接入和使用方面取得显著进步。数据显示，能够使用手机等电子设备上网的老年人比例从2018年的39.0%增长至2020年的54.8%，表明越来越多的老年人开始接触并融入数

---

① 钱家焕、余丽智：《"他助"还是"自助"：基于LDA主题模型的老年数字包容政策差异研究》，《数字图书馆论坛》2024年第7期。
② 中国老年社会追踪调查（China Longitudinal Aging Social Survey, CLASS），是一个全国性、连续性的大型社会调查项目，调查对象为年满60周岁的中国公民。

字社会。同时，居住环境拥有网络信号的老年人比例也从2016年的49.1%上升至2020年的69.0%，显示网络信息基础设施的普及与改善为老年人触网提供更好的条件与基础。

手机是老年人上网的主要工具，且操作熟练度有所提升，2020年54.8%的老年人使用手机上网且能熟练地操作手机，比2018年上升15.7个百分点；2020年4.3%的受访者使用台式电脑或笔记本电脑上网，比2018年上升3.1个百分点；仅1.5%的老年人使用Pad平板电脑上网，比2018年上升0.8个百分点。

在上网频率方面，每天都上网的老年人比例从2018年的31.1%上升至2020年的46.3%，从不上网的老年人比例也从2018年的60.9%下降到2020年的45.2%。这一变化反映了老年人触网热情不断上升（见图1）。2020年，过去三个月内，20%的老年人会使用手机定制消息，这一比例在2016年仅为11%。

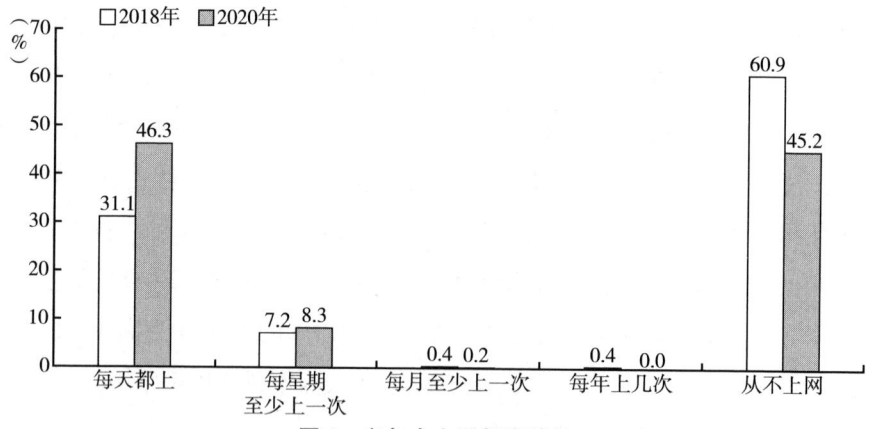

图1 老年人上网频率统计

此外，虽然电视仍然是老年人的主要信息来源，但以互联网为信息来源的老年人比例正在上升。数据显示，2020年将电视作为最主要信息来源的老年人占比65.0%，将互联网作为最主要信息来源的老年人占比33.1%。对比2016年、2018年的数据，将电视作为最主要信息来源的老年人比例不断下降；将互联网（包括手机上网）作为最主要信息来源的老年人比例持续提升（见图2），这表明老年人的信息获取渠道逐渐向数字化转变。

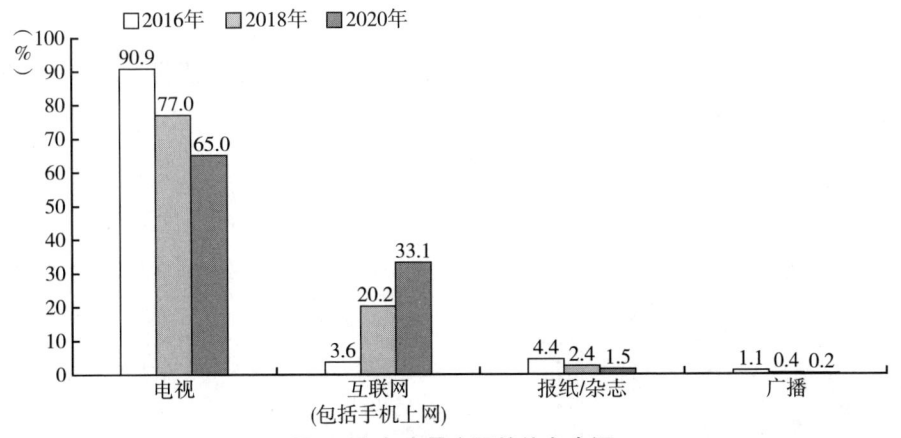

图2 老年人最主要的信息来源

在智能设备的使用方面，除了电子血压计的使用率较高外，其他智能设备的使用率相对较低。数据显示，2020年58.3%的老年人会使用电子血压计，使用血脂检测仪、智能手环、有声读物的老年人占比15%左右，使用智能一体机、智能轮椅、智能睡眠检测器的老年人占比低于10%。对比2018年调查数据，除有声读物、红外线摄像头外，其余的智能设备使用率均有所提升（见图3）。需要注意的是，红外线摄像头在2018年、2020年两次调查中均没有老年人使用，可能的原因是老年人及其家人对于居家安装摄像头涉及的隐私安全问题存在顾虑。

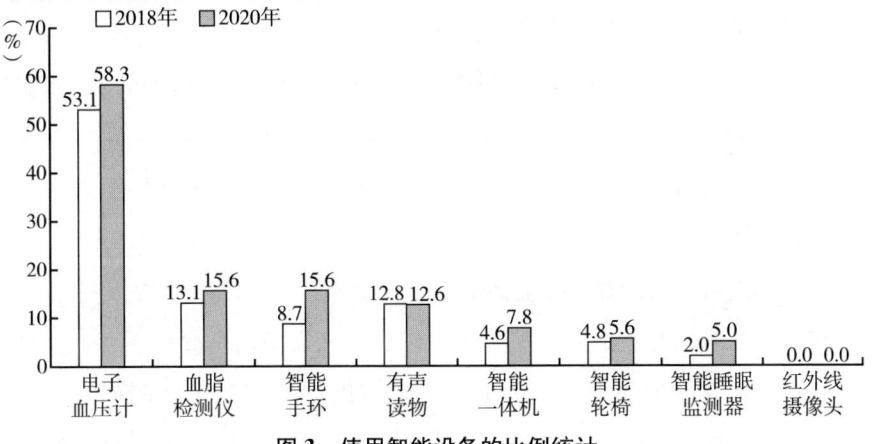

图3 使用智能设备的比例统计

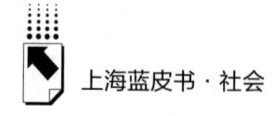

2. 老年人可获得的数字服务情况

在会上网的老年人中，2020年老年人上网会做的事情排前三位的是"语音、视频聊天""文字聊天""看新闻"（见图4）。

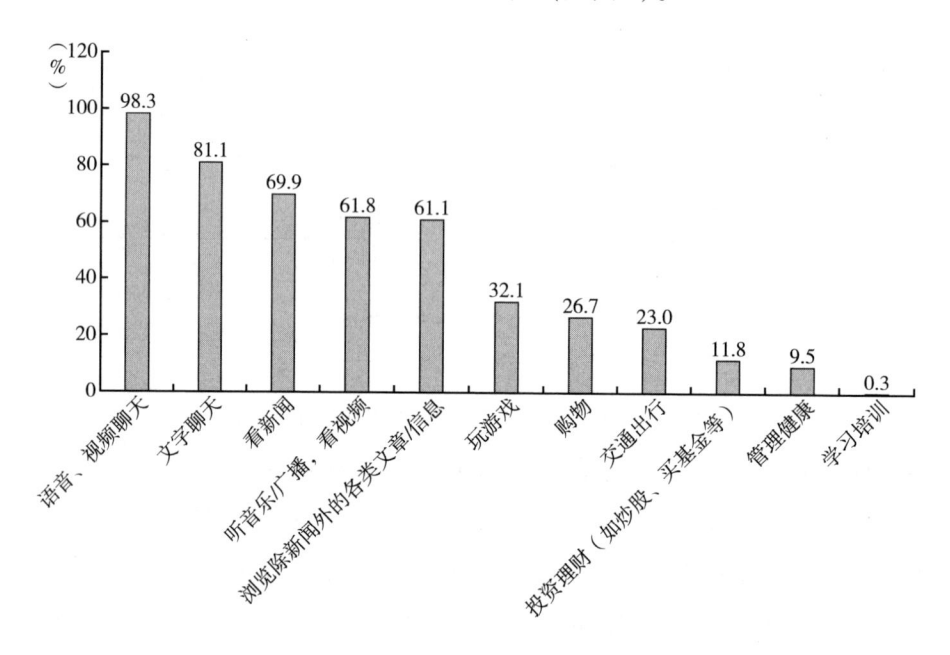

```
(%)
语音、视频聊天        98.3
文字聊天              81.1
看新闻                69.9
听音乐/广播、看视频    61.8
浏览除新闻外的各类文章/信息  61.1
玩游戏                32.1
购物                  26.7
交通出行              23.0
投资理财（如炒股、买基金等）  11.8
管理健康              9.5
学习培训              0.3
```

图4 老年人上网一般会做的事情（2020年）

2020年调查数据中，过去一周内，老年人使用的应用程序排名前三的是新闻媒体类App、微信、其他视频观看类App（见图5）。

在紧急呼叫服务使用方面，2018年5.9%的老年人居住的房屋有紧急呼叫设备，2020年这一比例上升至6.5%。2020年调查数据显示，居住房屋安装有紧急呼叫设备的老年人中，60～70岁的老年人占比40.0%，71～80岁的老年人占比48.6%，81岁及以上的老年人占比11.4%。

3. 老年人可获得的数字技能情况

在使用互联网存在的障碍调查中，缺少上网设备的情况已不存在，说明互联网设备接入已不是当下上海老年人数字网络使用的主要障碍。进一步看，"不知道如何使用（或操作）软件或应用程序""担心个人隐私和信息

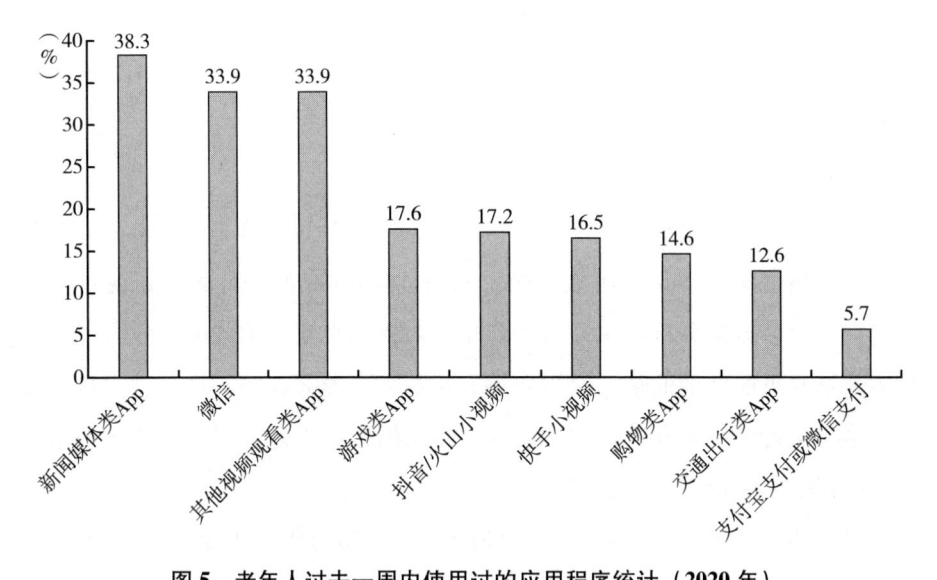

图5 老年人过去一周内使用过的应用程序统计（2020年）

安全问题""不能判断信息的真假"是老年人在使用互联网过程中存在的主要障碍（见图6）。这些障碍限制了老年人更深入地参与数字生活。

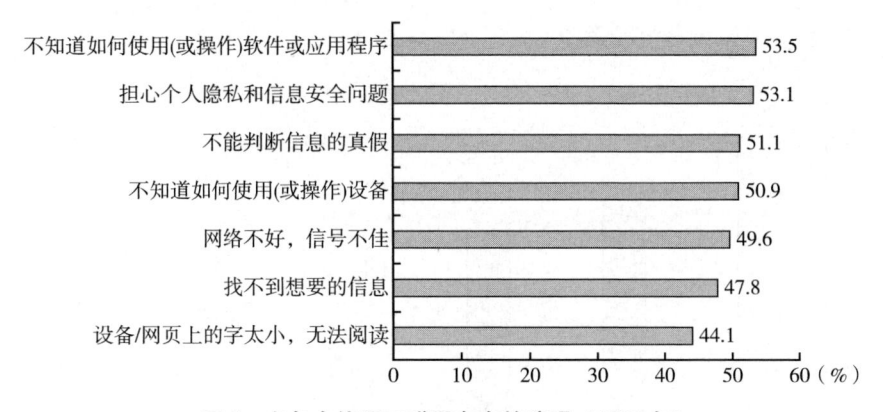

图6 老年人使用互联网存在的障碍（2020年）

2020年调查数据显示，在上网的老年人中，有近三成（29.7%）的老年人坚信网络上的照片是不可篡改的，认为所见即真实，这可能使他们容易受到虚假信息的影响。同时，有31.8%的老年人对于网络照片的

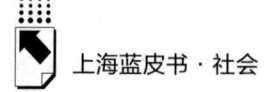

真实性持不确定态度，这表明他们在信息识别上存在疑虑，可能缺乏必要的数字技能和知识来辨别真伪。仅有38.5%的老年人意识到网络照片可能被篡改。数据显示，老年人在识别和处理网络信息方面的意识和能力还有待提高。

同样的情况也出现在对视频内容的认知上，超过1/3（36.5%）的老年人认为网络视频内容是不可篡改的，只有18.5%的老年人认识到视频内容可能被篡改。数据分析结果显示，老年人对视频真实性的普遍信任，以及对视频被篡改可能性的低估，说明老年人在数字素养方面的不足，进一步凸显对老年人进行数字素养教育的紧迫性，需帮助他们更好地识别和处理网络信息，增强他们的信息安全意识。

尽管如此，老年人在数字技能使用方面的助力仍显不足。2020年数据显示，大多数老年人通过自我摸索学会上网（90.2%），而从子女或孙子女处获得帮助的比例极低（0.7%），这可能限制了他们数字技能的进一步提升。在使用互联网遇到困难时，近三成（26.1%）的老年人更愿意求助朋友或邻居，17.6%的老年人会向子女/孙子女求助，8.9%的老年人会求助社区/居委会工作人员（见图7）。

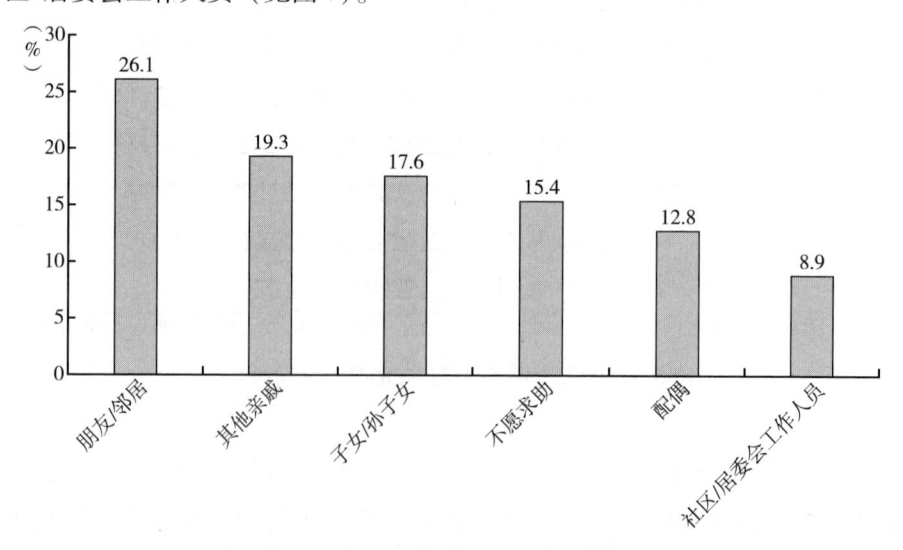

图7 遇到互联网使用困难时的求助对象统计（2020年）

综上所述，上海老年人在数字接入和使用方面取得了积极进展，但仍需在提升数字技能、增强信息识别能力以及解决隐私和安全问题等方面给予更多的关注与支持，以进一步弥合老年人数字鸿沟。

三 上海弥合老年人数字鸿沟方案的实践与发展

（一）上海弥合老年人数字鸿沟的实施方案

自2021年开始，上海城市数字化转型工作领导小组、上海市经济和信息化委员会等政府单位联合社会组织、企业、市民志愿者共同开展上海"数字伙伴计划"项目。"数字伙伴计划"秉持"弥合数字鸿沟，共建人民城市"的愿景与目标，针对数字化程度不同的老年人，开展三种不同方式的数字助老行动："智能伙伴"计划，倡导设备厂商研发更多适老化产品，让智能设备更智慧；"随行伙伴"计划，要求软件开发者关注特殊群体需求，让应用软件更适用；"互助伙伴"计划，凝聚各界力量投入为老志愿服务，让人人都能参与。

1. "智能伙伴"计划

聚焦数字设备层面，以硬件设施升级为重点弥合"接入沟"，主要指"为老服务一键通"重点场景建设。先期开展"一键就医全程无忧""一键订车温暖出行""一键咨询政策通晓""一键紧急救援"等服务。老年人可通过一键通电话机（在电话机上用醒目字体标注服务名称）、智能手机（App、小程序或"随申办"老年版）、电视机（遥控器简易操作）以及便携终端等多种方式，一键联系各区的呼叫中心，由呼叫中心对接相应服务资源，实现一键呼叫、简易操作、直达需求的服务模式。后续拟探索开展慢病续方配药、陪诊出行、特殊用车、政策找人等场景建设，未来还可陆续拓展到维修、买菜、购物等生活场景。试点先重点面向低保低收入等经济困难的高龄独居老年人，探索形成较为成熟的运营模式。同时，向全市老年人推广市场化服务，并逐步增加"一键通"服务内容。

2."随行伙伴"计划

聚焦数字服务层面,以软件服务优化为抓手弥合"使用沟",围绕交通、医疗、金融、文娱、政务办事等与老年人日常生活密切相关领域,深化政府和企业互联网应用适老化和无障碍改造,开发更多满足特殊需求、可用性强、应用便捷的App、公众号、小程序等各类应用。目前,上海首批66个政府网站、47个政府移动端应用和23家企业应用已实现100%适老化和无障碍改造。

3."互助伙伴"计划

聚焦数字技能层面,以数字技能提升为特色弥合"知识沟"。支持上海智慧城市发展研究院、上海老年大学等相关社会机构和公益组织引入专业技术服务资源,开设针对老年人的数字化产品使用培训班、兴趣班等,手把手地指导老年人使用数字化产品。《数字伙伴计划·如何使用智能手机》(1.0版)学习手册已编撰完成,除了基础的下载软件、设置Wi-Fi网络外,还包括如何使用各类政务和互联网企业端App、出示随申码、网上预约挂号、线上打车、线上买菜等。

重点做好数字化应用的宣传培训普及,着力构建社区"信息助力员"服务队伍,加强助力员信息化综合服务能力建设,为老年人提供家门口的信息化培训。开辟线下服务"微站点",拟在全市银行网点、运营商营业厅、各区图书馆、街镇公共服务空间等场所布局300个"微站点",方便老年人随问随答,享受"家门口的服务",努力帮助更多老年人成为数字时代的"新用户"。

选拔一批老年人"数字体验官",在老年群体中树立意见领袖,发挥红人的力量和作用。鼓励年轻人特别是子女,多帮老年人熟悉新设备、新技术,实现"数字反哺"。

(二)上海弥合老年人数字鸿沟的实践发展

本报告立足于上海人民城市建设中的民生领域,围绕上海为民办实事项目,基于政府重点关注的助力老年人跨越数字鸿沟的事项(见表1):长者智能技术运用能力提升行动、"一键叫车"适老服务开展调研访谈，探寻助力老年人跨越数字鸿沟的实际情况及存在问题。

表1　2021~2023年上海为民办实事项目中为老服务统计

年份	为民办实事项目为老服务方面
2021	社区综合为老服务中心（新建50家）、社区助餐点（200个）、认知障碍照护床位（改建2000张）、长者智能技术运用能力提升行动（100万人次）
2022	社区综合为老服务中心（新建50家）、社区助餐点（200个）、养老床位（新增5000张）、认知障碍照护床位（改建2000张）、"一键叫车"适老服务设备进社区（500个）
2023	养老床位（新增5000张）、认知障碍照护床位（改建2000张）、智慧养老院（建设30家）、社区长者食堂（新增40个）、居家环境适老化改造（5000户）

1. 长者智能技术运用能力提升行动

2021年，针对老年人在上网、使用智能手机等方面的困难以及由此带来的出行、就医、消费等日常生活的不便，无法充分享受智能化服务便利性的问题，上海市政府实施"百万长者智能技术运用提升行动"的年度民办实事项目。市民政局聚焦老年人在生活、办事和享受养老服务中的高频事项和需求，通过组织智能手机应用培训和提供帮办服务，旨在解决老年人在使用智能技术时遇到的问题，提高他们的数字化技能水平，增进老年人的福祉。

2021年1月，上海市民政局筛选并整理涉及老年人生活的高频智能技术应用场景，制订工作方案，启动长者数字生活"随申学"活动。

2021年2月，工作方案下发并分解到全市各区，平台功能（包括微信小程序和网页端）上线，发布了学习课程资源，制定了操作手册和服务流程，开展首期平台使用培训。

2021年3月，上海市民政局召开工作推进会，举办了多场平台使用培训，面向各区相关人员进行指导，并通过志愿者开展培训和帮办服务，启动任务指标。

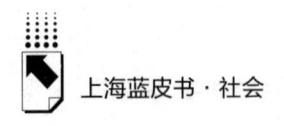

2021年4月，扩大平台使用培训覆盖范围，设计宣传物料并指导各区进行培训和服务，确保街镇全覆盖。

2021年5月，扩展志愿者队伍，将市经信委的"信息助力员"纳入体系，继续扩大平台使用培训范围，服务覆盖人数不断增长。

2021年6月，结合老博会活动推广"随申学"，继续通过各区养老服务机构和志愿者进行培训和帮办服务，服务人数达到近52万。

2021年7~9月，持续推进项目，培训和帮办服务覆盖更广泛的老年群体。到2021年9月，累计服务人数已超过150万人次，平台的影响力逐步扩大，特别是在市大数据中心的支持下，服务和培训得到进一步强化。

该为民办实事项目的提前超额完成，主要在于以下方面：一是整合多方资源。市民政局、市大数据中心、市老干部局、开放大学等相关单位和机构共同部署；各区养老服务机构、公益基地等服务网点通过志愿者面向老年群体开展相关培训和帮办服务；将"信息助力员"纳入"随申学"志愿者体系；结合老博会开展"随申学"特别活动。二是整合线上线下。线上的长者数字生活"随申学"工作平台包括微信小程序和网页端；线下培训范围实现街镇全覆盖。三是场景多样化。涉及老年人生活、办事和享受养老服务的智能技术运用高频事项，主要包括就医、出行、亮码、扫码、聊天、缴费、购物、文娱、用机、安全等应用场景。

2."一键叫车"适老服务

城市数字化转型过程中，老年人出行往往面临打车难的困境。在方便老年人打车出行方面，上海积极探索传统形式与智能创新形式相结合，优化线下线上相融合的服务。

2020年9月28日，上海市政府与上汽集团联合开发的"申程出行"平台上线运行，该App设置"一键叫车"和"大字模式"功能，老年乘客无须输入目的地，只要按下"一键叫车"呼叫按钮即可实现叫车服务。与此同时，"申程出行"平台与上海出租汽车固定候客站的信息化叫车系统实现无缝对接，促进线上预约与线下服务的深度融合。目前，上海市区有200个出租车固定候客点设立了提供"一键叫车"服务的扬招杆。老年人只要按下扬招杆上的出租车呼叫按钮，即可在扬招杆上方的电子信息屏幕上看到出租车等待和接单信息。

截至 2020 年 12 月底，超过 4 万名上海出租车司机注册"申程出行"平台，行业覆盖率达 80%以上。据调查，"申程出行"平台注册用户中，55 岁及以上用户占整体的 30%以上。每日"申程出行"App 内使用"一键叫车"功能的呼叫占比约 12%。与此同时，其他网约车平台如滴滴出行等也陆续设置线上"老年版"一键叫车服务功能。

2021 年 6 月，申程出行"一键叫车"服务进社区启动试点。社区居民可在家门口的"一键叫车智慧屏"前，通过刷脸识别信息体验"无感叫车"，截至 2021 年底，总计 200 台"一键叫车智慧屏"分布在全市 12 个区超过 39 个街道、乡镇及单位组织中，7 家大型医院的门诊楼或住院楼内。①

2021 年 10 月，上海强生出租推出"巡游示范车队"，即"银发车队"，承诺车队以传统扬招和电招乘客为服务对象，不承接任何平台业务，以方便老年人打车。示范车队主要由平均年龄近 60 岁的老司机组成，车队初始规模约 50 辆，后续将逐步增加到 500~1000 辆。

2023 年 2 月，上海电信发布"智慧守护"计划，承接"Hello 老友亭"的数字化专项，将传统电话亭升级改造为守护城市的"数字安全岛"，其中很重要的功能即"一键叫车"，方便老年群体路边随机打车，让老年群体享受数字生活的便利。

综上所述，上海市政府在城市数字化转型的过程中，为解决老年人"打车难"的问题推出了系列创新举措。一方面降低了老年人接入智能叫车互联网平台的门槛，另一方面提升了线下打车的便利性。这些措施不仅提高了老年人的生活质量，也展现了城市数字化进程中对弱势群体的关怀和支持的重要性，并为构建数字包容社会提供了有力的实践案例。

---

① 《如何让老年人享受到便捷的出行服务？来看上海交通行业的这些暖心举措》，光明网，https://m.gmw.cn/baijia/2022-03/11/1302839743.html，2023 年 3 月 11 日。

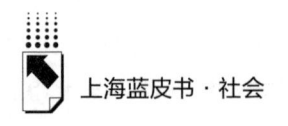

四 弥合老年人数字鸿沟的对策建议

（一）加大宣传力度

调研访谈结果显示，尽管数字适老化设备的设计初衷是更好地服务老年人，解决他们在数字生活中的种种不便，但在实际推广过程中遭遇了老年人使用度普遍不高的尴尬境地，以"一键叫车"的"申程出行"App为例，实际中老年人使用度并不高，更多的老年人倾向于子女帮助打车或者电话预约打车方式。通过深入访谈，原因之一在于老年群体对这些设备的知晓率较低。许多老年人由于信息获取渠道有限、对新事物接受速度较慢，往往对市场上涌现的各类数字适老化设备知之甚少，甚至完全不了解。信息不对称的出现导致即使市面上存在适合他们的智能产品和设备，也难以有效地触达老年人群。因此，需要充分重视提升老年人数字适老化设备的知晓率：一是定期举办社区专题讲座，详细介绍数字适老化设备的设计理念、功能特点、使用方法等。二是发放宣传手册，编制简洁明了、图文并茂的宣传手册，内容涵盖数字适老化设备的基本知识、操作流程、常见问题解答。三是安排工作人员或志愿者在现场进行演示和讲解，帮助老年人亲身体验设备的便捷性和实用性。

（二）注重老年群体的个人隐私保护和信息安全

调查数据显示，老年群体在数字素养方面处于较为弱势的地位。这一群体不仅缺乏必要的数字技能，较难熟练掌握和使用各类数字设备和应用程序，在面对复杂多变的网络环境时，老年群体的个人隐私保护和信息安全也存在较大的隐忧。随着网络诈骗、信息泄露等事件频发，老年人的信息安全风险日益凸显。因此，政府致力于提升老年群体数字设备使用能力的同时，应将老年群体的个人隐私保护和信息安全放在同等重要的位置。增强老年人的网络安全意识，采取措施保障老年群体信息安全：一是开展网络安全教育活动。在社区、养老机构等老年人聚集的地方举办网络安全知识讲座和培训班，普及网络安全的基本概念和防护技巧。二是提升诈骗识别能力。针对老年人容易受骗的特点，设计专门的防骗教程和模拟演练，帮助他们学会有效识别网络电信诈骗，如陌生来电的甄别、虚假信息的判断等。同时，鼓励老年人遇到可疑情况及时与家人、朋友或相关部门沟通，避免上当受骗。三是保护个人信息。提醒老年人妥善保管自己的个人信息并谨慎在网络上分享个人信息，避免在不安全的网络环境下进行交易或输入重要信息。此外，还应积极推动相关机构和企业加强数据安全防护，为老年人营造更加安全、可靠的数字环境。

（三）提供个性化、便捷化、可持续的数字服务

积极开发并提供个性化、便捷化、可持续的数字服务，满足老年群体的特殊性和多样性需求。包括设计简洁易用的用户界面，提供大字体、语音输入等适老化功能，以及根据老年人的兴趣爱好和需求定制专属的数字内容和服务。重视老年人智能设备使用的售后服务和支持，调研访谈发现，对于居家适老化智能设备的使用，存在售后服务不足的问题，以紧急呼叫设备为例，访谈中有老年人反馈无法及时联系到售后服务人员，只能请教社区养老顾问，通过社区养老顾问辗转最终才解决设备故障问题。因此，在老年人智能设备使用率持续上升的同时，应注重建立完善的售后服务体系，设立专门的售后服务热线或在线服务平台，确保老年人在遇到问题时能及时得到响应和反馈。定期对老年人进行回访，了解老年人智能设备的情况，及时发现并解决问题。此外，还可充分利用社区资源，如志愿者团队、邻里互助等，为老年人提供更全面、贴心的支持，助力他们更好地融入数字社会，使老年人真正享受数字生活带来的便利和乐趣。

社会政策篇

B.7
上海0~3岁婴幼儿托育服务的政策实践与居民需求

何 芳*

摘 要： 0~3岁婴幼儿托育服务是新时代实现幼有所育的重要支撑，是上海建设人民城市的重要抓手。近五年来，上海市适应婴幼儿家庭的多样化需求，提供丰富的托育政策支持、服务类型和服务内容，目前已基本形成以托幼一体为主、以普惠性资源为主导的托育服务格局。基于2024年上海民生民意抽样调查数据分析发现，上海居民对婴幼儿照顾支持的需求具有普遍性，但托育服务并非居民寻求照顾支持的首选；婴幼儿托育服务需求多元化，对普惠、优质、便利的服务提出更高要求；目前婴幼儿托育服务供需之间存在"保教不匹配"情况。对此，应加强托育服务资源的信息披露及主动宣传，构建性质多样、保教结合的托育服务模式，搭建家长参与托育服务的平台，以推动婴幼儿托育服务体系建设。

* 何芳，上海社会科学院社会学研究所副研究员，主要研究方向为儿童福利与社会政策。

关键词： 0~3岁婴幼儿　托育服务　托育政策　上海居民

0~3岁婴幼儿被视为社会"最柔软群体"，他们的健康成长关系到千家万户。近年来，随着我国人口发展进程的推进以及家庭养育观念的变化，人民群众对婴幼儿托育服务产生了新的需求和期待。党的十八大以来，以习近平同志为核心的党中央高度重视托育服务工作，党的十九大报告更将"幼有所育"列为七项民生之首，强调要进一步适应人口形势新变化，准确把握人民群众对高质量托育服务的需求，积极实施相关政策及配套支持措施，在发展中补齐民生短板。党的二十大报告中明确指出，中国式现代化是人口规模巨大的现代化，要优化人口发展战略，建立生育支持政策体系，降低生育、养育、教育成本。高质量普惠托育服务体系建设是优化生育支持政策的重要配套措施，要增加普惠托育服务供给，降低托育机构运营成本，提升托育服务质量。2024年党的二十届三中全会通过《中共中央关于进一步全面深化改革、推进中国式现代化的决定》，进一步提出加强普惠育幼服务体系建设，支持用人单位办托、社区嵌入式托育、家庭托育点等多种模式发展。可见，党和国家通过不断完善顶层设计与具体规范，引导托育服务向扩大供给、降低成本、安全可控、服务提升发展，满足人民群众"幼有所育""幼有善育"的服务需求。

2019年11月，习近平总书记在上海考察时指出，"城市是人民的城市，人民城市为人民"，"让人民有更多获得感，为人民创造更加幸福的美好生活"，对上海应对人民群众的托育服务需求指明了方向，提出了新的要求。面对新形势下以家庭为主的婴幼儿照护面临的挑战，以及人民群众对托育机构数量和质量的双重期待，上海率先出台托育服务指导意见、管理办法和设置标准，为普惠托育服务体系建设奠定了良好的基础。不过，作为超大城市，上海家庭小型化趋势较为明显，人口流动较为频繁，代际照料能力趋于减弱，对现代化、社会化的托育服务需求可能高于全国平均水平。并且，随着经济社会发展，人民对托育服务的需求已经从"有园上"转到"上好园",对优质托育资源的可及性、充裕性、便捷性都产生了更高的期待。

一 托育服务相关文献回顾

托育服务是一个全球性的话题。早在20世纪90年代,欧洲理事会就发布文件鼓励成员国发展婴幼儿教育与保育(Early Childhood Education and Care,ECEC)政策,通过托育服务减轻家庭照护负担,以应对以低生育率为主要特征之一的第二次人口转型。经过多年的发展,国外的托育服务逐渐形成不同的理论模式。

(一)国外的托育服务理论模式

一是根据国家—社会—家庭的关系划分。刘中一将不同国家对儿童照顾责任及托育主体角色的界定概括为三种流派:一是以北欧国家为代表的国家干涉主义流派,强调国家的公共服务供给,确保所有儿童的被照护权;二是以德国为代表的家庭支持主义流派,主张儿童照护作为家庭功能与权利应被保障,国家倾向于扮演支持角色;三是以英国和美国为代表、主张儿童照顾属于家庭责任与义务的自由放任主义流派,强调家庭与市场主体的责任。[1] 刘天子等沿用这一划分讨论托育服务的三种主导模式,即政府主导托育服务的国家主导型,这种模式以儿童为中心,将其视为未来的社会成员,注重发展正规儿童照护,如瑞典;以家庭养育为儿童照护主要形式、通过普惠性托育缓解家庭养育压力的家庭支持型治理模式,如日本与德国;而在放任型治理模式下,托育服务主要由市场提供,如美国。研究者基于OECD家庭数据库数据匹配的三种主导模式开展实证考察后提出,托育服务公共财政支持占GDP比重更大的国家主导型治理模式对生育率影响更为显著。[2]

---

[1] 刘中一:《国家责任与政府角色——儿童照顾的变迁与政策调整》,《学术论坛》2018年第5期。
[2] 刘天子、杨立华、曾晓东:《不同国家托育服务治理模式的效果评价——基于OECD家庭数据库的比较分析》,《人口学刊》2022年第4期。

二是根据政策目标和理念划分。托育服务的系统性建设呈现两种面向：第一种是作为社会福利政策在家庭领域的发展，第二种是作为投资性、生产性的社会政策对劳动力市场的推动。Alexiadou 等通过探讨芬兰和瑞典自 20 世纪 70 年代以来 ECEC 政策系统的建立和演变，分析指出托育服务作为一项复杂治理在福利和教育两个不同框架下被赋予不同的政策安排。两国在 70 年代制定的日托法案均以儿童为中心，致力于社会平等与促进女性就业，将 ECEC 作为福利国家的基本组成，并在 80 年代的修正案中赋予所有儿童被照护权。进入 90 年代后期，瑞典的 ECEC 转由教育部负责并在 2010 年的教育法中被整合进学校系统。芬兰的这一转变于 2013 年完成，托育被整合进国家教育体系，以照顾、发展、学习为系统性目标，在国家层面强化整体指导，地方层面实施政策及资金工具安排，确立了"托幼一体化"的实践路径，将托育政策衍生为发展劳动力市场的工具。①

（二）我国的托育服务研究

新中国成立后，随着国家工业化进程的不断推进，0~3 岁婴幼儿托育主体经历了国家—社会—家庭的变迁。新中国成立之初，为鼓励女性参与劳动，借鉴当时苏联经验，全国工矿、企业、机关、学校及大中城市街道普遍设立托儿所，各类企事业单位、机关、部队为主要举办方，基本满足大中城市儿童照顾需求。进入 90 年代后，应企业深化改革的需要，托育职能从企业剥离，婴幼儿照护职能流回家庭，给经济转型下的家庭带来了相当程度的子女照护压力。②随着 2013 年"单独二孩"与 2016 年"全面二孩"政策出台，人口出生率并未释放出政策预期效果，学界与政府决策层意识到托育服务是宽松生育政策下亟须解决的重要问题。2016 年以来，人口学、社会学、行政学、政治学等学科围绕托育服务输出了大量研究文献，相关研究主要从托育服务供需测度及托育服务的影响两个方向展开。

---

① Alexiadou N., et. al., "Early Childhood Education and Care Policy Change: Comparing Goals, Governance and Ideas in Nordic Contexts", *Compare*, 2024, 54（2）．
② 杨菊华：《为了生产与妇女解放：中国托育服务的百年历程》，《开放时代》2022 年第 4 期。

在对不同来源数据的研究分析的基础上，研究者普遍认为当前我国 0~3 岁婴幼儿托育服务存在供给不足、结构失衡、质量不高等问题。杨菊华利用国家卫生计生委 2016 年"十城市调查"及中国人民大学 2017 年"四省市调查"等多地数据，指出当前我国 3 岁以下婴幼儿托育服务呈现"有需欠供""有教欠保""质量欠护"等阻梗，托育服务供给和需求之间的矛盾更成为我国社会主要矛盾在民生领域的集中表现之一。①吴帆、王琳基于中国计划生育家庭发展追踪调查（FPFDS2014）、中国家庭动态跟踪调查（CFPS2014）、中国健康与营养调查（CHNS2011）、中国妇女社会地位调查（SSCW2010）等多源数据解析儿童照顾赤字的政策需求，提出现有儿童正式照料不足，呼吁发展儿童正式照料服务及补充社会照料等缓解家庭的照料困境。②洪秀敏等在对 20~35 岁、有 0~3 岁婴幼儿的青年家庭进行问卷调查后分析认为，包括距离及费用在内的可及性不足、托育质量不确定与家庭托育需求间存在矛盾，青年家庭期待全日托育服务模式，对婴幼儿的教育需求远超基本照料需求。③石智雷、刘思辰通过知网数据库、百度学术、谷歌学术等学术搜索引擎进行文献检索和数据的收集，发现我国婴幼儿照护服务存在供需缺口巨大、照护机构模式单一、师资力量不足、行业标准和政府监管缺失等问题。④

关于托育服务的影响研究主要采用社会支持视角，相关研究的基本假设是托育服务对促进女性就业、家庭—工作平衡、提升生育率等具有积极作用。曲玥等利用 2019 年中国人口与家庭动态监测调查数据分析发现，幼儿照料负担明显降低了女性劳动参与比例和收入，托育服务社会化能够使女性

---

① 杨菊华：《理论基础、现实依据与改革思路：中国 3 岁以下婴幼儿托育服务发展研究》，《社会科学》2018 年第 9 期。
② 吴帆、王琳：《中国学龄前儿童家庭照料安排与政策需求——基于多源数据的分析》，《人口研究》2017 年第 6 期。
③ 洪秀敏、朱文婷、陶鑫萌：《新时代托育服务的供需矛盾与对策——基于青年家庭获得感和需求的 Kano 模型分析》，《人口与社会》2019 年第 6 期。
④ 石智雷、刘思辰：《我国城镇 3 岁以下婴幼儿机构照护供需状况研究》，《人口与社会》2019 年第 5 期。

劳动参与比例提高2~3个百分点，释放的劳动供给和经济产出在当前女性总经济产出中占4.27%~7.23%。①姜春云、谭江蓉对2016年全国流动人口动态监测调查数据分析发现，选择社会化托育服务对流动女性就业参与也具有显著的正向作用。②杨菊华在结构功能主义理论框架下探讨托育服务等家庭友好政策影响工作与家庭场域关系的可能，提出婴幼儿托育服务体系的建立和完善对于降低工作、家庭领域过度的角色要求及推动工作—家庭关系平衡具有重要意义。③也有研究者发现，托育机构照料目前仅仅体现出对女性就业的显著正向影响，对女性生育的支持作用尚不明显，④不仅如此，托育机构照料的不足还对女性生育意愿产生抑制作用。⑤

已有研究一致表明，当前我国0~3岁婴幼儿托育服务在供需、结构、质量等方面均有待提升，发展婴幼儿托育服务也是缓解家庭育儿压力、提升育龄群体生育意愿、促进人口长期均衡发展的重要手段。已有文献多采用针对0~3岁婴幼儿家庭的人口数据进行推算分析，但少有对更广泛人群的调查研究。从托育服务体系长期建设和人口长期均衡发展的角度来看，托育服务牵涉人群并不只是现有0~3岁婴幼儿父母，其他人群如未婚人士、已育"一孩""二孩"父母，以及正在承担或未来可能会承担隔代照料责任的中老年人群，他们的意见对托育服务体系建设也至关重要。为此，本报告在概述上海托育服务政策及实践状况的基础上，利用上海社会科学院社会学研究所课题组2024年上海市民生民意调查数据，从更广泛的人群视角，聚焦考察上海居民对托育服务的认知、态度、评价及使用需求等，分析上海现有婴幼儿托育服务的供给问题，进而提出完善托育服务体系的对策建议。

---

① 曲玥、程杰、李冰冰：《托育服务对女性劳动参与和经济产出的影响》，《人口研究》2022年第5期。
② 姜春云、谭江蓉：《3岁以下随迁子女照料对流动女性就业参与的影响研究》，《南方人口》2020年第3期。
③ 杨菊华：《边界与跨界：工作-家庭关系模式的变革》，《探索与争鸣》2018年第10期。
④ 许玲丽、陈云菲：《家庭生育决策、儿童照料方式与女性就业——基于微观家庭调查数据的分析》，《公共行政评论》2024年第2期。
⑤ 李婉鑫、杨小军、杨雪燕：《儿童照料支持与二孩生育意愿——基于2017年全国生育状况抽样调查数据的实证分析》，《人口研究》2021年第5期。

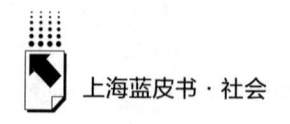

二 上海0~3岁婴幼儿托育服务政策与实践

上海早在20世纪末就开始探索建设0~6岁一体化管理体制机制。多年来,上海坚持政府主导、社会参与、普惠多元、安全优质、方便可及的原则,一体化推进学前教育和托育服务发展,学前教育与托育服务资源快速增量扩容,质量持续稳步提升。在从"幼有所育"迈向"幼有善育"的发展道路上,形成了不少政策与实践经验。

(一)上海0~3岁婴幼儿托育服务政策发展历程

2018年以来,上海陆续制定出台一系列支持0~3岁婴幼儿托育服务的政策(见表1)。2018年,上海市人民政府等制定《关于促进和加强本市3岁以下幼儿托育服务工作的指导意见》《上海市3岁以下幼儿托育机构管理暂行办法》及与之配套的《上海市3岁以下幼儿托育机构设置标准(试行)》,即0~3岁幼儿托育的"1+2"文件,在全国率先制定出台托育服务指导意见和行动方案,明确"政府引导、家庭为主、多方参与"的总体思路,推进托幼一体化,以多种方式引导和支持社会组织、企业、事业单位和个人提供托育服务。

表1 上海市近年来出台的主要托育政策及要点

发布时间	部门	政策文件名称	政策要点
2018年4月	上海市人民政府	《关于促进和加强本市3岁以下幼儿托育服务工作的指导意见》	积极推动托幼一体化,引导支持多方提供托育服务
	上海市人民政府办公厅	《上海市3岁以下幼儿托育机构管理暂行办法》	保育为主,教养结合
	上海市教委等16部门	《上海市3岁以下幼儿托育机构设置标准(试行)》	明确托育机构基础设施、人员配备要求
2020年9月	上海市人民政府办公厅	《上海市托育服务三年行动计划(2020-2022年)》	建设社区依托、机构补充、普惠主导的托育供给体系

续表

发布时间	部门	政策文件名称	政策要点
2022年1月	上海市教委	《上海市学前教育与托育服务发展"十四五"规划》	"幼儿发展优先",增加普惠性托育资源供给,探索构建"机构托育、社区托育、家庭带养"三位一体托育体系
2022年10月	上海市教委等10部门	《关于加强本市社区托育服务工作的指导意见》	在社区嵌入非营利性托育服务设施,提供普惠托育服务
2022年11月通过	上海市第十五届人大常委会第四十六次会议	《上海市学前教育与托育服务条例》	以家庭照护为基础,幼儿园开设托班,设置社区托育点,支持福利性托育服务,构建普惠多元的托育公共服务体系
2023年10月	上海市人民政府	《关于进一步促进本市托育服务发展的指导意见》	幼儿园托班、社会托育机构、社区托育"宝宝屋"、家庭科学育儿指导站作为托育服务主要载体
2024年1月	上海市教委等17部门	《上海市托育机构管理办法》	规范社会托育机构的设立、运营、管理及监督
2024年1月	上海市教委等17部门	《上海市托育机构设置标准》	适用于社会托育机构的标准规范

2020年3月,上海市委、市政府印发《关于推进学前教育深化改革规范发展的实施意见》,进一步完善学前教育公共服务体系,并明确要求新建改扩建幼儿园原则上都要开设托班。同年9月,上海市人民政府办公厅印发《上海市托育服务三年行动计划(2020-2022年)》,针对建立以社区为依托、机构为补充、普惠为主导的资源供给体系的总体目标提出具体措施。

2022年1月,上海市教育委员会印发《上海市学前教育与托育服务发展"十四五"规划》,提出适应人口政策和趋势、对学前教育资源做出具有预测性和前瞻性的配置,确立"幼儿发展优先"、以幼儿为主体的理念,呼吁通过地方立法加强顶层设计,并明确了至2025年的扩大托育量化目标(见表2)。通过增设公立幼儿园托班、鼓励民办幼儿园开设普惠托班、集体办托儿所扩大规模等途径增加普惠优质的托育资源供给;探索构建"机构托育、社区托育、家庭带养"的三位一体托育服务体系；完善政策和标准规范体系，明确各项优惠政策的实施办法，并对托育机构的设立与运行实施及时更新和公示的信息化管理。

表2 上海市扩大托育的"十四五"规划指标

指标	2025年目标
全市街镇普惠性托育点覆盖率	100%
开设托班的园所占幼儿园总数的比例	>50%
普惠性托育资源占比	>60%
每千人常住人口拥有托位数	4.5个

资料来源：《上海市学前教育与托育服务发展"十四五"规划》。

自2023年1月1日起，上海率先实施《上海市学前教育与托育服务条例》，作为全国首部覆盖0~6岁幼儿全年龄段公共服务的地方立法，将学前教育与托育服务一体规划、一体保障、一体实施。此次立法明确加强社区托育点建设，将社区托育服务纳入"15分钟社区生活圈"、乡村社区生活圈和社区综合服务体系建设内容，努力发展完善人民群众"家门口"的托育服务。根据该条例，卫生健康部门负责对幼儿园、托育机构和社区托育点的卫生保健、疾病预防控制等工作进行业务指导和日常监管，社区托育点可以单独设置，也可以依托社区公共服务设施等设置，有相对独立区隔的空间，符合卫生、环保、消防等标准和规范，有条件的可以设置户外活动场地。

与此同时，作为对国务院办公厅颁布的《关于促进3岁以下婴幼儿照护服务发展的指导意见》的响应，市教委、市发改委、市卫生健康委等10个部门联合制定了《关于加强本市社区托育服务工作的指导意见》，提出坚持"政府主导、安全普惠、属地管理、多方参与、就近方便"的原则，为幼儿家庭提供多样化的照护和育儿指导服务，满足人民群众对托育服务的多元需求，在社区内设置嵌入式、标准化的托育服务设施，提供临时托、计时托等普惠托育服务。

2023年10月，为建设高质量托育公共服务体系，努力实现"幼有善育",上海市人民政府印发《关于进一步促进本市托育服务发展的指导意见》,明确提出到"十四五"期末,全市常住人口每千人拥有3岁以下婴幼儿托位数不低于4.5个,托幼一体幼儿园占比达到85%,社区托育"宝宝屋"街镇覆盖率达到85%(其中中心城区达到100%),家庭科学育儿指导站实现社区全覆盖。该意见还规定了托育服务体系的四种主要形态和八大政策措施,并提出进一步完善托育机构设置标准和管理规范。2024年1月,《上海市托育机构管理办法》《上海市托育机构设置标准》同时颁布,覆盖托育机构的设立、运营、管理、监督等,努力从制度层面确保常态长效。

2024年6月,《上海市0-3岁婴幼儿发展要点与支持策略(试行稿)》作为上海市指导0~3岁婴幼儿家长和托育机构养育保育的实施指南正式发布,从婴幼儿动作与习惯、情感与社会、认知与探索、语言与沟通四个领域向家庭和托育机构提供了更具专业性和操作性的建议。随着0~3岁托育服务的不断深入和加速升级,更高标准的"幼有善育"正在惠及更多幼儿及其家庭。

(二)上海0~3岁婴幼儿托育服务的主要实践

上海市委、市政府高度重视托育服务工作,连续两轮纳入"学龄前儿童善育"民心工程予以落实,有效地推动了托育服务事业健康发展,资源供给水平和服务质量显著提升。面对托育服务发展的新形势、新要求,相关政策也进一步完善。2023年出台的《关于进一步促进本市托育服务发展的指导意见》,明确了上海市托育服务体系的"四梁八柱",即托育服务资源的四种主要形态和促进托育服务的八大政策举措,对托育服务实践起到了规划引领作用。

按照"四梁八柱"的设计,上海市为幼儿家庭提供的托育服务主要包括四种类型:①幼儿园开设的托班,主要招收2岁以上幼儿,提供全日制托育服务。②街镇举办的社区托育"宝宝屋",主要为1~3岁幼儿提供临时托、计时托等托育服务,每年为有需求的幼儿家庭提供不少于12次免费照护服务。③各类社会组织、企业、事业单位和个人举办的托育机构,可根据幼儿家庭的实际需求以及场地、供餐等条件，提供全日制、半日制或计时制等托育服务。④科学育儿指导服务，各区家庭科学育儿指导站社区全覆盖，每年为有需求的幼儿家庭提供不少于12次免费的科学育儿指导服务。

促进托育服务的八大政策举措包括：①深入推进托幼一体化建设；②着力深化社区托育服务建设；③鼓励引导社会力量举办托育机构；④持续加强托育机构科学配置和规范管理；⑤大力开展托育服务从业人员队伍建设；⑥不断推进托育服务质量提升；⑦全面开展家庭科学育儿指导服务；⑧严格守牢托育服务安全健康底线。

经过近两轮民心工程建设，上海托育服务体系进一步健全，资源总量显著增加。截至2024年9月底，上海全市现有托育服务机构近1900家，提供托额超过10万个，其中普惠性机构和普惠性托额均占托育服务资源总量的70%，开设托班的幼儿园占幼儿园总量的近80%，每千人口托位数达到4.05个，形成了以幼儿园托班为主体、以普惠性资源为主导的托育服务体系。此外，上海重视托育服务资源的有效供给，注重考核托位供给绩效，托位利用率超过90%。①

同时，上海着力打造"15分钟托育服务圈"，将社区"宝宝屋"作为社区托育服务点，依托党群服务中心的现有场所，提供嵌入式临时照护服务，社区周边1~3岁婴幼儿家庭可享受每年12次、每次2小时的免费托育服务，后续可以单次50元的价格购买服务，师生比约为1∶5。② 2024年，社区"宝宝屋"实现全市216个街镇全覆盖。③ 全市16个区分布的900余个科学育儿指导站也已覆盖所有街镇，为辖区0~3岁幼儿家庭提供科学育

---

① 王蔚、马丹：《幼儿园有托班 社区有"宝宝屋"》，《新民晚报》2024年10月30日，第5版。
② 《对市十六届人大一次会议第0688号代表建议的答复》，https：//edu.sh.gov.cn/xxgk2_zhzw_jyta_02/20231025/b6d2abc15bb34667b0e6631b2a790736.html，2023年10月25日。
③ 中共上海市委：《奋力谱写新时代人民城市建设新画卷》，《人民日报》2024年11月1日，第6版。

儿指导服务。①

在政府的大力提倡和鼓励下，社会力量也积极参与举办托育机构。从上海市托育服务管理平台查询可知，截至2024年10月，已收到备案回执的托育机构数为304家，其中非营利机构91家，营利性机构213家。托育机构服务以全日托、半日托、计时托为主，营利性机构月收费从3000元到24500元不等，非营利机构月收费较为亲民，价格在1800~3000元的占比74.7%。

2019年，习近平总书记考察上海时，提出"人民城市人民建，人民城市为人民"理念，尤其强调城市公共服务中"一小"工作对群众幸福感、获得感的重要作用。五年来，上海市积极适应婴幼儿家庭的多样化需求，提供丰富的托育政策支持、服务类型和服务内容，目前已基本形成以托幼一体为主、以普惠性资源为主导的托育服务格局。一系列政策和实践有效地推动了本市托育服务事业健康发展，不断满足人民群众优质托育服务的期待与需求。

三 数据来源与样本情况

本报告采用的数据来源于2024年5~6月上海社会科学院社会学研究所课题组开展的上海市民生民意调查。该项调查采用配额抽样、在线调查方式，对18岁以上的上海常住人口开展问卷调查。调查遵照第七次全国人口普查（2020年）结果，按区县、户籍、年龄三个维度划定权重抽取样本，最终收集到来自16个行政区的2000个样本。调查采用上海社会科学院社会学研究所课题组自行编制的《2024年上海民生民意调查问卷》，本报告主要选取问卷中居民对当前托育服务的使用、认知、评价等方面的信息进行分析。样本基本情况见表3。

---

① 马丹：《16个区已建900多个科学育儿指导站（点）儿童家庭每年可享12次免费指导》，《新民晚报》2023年9月19日，第5版。

表3 样本基本情况描述性统计结果

单位：人，%

类别变量	样本数	有效占比	类别变量	样本数	有效占比
年龄组			10001~15000元	588	29.40
18~34岁	579	28.95	15001~20000元	246	12.30
35~59岁	1077	53.85	20000元以上	180	9.00
60岁及以上	344	17.20	职业		
性别			机关、群众团体和社会组织	80	4.00
男	1013	50.65	专业技术人员	320	16.00
女	987	49.35	办事人员和有关人员	300	15.00
户籍			社会生产和生活服务人员	500	25.00
上海本地户口	1183	59.15	农林牧渔生产及辅助人员	20	1.00
外地，有居住证	744	37.20	生产制造及有关人员	400	20.00
外地，无居住证	73	3.65	自由职业者	100	5.00
婚姻状态			退休人员	200	10.00
未婚	230	11.50	暂无职业	80	4.00
已婚，无子女	158	7.90	所在行政区		
已婚，有子女	1611	80.55	浦东新区	456	22.80
其他（离异）	1	0.05	徐汇区	90	4.50
受教育程度			长宁区	56	2.80
初中及以下	75	3.75	普陀区	100	5.00
高中/中专/技校/职高	517	25.85	虹口区	60	3.00
大专	423	21.15	杨浦区	100	5.00
大学本科	869	43.45	黄浦区	54	2.70
研究生及以上	116	5.80	静安区	78	3.90
在沪居住时间			宝山区	180	9.00
1年及以下	32	1.60	闵行区	214	10.70
2~3年	154	7.70	嘉定区	148	7.40
4~5年	227	11.35	金山区	66	3.30
6~7年	167	8.35	松江区	154	7.70
8年及以上	1420	71.00	青浦区	102	5.10
月收入水平			奉贤区	92	4.60
5000元及以下	100	5.00	崇明区	50	2.50
5001~10000元	886	44.30			

四 研究发现

（一）居民普遍认为婴幼儿照顾需要外界支持

在关于婴幼儿照顾者的选择方面，大多数受访者需要来自外界的支持，但目前托育机构并非居民首选。问卷设置问题"如果家有3岁以下幼儿，希望主要采用什么照顾方式"来查看受访者对婴幼儿照顾者的选择倾向，结果显示受访者的首选是保姆或育儿嫂照顾（48.0%），其后依次是祖辈照顾（43.5%）、托育机构照顾（42.2%）、全职妈妈照顾（21.2%）、全职爸爸照顾（1.4%）。进一步分析发现，不同受教育程度、不同收入水平、不同年龄组的受访者未表现出选择意愿的差异。非上海户籍居民（$\chi^2=6.99$，$p<0.05$）和女性（$\chi^2=4.72$，$p<0.05$）选择使用托育服务的意愿更强。

（二）年轻居民对婴幼儿托育服务的知晓度有待提升

调查发现，婴幼儿托育服务在上海居民中已经具有一定的知晓度。在问到"您对本市婴幼儿托育服务的总体印象是什么"时，只有14.1%的受访者表示"完全不了解"，29.1%的受访者表示"听说过，但没见过"，18.8%的受访者表示"价格偏贵，用不起"，16.1%的受访者认为"托位较少，很难抢"，20.3%的受访者表示"使用过托育服务且体验较好"，1.6%的受访者表示"使用过托育服务但体验不佳"。

进一步分析发现，年轻人对婴幼儿托育服务的知晓度有待提升。近三成（29.6%）18~29岁的受访者表示完全不了解，显著高于30~50岁的受访者（11.3%）。随着年龄的增加，受访者对托育服务的知晓度有所提升（$\chi^2=84.48$，$p=0$）。在有0~3岁子女或子女就读幼儿园、小学、初中的受访者中，91.4%的人对上海托育服务有所了解。不同性别（$\chi^2=0.1326$，$p>0$）、不同受教育程度（$\chi^2=8.85$，$p>0$）、不同收入水平（$\chi^2=80$，$p>0$）的受访者未表现出知晓度的显著差异。婴幼儿托育服务在不同人群中

的知晓度差异可能与年龄较低的人群未成为婴幼儿托育服务宣传的目标人群有关。

（三）早期教育和替代照料是居民选择婴幼儿托育服务的主要原因

从上文可知，婴幼儿托育服务并非居民首选，那么何种原因会令受访者考虑选择婴幼儿托育服务呢？数据显示，排在前几位的原因分别是托育机构提供的早教、智力开发活动（49.5%），双方都需要工作，无照顾者（46.0%），孩子在机构中有玩伴，可以学习社会交往（44.7%）；其后是托育机构可提供专业的照料服务（39.6%）、减轻祖辈负担（34.0%）、避免家人养育观念冲突（24.9%）、其他（0.2%）。可见，托育服务机构提供的早期教育（包括智力开发和其他身心发展活动）是吸引居民选择婴幼儿托育服务的重要因素。居民对托育服务的需求不仅仅是对婴幼儿生理层面的基本照料，更多的是对婴幼儿的教育需求，这一点与洪秀敏等人的研究发现一致。

（四）居民对婴幼儿托育服务的需求

1. 托育服务类型需求多元化，以全日托为主

在问到"如果您家有婴幼儿要接受托育服务，您希望是什么形式"时，54.3%的受访者选择全日托（早送晚接），16.1%的受访者选择半日托，16.4%的受访者选择每周2~3天弹性托，13.3%的受访者选择临时托（如临时有事需要）（见图1）。可见，由于家庭特征不同，居民对婴幼儿托育服务的需求总体上呈现多元化特征，其中早送晚接的全日托是主要需求。

2. 托育机构类型偏好明显，正式机构托育更受欢迎

在受访者偏好的托育机构类型方面，受欢迎程度由高到低依次为市场化的托育机构或早教中心（53.6%）、街道社区托育点（52.1%）、企业或办公楼宇托育点（49.9%）、幼儿园托班（41.9%）、家庭托育点（6.8%）（见图2）。受教育程度较高的受访者更倾向于选择幼儿园托班（$\chi^2 = 10.56$，$p<0.05$）和市场化的托育机构或早教中心（$\chi^2 = 16.30$，$p<0.01$），更年长

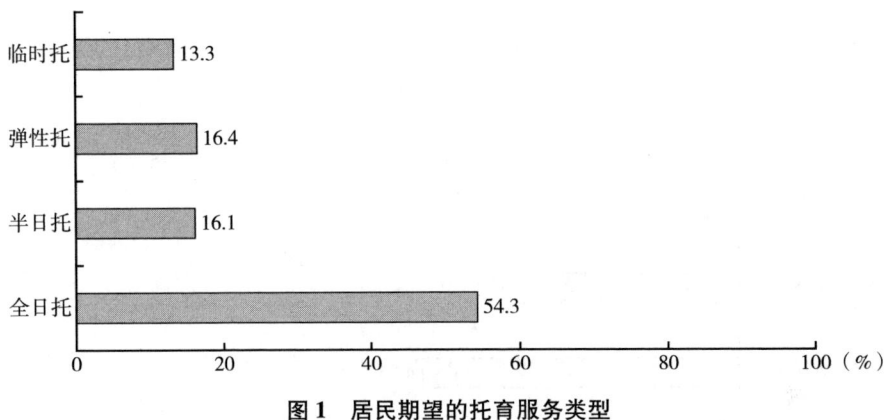

类型	百分比
临时托	13.3
弹性托	16.4
半日托	16.1
全日托	54.3

图1 居民期望的托育服务类型

的受访者更倾向于选择企业或办公楼宇托育点（$\chi^2 = 19.28$，$p<0.01$）。尽管家庭托育点在接送便利性和服务形式上可能对婴幼儿家庭更为友好，但却是本次调查中居民接受度最低的托育选项。这可能是因为家庭托育在从业资质、运营监管、软硬件条件等方面尚未形成系统经验，居民对其了解度和信任度较低。

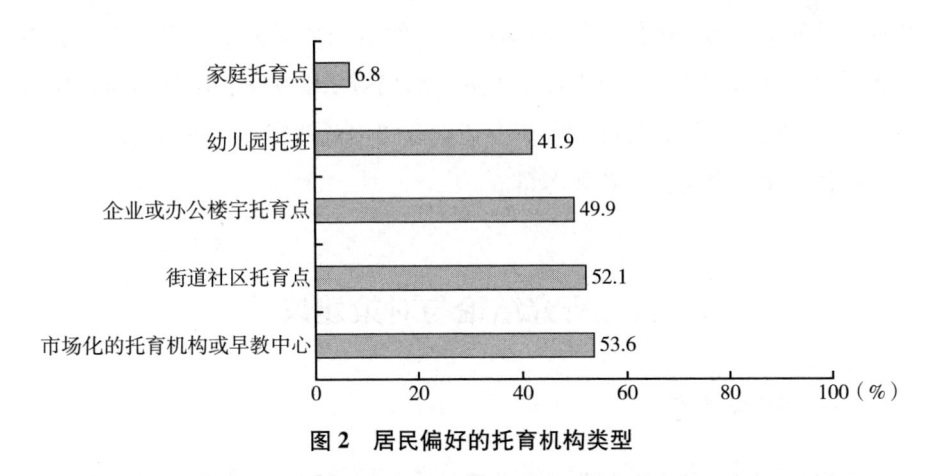

类型	百分比
家庭托育点	6.8
幼儿园托班	41.9
企业或办公楼宇托育点	49.9
街道社区托育点	52.1
市场化的托育机构或早教中心	53.6

图2 居民偏好的托育机构类型

3. 超过九成居民能接受的托育服务价格不超过3000元/月

关于受访者可以接受的托育价格，11.3%的受访者只能接受1000元及以下/月的托育费用，47.3%的受访者能接受1001~2000元/月，33.1%的受访者能接受 2001~3000 元/月，能接受 3000 元以上/月的受访者比例仅为 8.3%（见图 3）。可见，超过九成（91.7%）的居民能接受的婴幼儿托育服务价格不超过每月 3000 元。

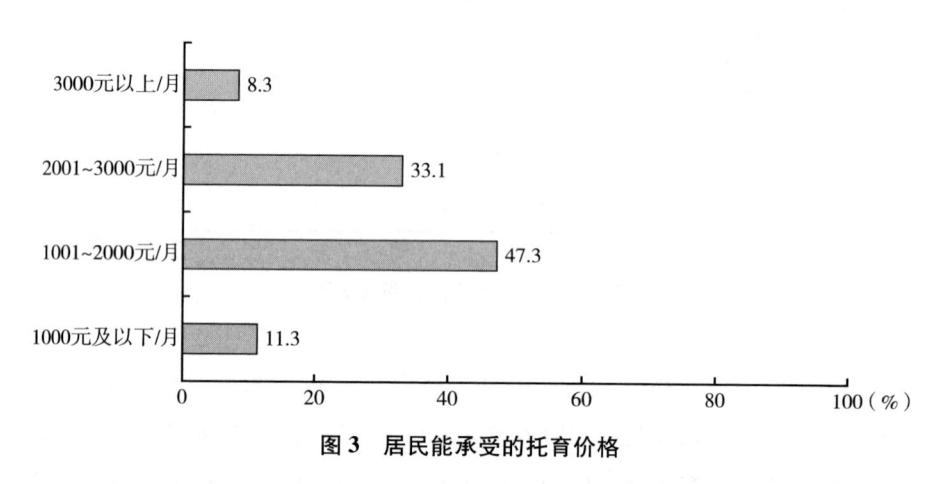

```
3000元以上/月    8.3
2001~3000元/月   33.1
1001~2000元/月   47.3
1000元及以下/月   11.3
                0    20    40    60    80   100(%)
```

图 3　居民能承受的托育价格

4. 便利性和软硬件水平是居民选择托育服务考量的主要因素

居民在选择婴幼儿托育服务时，首先考虑的是接送是否便利（64.8%），紧随其后的是机构软硬件水平（64.6%），然后是师资力量（56.1%）和费用能否承受（49.3%）（见图 4）。可见，居民对婴幼儿托育服务的地理位置便捷度、软硬件设施完备度、师资专业度和费用低廉度都有较高要求，其中地理位置便捷度是居民的首要考量。

五　研究结论与对策建议

（一）研究结论

1. 婴幼儿照顾支持的需求具有普遍性，但托育服务并非居民寻求照顾支持的首选

上海作为超大城市，在人口流动性高、家庭小型化趋势明显、居民平均受教育年限长和夫妻双就业等因素的作用下，家庭独立育儿能力相对较弱。

费用能否承受	49.3
师资力量	56.1
机构软硬件水平	64.6
接送是否便利	64.8

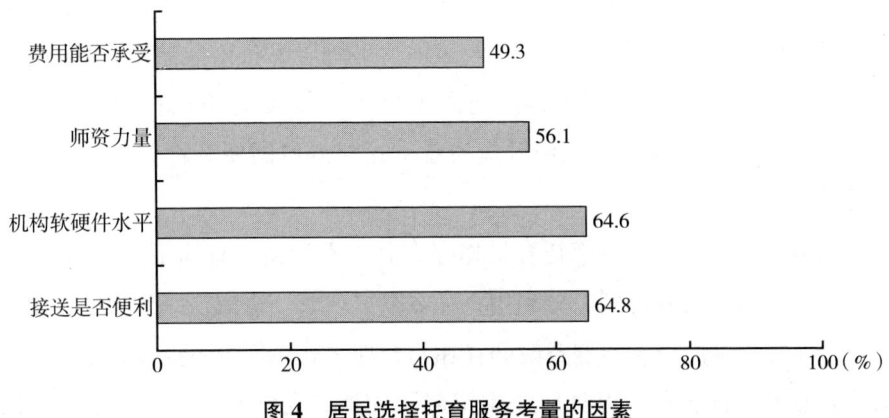

图 4　居民选择托育服务考量的因素

因此，近八成上海居民认为婴幼儿照顾需要得到外界支持。但在选择由谁来提供支持时，托育机构却并非居民首选。受访者选择最多的是通过市场购买个人上门托育服务，即由保姆或育儿嫂进入幼儿家庭提供一对一服务，这种照顾形式虽具有按需看护的灵活性，但也收取较高的费用，会给家庭带来较大的经济压力。一部分家庭选择寻求代际支持，即由祖辈主要照顾，这在费用与信任度两方面具有明显的优势，因此成为仅次于购买个人托育服务的选择。选择托育机构照护的居民数量少于购买个人服务和寻求代际支持的居民数量，这一方面可能是由于20世纪90年代深化改革后包括托育在内的社会职能从企业、事业机关单位剥离，0~3岁婴幼儿照护途径通过家庭和市场解决在30余年间成为历史积累，覆盖此前的"送托"认知，使得居民对目前婴幼儿托育服务的了解度不够。另一方面，也可能与普惠性服务供给不足有关，价格相对低廉的公办托育机构，如幼儿园托班和社区日托看护中心数量少，难以满足公众需求，导致大多数家长不得不选择市场化的婴幼儿照顾服务。

2. 婴幼儿托育服务需求多元化，普惠、优质、便利的服务是居民的共同期待

随着父母受教育水平的不断提高和信息的快速传播，更多人意识到儿童早期发展对于个体完整生命周期的重要性，家庭对于儿童发展、社会化和早期学习的重视使得照顾职能向托育机构部分转移时，对托育机构的照护服务有更多维度的期待和要求。本次调查表明，上海居民在托育服务类型和托育机构类型上存在多元化需求，但绝大多数居民能接受的托育价格在每月3000元以下，在选择托育机构时最为看重托育点位的便利性和机构的软硬件设施。

实地调研发现，上海市托育机构存在分布不均衡、时间不合理的情况。不少托育机构并没有得到充分利用，存在空置现象。造成这一现象的主要原因在于托育机构的分布与服务时间存在不合理之处，使得不少家长主动或被动放弃使用托育服务。以社区"宝宝屋"为例，通常其提供托育服务的时长较短，并且开放时间也相当有限。服务内容无法满足儿童家庭的需求。不少家长表示，"宝宝屋"只是为儿童提供了一个活动空间，家长在将孩子送到"宝宝屋"后不能离开，仍旧需要亲自看护，这对于家长来说并没达到减轻照看压力的效果。相反，由于前往社区内最近的托育点位来回要花费约1小时，这对于他们来说反而是得不偿失。可见，虽然社区有免费托育服务，但其时长、内容、地点等对于婴幼儿家庭来说都不具有吸引力，许多家长在权衡之后选择放弃使用这项服务。这表明，针对婴幼儿家庭的托育需求，首要工作是提升本市托育服务的可及性。

3. 婴幼儿托育服务供需之间存在"保教不匹配"情况

随着经济的发展和科学育儿观念的普及，家庭对0~3岁婴幼儿托育服务的期望值不断上升。人们对托育服务的需求已经超越了简单的生理层面的照顾，而是更加关注如何帮助儿童培养良好的行为习惯，并在认知、社交等方面取得进步，为孩子未来的学习打下坚实的基础。本次调查发现，居民对婴幼儿托育服务内容的需求既包括儿童照顾（儿童保育），也包括儿童早期教育。但是，除部分优质幼儿园托班可以兼顾早期教育和儿童保育外，大多数托育机构处于"有教无保"或"有保无教"的状态。例如，市场上各种早教机构虽多，但收费较高，以智力开发、艺术训练等各种形式的早期教育为主，缺乏保育、照护、保健等综合化服务，故需要家长全程陪同，不仅未能达到缓解家庭照料负担的目的，还增加了家庭的经济负担和时间成本。又如，公益性质的托育机构虽有价格低廉、地理位置便利等优势，但由于师资的专业水平和人数配备不足，入托率并不高。课题组实地调研发现，一些社区托育点、儿童活动中心即使在工作日也门可罗雀，很重要的原因就是家长觉得它们只是儿童活动场地，"没意思""学不到东西"。可见，如果不能满足家庭对儿童早期教育的需求，即便普惠托育服务体系建成，也无法真正实现有效供给，反而造成公共资源的浪费。

（二）对策建议

政策实践梳理和调查数据分析表明，上海坚持政府主导、社会参与、普惠多元、安全优质、方便可及的原则，推进托幼一体化发展，托育服务资源快速增量扩容，质量持续稳步提升。当前，广大居民对婴幼儿托育服务的需求已经从"有园上"转到"上好园"，对托育服务的充裕、便捷、优质提出更高要求。为回应人民群众的期盼，上海还要进一步优化发展理念，扩大优质资源供给，加强普惠托育服务体系建设，推动服务类型多元化和服务形式多样化，赋能家庭科学育儿。

1. 加强托育服务资源的信息披露及主动宣传，提升居民对婴幼儿托育服务的了解度

本次调查显示，居民对托育服务的认知度与了解度仍有进一步提升的空间。建议通过社区科学育儿指导站、线上线下公益广告等途径加大宣传力度，让居民知晓所在生活圈或工作圈的普惠托育资源，打破幼儿照顾只有家庭照顾与高价市场照顾选项的固有印象，让供需双方在顺畅信息沟通的基础上达成幼儿照顾理念的一致，从而使托育服务与居民需求更好地匹配，实现托育服务体系建设的良性循环。

2. 构建性质多样、保教结合的托育服务模式，满足不同人群的多元化需求

一是继续构建以家庭照护为基础，以幼儿园托班、各类社会力量举办托育机构、社区托育"宝宝屋"、家庭科学育儿指导站为载体的托育服务体系，通过多种渠道有效扩大普惠性托育服务供给。二是丰富服务形式，提供全日托、半日托、临时托、弹性托等多种形式的托育服务。三是拓展服务内

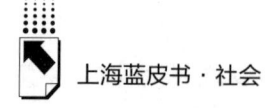

容,除了基本的照料和看护外,应着重加强婴幼儿早期教育方面的相关服务,尤其是对婴幼儿良好习惯、认知能力、同伴交往等方面的培养。

3. 搭建家长参与托育服务的平台,实现家庭需求与托育供给的精准对接

家长积极参与子女的教育过程是教育服务有效性的关键指标,但家长参与程度会因家庭结构特征和家长个体特征的不同而有所差异。托育机构应秉持赋能家长的理念,加强家庭与机构间的伙伴关系,以多元化的策略开展家庭教育支持服务。一是要做好托育费用、托育形式、托育时间等方面的需求调查,灵活设计多种托育类型和形式,回应不同家庭的照料需求。二是要建立家长参与机制,除家长会、家长开放日等常规线下参与外,还可通过多种新媒体手段,拓宽家长的线上参与渠道。三是要充分借助托育机构的软硬件条件,加强对父母家庭教育知识技能的指导和服务,既增加与提高家长参与子女教育过程的机会与能力,也为建立良好亲子关系提供专业支持。

B.8 家庭医生签约服务与分级诊疗的上海实践和探索

方 帅[*]

摘 要： 建立和完善分级诊疗制度，是新一轮医药卫生体制改革的重要内容。上海以家庭医生签约制度为抓手，构建起以区域医联体和专科医联体为主要载体的分级诊疗格局。各区因地制宜进行差异化探索，通过金山、黄浦、长宁三区实践发现，上海家庭医生签约服务与分级诊疗的探索形成共性经验，即拓展"1+1+1"就诊模式，以全专结合建设为突破口，采取一系列"组合拳"，确保基层卫生服务能够承接更多患者需求。但仍存在签约正负激励不足、用药"难同质"、医保支付引导机制和家庭医生评价机制有待进一步完善等问题。对此，应制定面向全人群的签约优惠服务政策，统一药品采购和供应保障，优化医保支付管理制度和家庭医生评价考核机制。

关键词： 家庭医生 签约服务 分级诊疗 医联体 上海

党的二十大报告指出，人民健康是民族昌盛和国家强盛的重要标志。分级诊疗是破解医疗资源结构性过剩和结构性不足并存突出矛盾的有效模式，也是新形势下更好维护人民健康的重要途径。随着新一轮医药卫生体制改革进入攻坚期，作为医疗服务供给侧结构性改革的核心要素，分级诊疗被确立为五项基本医疗卫生制度之首。2015年，《国务院办公厅关于推进分级诊疗

---

[*] 方帅，上海社会科学院社会学研究所副研究员，主要研究方向为老年健康、卫生政策、社会保障等。

制度建设的指导意见》部署加快推进分级诊疗制度建设，形成科学有序的就医格局，提高人民健康水平，进一步保障和改善民生。

一 国内外家庭医生签约服务和分级诊疗的实践

医生均质化和医疗体系差异化分工，为发达国家顺利推进分级诊疗创造了有利条件，各国形成了"初级卫生保健+医院专科服务"的一般模式，对行政指令、价格机制、专业权威三大实现机制的差异化运用，是西方各国施政的主要区别。以不同机制为主导，分成行政治理、市场治理和执业治理三类治理模式，这成为西方分级诊疗模式的主流划分标准。[1] 譬如，英国 NHS 系统通过政府力量强制执行基层首诊和转诊，全体居民必须依靠全科医生进行就医决策；美国以市场主导的成熟商业健康保障组织（Health Maintenance Organization），纵向整合各类医疗机构，建立一体化的服务网络，通过差异化自付额与医疗小组，促使居民严格遵守分级就医秩序[2]；而日本、韩国、德国、加拿大的分级诊疗则依托社会医疗保险和全科医生的专业权威[3]。

纵观我国，自 2015 年国务院办公厅印发《关于推进分级诊疗制度建设的指导意见》以来，在"基层首诊、双向转诊、急慢分治、上下联动"综合目标导向下，各省区市因地制宜，进行政策着力点各异、推进方式不一的多元化探索，形成了福建三明、深圳罗湖、江苏盐城、安徽天长等实践典型。基于五大政策着力点，可分为以慢性病为突破口、以构建医联体为切入点、以诊疗病种为抓手、以家庭医生签约服务为基础、以医保政策为引导等代表

---

[1] 姚泽麟：《行政、市场与职业：城市分级诊疗的三种治理模式及其实践》，《社会科学》2016 年第 6 期。
[2] 林闽钢、张瑞利：《医疗服务体系的纵向整合模式及其选择》，《苏州大学学报》（哲学社会科学版）2014 年第 4 期。
[3] 姚泽麟：《行政、市场与职业：城市分级诊疗的三种治理模式及其实践》，《社会科学》2016 年第 6 期。

性模式①；从资源整合视角，可分为深圳一体化医疗集团、上海"1+1+1"组合服务、厦门慢性病"三师共管"、盐城医疗服务包模式等②。

二 上海家庭医生签约服务和分级诊疗的总体情况

上海将做实家庭医生签约服务作为本市构建分级诊疗体系的基本路径。2015年，出台《关于进一步推进本市社区卫生服务综合改革与发展的指导意见》，新一轮社区卫生服务综合改革以家庭医生制度建设为主线，以提高基层服务能力为重点，通过社区卫生服务机制调整与制度设计，打造社区卫生服务中心的功能平台，以夯实医疗卫生服务体系高效、有序运转的基层"网底"。同一年，上海试行"1家社区医院+1家区级医院+1家三甲医院"组合签约就医模式，签约居民享受便捷转诊、优先预约、健康管理、慢性病长处方等一系列优惠服务。2017年1月，上海出台《关于本市推进分级诊疗制度建设的实施意见》，建立社区卫生服务中心与区级医疗中心、市级医学中心的资源协同机制和双向转诊机制，构建分级诊疗服务运行框架和相关资源、政策、信息三大支撑体系。2018年，出台《关于本市推进医疗联合体建设和发展的实施意见》，上海全面推进以区域医联体和专科医联体为主要形式的医联体建设，进一步优化医疗服务供给和均衡资源布局，着力推动基层服务能力和医疗服务体系宏观效率"双提升"、优质资源和居民就医"双下沉"。2019年，出台《关于提升区域医疗服务能级 完善分级诊疗制度的实施意见》，以建设紧密型医联体为抓手，以区域医疗服务能力尤其是郊区医疗服务能力提升为重点，通过一系列机制手段创新，深化"市—区—社区"三级医疗卫生联动发展，持续完善分级诊疗体系。

经过10年的实践与发展，上海家庭医生签约服务和分级诊疗体系建设

---

① 高和荣：《健康治理与中国分级诊疗制度》，《公共管理学报》2017年第2期。
② 梁金刚、杨慧：《国际经验视角下我国城市分级诊疗体系成效研究》，《行政管理改革》2022年第9期。

初见成效。全市共有 43 家区域性医疗中心，总体布局趋于完善①；共有 55 个区域医联体，实现网格化覆盖②；共有 248 家社区卫生服务中心③、3 万余名社区医务人员及 6600 余名家庭医生④。2018~2020 年，在全国基层卫生健康发展评价中，上海连续三年居首位。⑤ 全市累计签约超过 1100 万人，常住居民签约率超过 44%，重点人群签约率约 84%。⑥ 与此同时，上海各区围绕相关文件要求，持续进行在地化探索，形成差异化实践。通过对比分析金山、黄浦、长宁三区典型实践，系统阐述当前上海市家庭医生签约服务和分级诊疗的现状、经验和问题。

三 上海家庭医生签约服务和分级诊疗建设的典型实践

（一）金山区

1. 分片包干，强化医联体对口帮扶指导

目前，金山区有 4 家区属二、三级医院和 11 家社区卫生服务中心，较中心城区，其医疗资源相对不足且分布分散，区域医疗中心对周边辐射效能显著。基于上述特点，金山区统筹全域医疗服务资源，于 2018 年制定《关于深入推进金山区医疗资源联合联动工作方案》，围绕复旦大学附属金山医

---

① 《上海构筑"顶天、立地、强腰"医疗健康新格局》，《文汇报》2023 年 11 月 24 日。
② 《对市政协十四届一次会议 第 0412 号提案的答复》，上海市卫生健康委员会网站，https://wsjkw.sh.gov.cn/zxtadf/20230523/3b1397f10e394ae3a47eab530129a6e9.html，2023 年 5 月 23 日。
③ 《36 家市级医院、116 家区属医院的门诊号源下沉！上海社区卫生服务中心配备药品再增，平均配备 669 种》，《新闻晨报》2024 年 7 月 30 日。
④ 《赋能家庭医生 小病当能手大病当参谋 市卫健委在全国率先推新政 全面实施二、三级医院门诊号源优先向社区卫生服务中心开放》，《解放日报》2024 年 7 月 16 日。
⑤ 曹筱筱、杨超、张天晔等：《上海市"优质服务基层行"创建活动的实践与讨论》，《卫生政策研究进展》2023 年第 4 期。
⑥ 《上海全面实施二三级医院门诊号源优先向基层开放 "赋能"家庭医生，助力分级诊疗》，上海市卫生健康委员会网站，https://wsjkw.sh.gov.cn/gzdt1/20240523/3e94e89a991149d1a481b8111826aa60.html，2024 年 5 月 23 日。

院和上海市第六人民医院金山分院两个区域医疗中心，组建由市公共卫生临床中心、中西医结合医院、精神卫生中心、众仁老年护理院、妇幼保健所、社区卫生服务中心等各类单位组成的区域松散型医联体。根据专业特点、地理位置及历史因素，选择复旦大学附属金山医院、市六院金山分院、中西医结合医院、亭林医院4家作为医联体主体单位，分别与11家社区卫生服务中心构建对口支援关系（见表1）①。至此，区域内所有公立医疗机构全部参与医联体建设，资源、技术、信息实现了全域范围的整合和贯通，分片包干制的落实，进一步推动跨院会诊、巡诊、转诊和资源统筹调度相关机制的贯彻执行。

表1　金山区各医联体区级医院和对口社区卫生服务中心

上级医院	社区卫生服务中心
复旦大学附属金山医院	石化、山阳、金山卫、张堰社区卫生服务中心
市六院金山分院	朱泾、廊下、吕巷社区卫生服务中心
中西医结合医院	枫泾社区卫生服务中心
亭林医院	金山工业区、亭林、漕泾社区卫生服务中心

为强化医联体内业务指导交流，规定各家上级医院年均派不少于一定数量的主治及以上级别的专科医生，赴基层开展门诊坐诊、门诊手术、住院查房、教学培训等工作，并配套不低于500元/半天的绩效激励。

2. 以"四张清单"建设和"1+2+X"技能提升，系统增强基层服务能力

为进一步满足居民需求、响应上海高质量社区卫生服务建设要求，金山区开展社区卫生服务提质惠民"四张清单"系统化建设：一是特色服务品牌清单，形成在全国、全市、全区范围内有影响力的社区卫生创新服务举措和健康管理模式；二是专科服务能力清单，各社区卫生服务中心在发展全科医学的基础上，结合辖区人群疾病特点、需求以及自身资源禀赋和能力特

---

① 《金山区人民政府办公室转发区卫计委制订的〈关于深入推进金山区医疗资源联合联动工作方案〉的通知》，金山区人民政府网站，https://www.jinshan.gov.cn/qfb-ghjh/20200825/734396.html，2018年10月12日。

长，开设至少6个专科诊室，与医联体上级医院共同制定相关病种的联合诊疗和双向转诊临床路径；三是适宜技术清单，配套特色服务品牌和专科能力建设，发展一批契合居民需求、安全、简易、成熟、价廉、易推广、疗效佳的常见病、多发病诊治技术；四是星级家庭医生团队清单，发掘培育一批服务口碑好、业务能力强、健康管理佳的标杆团队，营造崇尚专业精神、追求卓越服务的行业氛围。

配合"四张清单"建设，金山区创新性推出"1+2+X"家庭医生培养方案，依托全科规培基地、社区教学基地、在线学习平台，以及各类专科技术、适宜技术培训，让每位家庭医生在具备全科医疗服务核心能力的基础上，发展两个主次分明的专科特长、掌握多项专科相关适宜技术，提升其综合能力，引导个性化、差异化职业发展，满足居民多元化服务需求。持续深化"3+N"家庭医生团队模式，社区卫生服务中心根据社区需求和资源情况，灵活纳入康复医师、临床药师、口腔医师、心理治疗师、营养师等专技人员，支撑功能性、品质化签约服务。

3. 便捷签约、提高报销比例，提升签约感受度和吸引力

基于郊区地广人稀、宣传难度大的实际情况，金山区采取积极措施，依托社区卫生服务中心的网络布局，全面铺开家庭医生签约服务窗口。全区11家中心结合实际，实现标准化签约服务窗口在门诊预检台、健康小屋、全科诊室等关键区域全覆盖，居民可就近获得签约、续约和解约等"一站式"服务。截至2023年底，金山区家庭医生累计签约40.34万人，签约率达49.16%。[①]

为提升村卫生室服务的吸引力，金山区在社区卫生服务中心门诊报销比例的基础上，将村卫生室门诊报销比例额外提高10个百分点，规定中心医生每周至少有半天时间下沉至村卫生室开展服务，促使村卫生室门诊量与中心门诊量持平。

---

① 《想签约家庭医生？金山这个"窗口"很方便！（附点位信息）》，上观新闻，https://sghexport.shobserver.com/html/baijiahao/2024/02/27/1263152.html，2024年4月27日。

（二）黄浦区

1. 以药品服务为抓手，提高签约居民对家庭医生服务的依从性

作为上海中心城区，黄浦区拥有7家三甲医院和多家二级医院，医疗资源丰富，叠加动迁导致人户分离现象突出，辖区居民社区就诊的依从性面临挑战。为此，黄浦区聚焦基层就医的突出需求，重点释放药品政策红利，通过定向开放原研药、电子处方流转等措施，进一步提升家庭医生签约服务的吸引力和竞争力，增强签约患者和家庭医生的黏合性。

2. 专科药品、技术、诊疗路径同质化建设，实现紧密型医联体建设新突破

在医联体建设伊始，黄浦区便迅速推进"全专"联合门诊建设，在社区，居民能以较低费用、更便捷的方式接受三甲医院专家门诊服务。随后，积极搭建社区与三甲医院"联合病房"，建立临检资源共享、急诊积压患者延续性治疗下沉社区、社区收费后直接与上级医疗机构结算、衔接用药等联合就诊机制。2020年，黄浦区以专科同质化建设为路径，要求各家社区卫生服务中心以逐年建设1~2个病种的方式，至少实现6个病种与医联体三甲医院同病同诊。通过社区药品零采、专家"一对二"带教、联合培养等举措，全面推进专病用药品种品规、诊疗路径及方案、医生基础技能水平在医联体上下级医院之间趋于一致。这一做法是构建紧密型医联体的有益创新尝试，有效破解了传统紧密型医联体建设的体制机制藩篱和利益协调难题。

3. 细化"全科—专科"转诊，优化专病精准分诊，深化分级诊疗路径建设

黄浦区细化"社区—二级医院—三级医院"就诊模式，构建了更为清晰的"院内转诊—全专联合病房—专科医院"梯度转诊路径。创造性地建立社区卫生服务中心内部科室转诊通路，率先推行院内"家庭医生—具有特定专科特长的全科医师"点对点转诊；若院内医生无法解决患者问题，则可转至社区全专联合病房，接受与医联体上级医院同质化的诊疗服务；根据需要，可进一步转至医联体上级医院。该模式基于辖区社区卫生服务能力较强的现实基础，充分调动了基层卫生服务资源和活力，为家庭医生技能进步和职业发展创造了空间，标志着分级诊疗由体系建设向路径建设纵深发展。

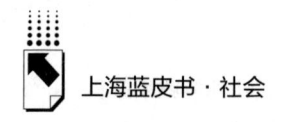

中心城区拥有众多三甲医院和专家资源。为提高家庭医生对这些专家的熟悉度，确保精准转诊，黄浦区建立"2个朋友"协作机制。各专科医联体的三甲医院提名3~5个病种，形成30余个常见病种，针对每个病种，各医院推出2位副高及以上职称的专家，作为社区患者联合诊疗和双向转诊的主要对接人，建立与家庭医生长效交流协作机制。

（三）长宁区

1. 深化家庭医生团队组织建设，强调职业化与赋权

作为首批国家社区卫生综合改革试点和卫生部社区卫生服务体系建设重点联系城市（区），自2008年周家桥街道试点家庭责任医生制度以来，长宁区开创了"一体两翼三机制"模式，构建了上海家庭医生制度整体运行框架。并不断深化家庭医生团队这一核心组织形态内涵式发展，推动其向实名制家庭医生工作室转变。除了全面升级全科门诊、用药指导、健康咨询、营养指导、双向转诊、心理疏导等多元服务形态外，逐步赋予家庭医生在服务提供、平台资源、团队组建、团队管理、考核分配上的自主权，持续深化对社区卫生服务中心平台建设、家庭医生经纪人、家庭医生工作室独立法人模式等方向的探索。

围绕"产出有价值的服务"，在国家标准化签约服务要求的基础上，长宁区通过需求调查丰富完善了包含15项基本内容和若干权益在内的签约服务包（见表2），体现签约服务的差异性优势。

表2　长宁区家庭医生签约服务包的基本服务内容

签约服务	防治一体化预约门诊	社区首诊
全科分诊	双向转诊	下转回访
临终关怀	护理和康复	出院回访
电话咨询	站点咨询	个性化健康评估与指导
健康/亚健康人群指导	健康全程照顾	中医治未病服务

2. 积极拓展辖区外三甲医院资源，灵活建立多元化医联体形式

长宁区医疗资源相对丰富，但综合性三甲医院数量少。长宁区积极拓展辖区外三甲医院资源，充分考虑各龙头医院的定位特点和发展方向，灵活建立多元化医联体形式。一是"1+1+1"协同模式，该模式以同仁医院牵头的区域医联体为代表，由同仁医院、与同仁医院签订合作协议的仁济医院和社区卫生服务中心组成。长宁区10家社区卫生服务中心与区属医院建立起一对一的协作服务关系，并对接辖区外三甲医院资源，如华山医院，完善"1家社区医院+1家区级医院+1家市级医院"的医疗卫生服务体系。除了院级层面的合作，长宁区以推动医疗卫生资源精准高效整合，形成"全科—专科"和"全科—全科"的协同模式。前者以华东医院和中山医院的强势专科科室、上海市第九人民医院的创伤科、第六人民医院的内分泌科等特色专科分别和相应社区卫生服务中心家庭医生工作室组成的医联体为代表，强调纵向医疗资源整合与全面技术合作；后者由社区卫生服务中心（工作室）与中山医院全科科室组成，签约居民转至中山医院全科科室后，经二次分诊到专科科室进行治疗。

3.发挥医保激励和政策撬动作用，完善签约服务与分级诊疗保障机制

在分级诊疗实践过程中，长宁区审时度势，直面基层服务能力不足、患者就医动力不足、分级就医引力不足等痛点问题，结合国家和上海深化医改总体要求，积极发挥医保支付的绩效激励、政策撬动和监管约束作用，全力激发社区卫生服务的能力、动力和引力。推动签约服务与医保支付方式改革有机结合，按人头付费和家庭医生签约服务费于长宁区率先试点并推广至全市，配套构建家庭医生团队全方位评价激励机制，将签约服务费拨付、个人绩效分配与家庭医生有效签约、有效服务、有效控费三大维度的考核结果紧密挂钩，倡导医保支付聚焦"底板"，更多向签约老人多、服务大病或慢病患者的家庭医生倾斜，杜绝"只签约不服务""多劳不多得"等漏洞隐患。

针对诊疗行为的医保支付激励政策，为家庭医生"价值医疗"赋能，支持家庭医生为签约居民提供服务时适度扩大基药品规、酌情突破单次配药量限制，鼓励适宜分级、绿色转诊等差异化服务。针对双向转诊的医疗和医保协同激励政策，则支持回社区提供延续性治疗的患者享受延伸处方、慢病长处方、家庭病床等优质便捷服务。

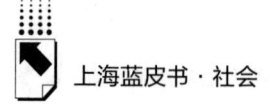

在患者层面，长宁区建立基本医疗保险+基本医疗服务+政府医疗救助+社会组织医疗帮扶"四医联动"的救助模式，使特殊困难群体在全区区属二级医院和10家社区卫生服务中心就医时，享受"一站式"保障，每年将困难人群的10多万人次就医需求牢牢锁定在基层。2022年，长宁区家庭医生签约实现社区全覆盖。

基于区域人口和资源特征、医联体建设、签约激励、转诊路径、能力建设等维度，总结金山、黄浦、长宁三区模式特征和发展方向（见表3）。

表3　三区家庭医生签约服务和分级诊疗模式比较

分类	金山区	黄浦区	长宁区
区域人口和资源特征	地广人稀、医疗资源较少、居民就医依从性较强	医疗资源丰富、人户分离普遍、居民就医依从性弱	医疗资源较充足，但龙头医院少
医联体建设	区域二、三级医院分片包干	专科"紧密型"医联体	三大模式：同仁"1+1+1"、"全科—全科"、"全科—专科"
签约激励	村卫生室就诊报销比例再提高10个百分点	药品差异化服务，如开放原研药、电子处方流转等	通过家庭医生赴二、三级医院优先就诊、优先检查、优先住院、挂号费减免等；"四医联动"帮扶
转诊路径	主要依托微信群联系转诊	"院内转诊—全专联合病房—专科医院"梯度转诊；建立30个常见病种+"2个朋友"协作机制，实现精准转诊	三大路径："1+1+1"逐级转诊；特定病种"社区—专科科室"点对点转诊；社区—上级医院全科科室二次分诊—上级医院专科科室
能力建设	"四张清单"建设；"1+2+X"技能提升	联合培养，"一对二"帮扶带教	在服务提供、平台资源、团队组建和管理、考核自主分配上为家庭医生赋能；构建家庭医生团队全方位评价激励机制
模式特征	易操作；适用医疗服务网络单一、就医依从性高、基层卫生服务能力较薄弱的地区	以就医下沉为首要目标，着力推进社区卫生服务差异化发展，提高其竞争力和吸引力；适用于医疗资源丰富、基层服务能力较强但同质化较严重的地区	以充分整合、高效利用多元化的优质医疗资源为首要目标，与不同发展方向和功能定位的龙头医院开展合作；适用于家庭医生团队组织架构和运行机制发展成熟的地区
发展方向	推进高水平家庭医生团队建设，增强全科医生签约服务的动力	持续优化协同模式，提高转诊效率，进一步提升签约患者的就医体验	落实家庭医生增效减负，通过向家庭医生开放上级医院检验检查预约权限等举措，持续赋能

四 家庭医生签约服务和分级诊疗实践经验和问题分析

（一）共性经验

1. 拓展"1+1+1"就诊模式，居民签约就诊选择趋于多元化

无论是金山区区域二、三级医院"分片包干"，黄浦区专科诊治同质化建设，还是长宁区医联体多元化建设，各区均在"1家社区医院+1家区级医院+1家市级医院"组合签约就诊的基础上，持续吸纳和整合各类医疗资源，完善服务供给结构，形成了区域内外协同"1+（1+N）+（1+M）"新模式，以适应患者日益增长的需求，确保医联体建设效能持续释放。在落实转诊路径的实操中，普遍形成专病微信群联系转诊方式，实用且高效。

2. 以全专结合建设为突破口，增强基层卫生服务的竞争性和吸引力

各区均大力推进社区医院的专科建设，以全专结合为抓手，针对社区多发病、常见病和特定病种，推行特色门诊、联合病房等联合诊疗服务，共同制定医联体内双向转诊的临床路径。目的是引导社区卫生服务中心分类、差异化发展，推动家庭医生技能水平质的提升。基于此类路径，患者可享受连续、协调、及时、适宜的医疗和照护服务。

3. 采取一系列"组合拳"，确保社区能够承接更多患者需求

各区均采取增加医疗设备、扩充药品种类、专家下沉等一系列措施，确保基层医疗机构能够承接更多患者需求。截至2024年6月，全市58.1%的社区卫生服务中心配备了CT，60%以上可开展门诊小手术，区域心电、影像、检验中心的建立，为社区患者提供辅助检查和诊断支持。医联体内社区医院与上级医院常见病、慢性病药品供应吻合度达到78.4%，社区用药难的问题得到缓解。2024年，市、区两级医疗机构已派出专家2.1万人次，下沉社区开设专科门诊,惠及居民40.3万人次。① 在上海十大服务行业满意度第三方测评中,社区医疗服务连续六年排名第一,得到社会各界和社区居民的广泛认可。②

(二)共性问题

1. 签约正负激励不足,签约覆盖面难扩大,家庭医生缺乏管理抓手

相对中心城区,郊区签约居民依从性较强,但整体来看,社区签约差异化服务主要体现在慢病长处方以及特定病种的全专诊疗和双向转诊上,对于普通患者和社区就诊而言,签约和未签约在医疗服务和支付报销上无明显差异,年轻人、非慢病患者的签约动力严重不足。家庭医生缺乏管理签约患者的抓手,即使签约,患者进社区"大门"、不进签约家医"小门"的情况常发生,且存在不同社区医生反复开药等乱象。

2. 用药"难同质",影响常见病、多发病延续性治疗

依托全专结合建设,社区药品供应持续增加,部分常见病、慢性病社区药品种类和二、三级医院逐步衔接,但要真正实现区域内用药的一致性,尚有诸多掣肘。一是非基础药物用药比例的限制,不符合社区医疗高质量发展的新形势。尽管《进一步提升本市社区卫生服务能力的实施方案》中明确"放宽社区基本药物用药比例限制",但缺乏具体配套举措。随着社区专病服务、特色门诊迅速发展,非基药采购品规20%和用药金额15%的比例限制已无法适应社区用药需求的变化。二是医保药品报销衔接没有跟上,制约用药选择。在药品目录衔接一致的同时,药品医保报销政策衔接未同步,社区"扩容"药品不符合医保对于社区用药的规定,无法报销,不利于常见病、多发病的同质化医疗。三是药品供应难同质,带量采购中标药品进社区

---

① 《上海1100余万人签约家庭医生,超六成社区可开展门诊小手术》,澎湃新闻,https://m.baidu.com/bh/m/detail/ar_ 9082542309611245573,2024年7月30日。
② 《功能引领 提升能级 上海166家社区卫生服务中心获得国家表扬》,上海市卫生健康委员会网站,https://wsjkw.sh.gov.cn/xwfb/20210318/dca14c82aac848f293132e2d88e8398e.html,2021年3月18日。

难。基层用药规模较小，在产能有限的情况下，药品供应商往往优先保障上级医院供应，或干脆不配送至社区，严重影响延伸处方到社区。尽管《进一步提升本市社区卫生服务能力的实施方案》中明确"建立医联体内统一的药品采购目录和供应保障机制"，但配套举措尚不完善。社区重点建设的专病、老年慢病药品得到有力补充，但社区其他常见病、多发病用药，尤其是儿童用药短缺问题仍普遍存在，严重影响签约服务效能。

3. 医保支付的支持引导有待进一步加强，家庭医生评价机制仍需优化

一是医保支付对签约服务的引导支持有待进一步加强。随着签约服务深入推进，就诊下沉、慢病管理、全专结合建设势必带来社区服务量和医疗费用的增长，而医保费用控制管理指标未及时调整和优化，不适应当前基层卫生服务高质量发展的需求。医保支付向推进基层首诊、促进分级诊疗、体现技术价值的项目倾斜尚缺乏更全面、更充分的举措。医保总额预算"结余留用"未完全贯彻，削弱家庭医生提供高效服务的动力。二是家庭医生动力不足。调研获悉，不少家庭医生认为当前家庭医生绩效评价体系对家庭医生工作积极性的调动一般甚至没有调动积极性，"多劳不多得""做得多扣得多"仍然存在。此外，全科医生做家庭医生的动力也不足，认为薪酬增幅远不及其工作量的增幅。

五 上海持续优化家庭医生签约服务和分级诊疗的对策建议

（一）制定面向全体签约居民的优惠政策，提升签约吸引力和居民获得感

目前，上海市签约服务覆盖率近40%，部分区近50%，重点人群签约率逾80%[①]，有意愿的人群几乎"能签尽签"，若仍一味依靠单一行政力量

[①] 《上海全面实施二三级医院门诊号源优先向基层开放 "赋能"家庭医生，助力分级诊疗》，上海市卫生健康委员会网站，https://wsjkw.sh.gov.cn/gzdt1/20240523/3e94e89a991149d1a481b8111826aa60.html，2024年5月23日。

去动员，只会带来"为签而签"和"签而不约"。随着签约和未签约人数比趋近扭转，可着手制定面向全体签约人群的优惠政策，通过利益杠杆的撬动，激发普通居民签约并就诊的主动性，为推进功能社区签约覆盖和以家庭为单元签约注入一剂"强心针"。一是制定签约就诊费用和医保报销优惠政策。比如，挂号家庭医生享受挂号费减免，家庭医生就诊医保自付费用减免，降低双向转诊患者的挂号费或支付比例，签约居民优先享受基层用药参照甲类支付。二是建立签约居民优先服务机制。比如，完善签约居民药品优先供应机制，建立签约居民优先享受大医院专家门诊预约和大型仪器检查预约机制，优先为符合条件经家庭医生判定可以建立家庭病床的签约居民提供家庭病床服务。

（二）统一药品采购目录和供应保障，加强医保药品目录衔接

一是建立区域统一的药品采购目录和供应保障机制。探索组建带量采购联合体，推动带量采购向基层下沉。比如，安徽安庆将医联体作为一个采购单位，在省级招标基础上再各自议价；江苏鼓励基层医疗机构开展组团或拼单议价，提高社区采购和议价权；与此同时，优先保障常见病、多发病集采药品向社区供应和配送。二是加强社区医保药品目录与二、三级医院的衔接。完善社区医保药品目录动态调整机制，及时将"扩容"药品纳入社区医保报销范畴，支持用药同质化。

（三）优化医保支付管理制度，完善家庭医生评价考核机制

一是强化医保支付对基层首诊、双向转诊、体现技术价值的项目倾斜。落实《进一步提升本市社区卫生服务能力的实施方案》中"基本医保基金增量向社区卫生服务机构倾斜，根据诊疗比例情况，动态调整社区卫生服务机构医保预算总额"。在区域统筹的情况下，综合考虑基层医疗机构成本管控条件、病种覆盖等现实情况，不断深化推进DIP付费方式改革。二是完善家庭医生综合评价考核机制。强化对签约居民健康管理效果、初诊转诊效率、合理费用管理等方面的关注，避免"重量不重质"。可考虑动态调整、

设定区间和指标权重等方法，对于签约覆盖率、组合就诊率、就诊频次等量化指标进行更加科学、合理地设置，兼顾当前基层卫生服务改革整体要求和各区各社区卫生服务中心差异化发展趋势。

（四）推动基层全科医教研能力建设，促进家庭医生队伍高质量发展

一是提升基层医生岗位吸引力。通过落户、租房、职称晋升等政策倾斜，吸引应届医学生来基层医疗卫生机构就业。比如，广东规定"本科及以上学历，经过住院医师规范化培训合格后到基层工作的医师，可直接参加中级职称考试"；厦门对基层医疗卫生机构医护人员职称评审、职级晋升实行单列评审。二是推动基层全科医教研能力建设。探索建立"区聘镇用""上挂下派"三级医院全科医学人才帮扶机制，配套相关绩效激励政策，推动全科医学建设下沉。聚焦基层医疗卫生机构需求，开展技术培训讲座，指导基层手术和运用新技术，引导先进技术下沉社区。课题申报指标向基层倾斜，调动高校和社会资源助力基层全科医教研能力建设，推动家庭医生队伍高质量发展。

B.9
上海长期护理保险制度的试点与探索研究

寿莉莉*

摘　要： 上海是我国第一批长期护理保险制度的试点城市，也是我国唯一在全市各区推广的城市。本报告总结了上海长期护理保险试点和推广过程中的政策演变、实施效果，剖析存在的问题，并提出六项改进建议。一是覆盖人群应该涵盖城乡全部在职人员和退休人员；二是缴费人群年龄范围、缴费年限、享受待遇年龄、享受待遇的评估标准等应该全国统一；三是长期护理保险费要根据个人收入和退休金水平，按照一定的比例缴纳，而不是按固定费用缴纳；四是实现"一地申请、全国享受"，落实长护险待遇可随人走政策；五是适当控制长护险待遇保障水平；六是鼓励商业护理保险发展，划清长护险与商业护理保险之间的市场边界。

关键词： 长期护理保险制度　老年护理　深度老龄化　上海

上海于 1979 年领跑全国，最早进入人口老龄化阶段，同时，在上海市发改委、民政局、老龄委等委办局的高度重视下，针对老龄化的科学研究一直走在全国前列。根据上海市老龄科学研究中心连续三次开展的"上海市老年人口状况与意愿跟踪调查"（2003 年、2008 年和 2013 年）综合测算结果，利用国际通用的 ADL 和 IADL 失能量表，计算出上海老年人口中需要护理的人口比例，60 岁及以上老人中完全不能自理和半自理的比例分别为 2.51% 和 4.22%；80 岁及以上高龄老人中完全不能自理和半自理的比例分

---

* 寿莉莉，上海市人力资源和社会保障研究所副研究员。

别为8.42%和15.44%，这个比例得到各界认可并一直沿用，与老年人口总量预测一起使用，推测老年人口中各类需护理的人数。

根据上海市民政局发布的数据，截至2023年，上海户籍人口中60岁及以上人口为568.55万人，80岁及以上人口为81.64万人。结合前面的比例，户籍人口中60岁及以上的需要全护理人数为14.27万人，半护理人数为23.99万人，合计38万人左右；80岁及以上人口中需要全护理和半护理的人数分别为6.87万人和12.61万人。

过去几十年里，政府部门和学术界都高度重视人口老龄化的深度影响，采用多种模型对人口老龄化进程进行预测，再结合失能比例，测算上海需要护理人口的数量。

第五次中国城乡老年人生活状况抽样调查数据显示，老年人口中需要照料护理服务的比例较高，部分自理困难的占7.1%，完全不能自理的占4.5%。结合《2023年度国家老龄事业发展公报》数据，截至2023年末，全国60周岁及以上老年人口29697万人（占全国总人口的21.1%）。用两者数据计算，可以估算出可能需要护理的人口数量最大值，全国需要全护理的老年人口可达1336.37万人，需要半护理的老年人口可达2108.49万人。长护险最起码要覆盖我国需要全护理人群，可见其任务非常艰巨，压力巨大。

上海在应对老年长期护理方面一直走在全国前列，其最大的优势就是做到了"实政研"一体化，重视理论与实践相结合，及时推出新政试点，注重评估与改进，形成良性循环。根据笔者的预测，上海人口老龄化高峰时期是2020~2045年，高龄化最高峰将出现在2045年前后，届时上海80岁及以上的户籍高龄老年人总量将达到250万人左右，老龄化特别是人口高龄化对社会的最大挑战聚焦在老年人的长期护理方面。

从国际经验看，长期护理保险制度是很多发达国家社会保障制度中的重要一环，也就是从生到死的关键一环，如果缺少该制度，这个压力有可能成为压垮医保制度的最后一根稻草，也可能成为不少家庭赡养老人不堪忍受的重负。

换言之，尽快推行长期护理保险制度，已经成为我国应对人口老龄化挑战的必然选项，也是实现国泰民安和社会经济可持续发展的客观要求。

一 全国长期护理保险制度试点及其进展

作为社会保障体系第六大支柱的长护险制度，其保障对象主要是重度和中度失能人员，其中的绝大部分是老年人口，全国有需求的群体达数千万人，并且随着人口老龄化程度不断加深、医疗条件不断改善，有护理需求的人群也会相应增加。在基本医疗保险、基本养老保险的覆盖面和完善度不断提升的基础上，增加一个长期护理保险，既有需要，也有条件，尽快形成一个三足鼎立的相对稳妥和较为完善的社保体系，任务急迫，意义重大。

2016年我国启动长期护理保险制度试点，人力资源社会保障部办公厅发布《关于开展长期护理保险制度试点的指导意见》（人社厅发〔2016〕80号），明确指出：试点阶段，长护险原则上主要覆盖职工基本医疗保险参保人群。试点地区可以根据自身实际，随制度探索完善，综合平衡资金筹集和保障需求等因素，合理确定参保范围并逐步扩大。同时，确定了第一批15个试点城市。初步确定了参保对象范围、基金筹集渠道、评估标准、服务形式、享受待遇水平和支付比例。上海属于第一批试点，也是第一个全市覆盖的城市。

2020年，国家医保局和财政部出台《关于扩大长期护理保险制度试点的指导意见》（医保发〔2020〕37号），明确提出长护险制度"坚持独立运行，着眼于建立独立险种，独立设计、独立推进"的目标要求。在前期工作基础上，扩大了试点的区域范围和试点内容，确定了29个国家级试点城市（15+14）。

一项针对29个城市长护险制度试点的研究表明[①]，29个城市在参保对

[①] 《长护险系列专题（其一）：从长护试点政策调整中，窥视长护制度的走向——参保覆盖全民时机已成熟》，长护险前哨观察公众号，2024年6月2日。

象范围上，有13个城市仅覆盖职工，有7个城市试点时即覆盖全民（职工+居民），还有9个城市试点时覆盖职工，之后逐步扩大至全民。上海属于第二种。

截至2022年，共49个城市和地区加入试点（见表1）。据不完全统计，同年末，全国有1.7亿人参保，享受待遇人数有120万人。

表1 全国长护险制度试点城市/地区名单

原有试点35个城市		新增国家试点
2016年首批国家试点15个	先行试点20个	2020年新增14个
承德市	吉林市	北京市石景山区
长春市	通化市	天津市
齐齐哈尔市	松原市	晋城市
上海市	梅河口市	呼和浩特市
南通市	珲春市	盘锦市
苏州市	济南市	福州市
宁波市	淄博市	开封市
安庆市	枣庄市	湘潭市
上饶市	东营市	南宁市
青岛市	烟台市	黔西南自治州
荆门市	潍坊市	昆明市
广州市	济宁市	汉中市
重庆市	泰安市	甘南藏族自治州
成都市	威海市	乌鲁木齐市
石河子市	日照市	
	临沂市	
	德州市	
	聊城市	
	滨州市	
	菏泽市	

2016~2023年，全国分批推进，逐步充实试点内容和覆盖人群。根据民政部和全国老龄办发布的数据，2023年底长护险试点已涉及80多个城市，覆盖除西藏、宁夏、青海和海南以外的所有地区。其中，49个为国家级试点城市，其余为省级自行试点。2023年，全国参保人数超过2亿，其中49个试点城市参加长期护理保险人数共18330.87万人；全国基金规模

超过290亿元,其中49个试点城市基金收入243.63亿元,49个试点城市基金支出118.56亿元;可以提供长护险服务的定点机构超过8000家,护理人员队伍超过30万人;享受待遇人数134.29万人,年度人均减负1.5万元。①

二 上海长期护理保险制度试点基础及其方案选择

上海是全国首批长护险制度试点14个城市之一,也是最早在全市全口径推行该项制度试点的城市。通过不断创新和调整策略,科学整合已有针对老年人长期护理的相关政策,如民政部门的高龄老人护理补贴、居家护理补贴、参加医保的高龄老人医疗护理计划等,积极开展试点,聚焦试点推进老年人长期护理保险制度。上海市医保局资料显示,老年人群的年度医保支出是其他年龄群体的近4倍,其中压床产生的护理费用也是重要部分。同时,2015年全市有完全不能自理和部分不能自理的老人27万人,2020年增长到32万人,现在超过40万人,未来还会增加,老年人口的护理难题摆在面前,必须解决好。

上海把长期护理保险制度的学术研究成果用于指导社会实践,积极借鉴国外经验,边研究边整合边调整,在制度框架、筹资方案、服务体系、覆盖人群、服务供给等方面开展积极可行的试点选择和实践推广。

(一)制度框架的选择

我国长护险制度设计中明确其为单独的社会保险,或可与商业保险同步推行。

独立增设老年长期护理保险制度,成为社会保障体系的第六险种。进行科学严谨的基金测算,并梳理出"保基本"的服务清单。

老年长期护理保险制度由基本社会保险和商业保险同步推行。两者共享

---

① 民政部、全国老龄办:《2023年度国家老龄事业发展公报》,2024年10月12日。

需求评估体系和服务体系，其中长期护理基本社会保险用于支付纯护理清单内的基本费用，商业保险则叠加支付额外的与护理相关的费用。通过科学测算，明确两者之间的界限和界定。

上海实践：上海在长期护理保险制度试点阶段，设立了一项单独的保险项目，构建了具有上海地方特点、可操作性的体系，聚焦60岁及以上老年人口，先行先试，边试点边完善，形成了一系列政策，注重政策的社会效应。

（二）筹资方案的选择

我国各地长期护理保险制度的筹资出现了多种模式：由政府、单位、个人三方共同分担，体现责任共担、社会互助原则，政府为困难人群提供托底；采取现收现付制，基金单独管理，专款专用，允许有基金结余；医保基金缴费比例下调1个百分点的形式，用于建立长护险资金池；按照职工基本医保缴费1.2%的费率进行缴费，与地方财政按一定比例投入相结合；不设置个人账户，采取跟从医保的方式。

上海实践：上海的长护险制度没有单独设立新的筹资模式，而是以原有的医保基金中划拨转移为主。上海历年医保基金结余较多，长护险方面每年从城镇职工医保基金中划拨0.5%~1%（2021年之前，划拨当年职工医保基金收缴的1%，2022年改为0.5%），从居民基本医疗保障基金中每人提取1000元（之前是1500元），共同纳入长护险基金池。2021年前的资金量达到110亿元左右，2022年以后为50亿~60亿元。资金方面，之前提取和缴纳标准高，根据实际操作情况，2024年有所降低，但确保资金总体上有保障。居保人员因为缴费水平较低，享受同等服务，每年另由财政资金补贴10亿~15亿元。

原有的70岁及以上老人医疗护理计划（始于2013年）并入长护险基金统一使用管理，原有的居家养老补贴项目（始于2004年）也划归长护险基金管理。可以说，在筹资方面，上海居民基本属于"无感"参保。

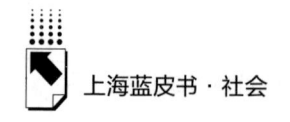

（三）服务体系（评估—服务—监管）的选择

成熟的长护险制度，需要有规范的需求评估标准和流程、合格的服务机构、合理的服务流程和监管标准。

统一评估标准和规范化评估流程，把住把稳享受长护险待遇人群的入门关，控制政策成本和社会效应的正向作用。评估等级1~6级，其中2~6级可以享受长护险待遇。

规范服务机构建设、统一服务流程和项目标准，做好做实培训和监管工作。实现民政体系和医保体系两者在服务中的强强联合，形成全市统一的独立的长期护理服务体系。

引入民营服务机构。以政府购买服务的形式参与长期护理服务，民营服务机构主要为长期护理商业保险的对象提供服务，接受政府有关部门的统一监管，采取规范统一的服务标准和管理标准。

上海实践：2014~2015年上海率先启动老年照护统一需求的评估制度改革，将民政、卫生、医保的三套评估进行整合，直接衔接全国2016年的长护险试点，医保要求家庭医生进行评估，目前已经发展到第三个版本，有失能专项和失智专项。分6个等级，其中5~6级为重度，3~4级为中度，2级为轻度，1级不享受长护险。刚开始几年，评估标准执行得比较宽松，基本2级就可享受待遇，后期评估标准执行趋于严格。调查中，有机构反映，近两年评估"守门人"略严，有些老年人被拦在门槛外。服务的老年人数量不增反减，有些机构出现服务对象数量减半的现象。

（四）覆盖人群的选择

我国长护险试点中对于覆盖人群有多方面的考虑：根据人社部试点意见，原则上主要覆盖职工基本医疗保险参保人群；有些试点城市覆盖65岁及以上参保人群，统一评估达标后可享用；有些试点城市要求缴费达到年限规定的人群，如40岁以上都需要参保，参保5年或10年，经过评估达标后可享长护险待遇。

上海实践：上海将城镇职工与城乡居民纳入统一的制度框架。根据其医保的参与情况，职保人群属于强制性参保，居保人群属于半强制性参保。目前，上海居保人群中的老年人占总参保老年人数量的10%，数量有限，因此在享受待遇上无区别。上海60岁及以上老年人经专业评估等级为2~6级的符合条件的均可享受待遇。截至2023年底，全市有长期护理保险定点老年照护统一需求评估机构38家。2023年度，享受长期护理保险待遇的老年人达44.05万人。

（五）支付方式的选择

我国各地长护险试点中，一般的支付方式是根据老年人的评估等级、服务时长、服务项目等进行支付，个人和保险基金各支付一部分费用。

按照评定等级，每人每周享受多少小时护理服务，确定其中长护险支付和个人支付比例，用于购买基础生活护理和基本医疗护理服务。

医疗保险与长护险的支付对象范围，可以按照定点医疗机构和定点长护机构来区分，或者医疗保险服务清单和长护险服务清单来区分。但目前实际操作中，长护险的支付范围，主要是针对居家养老对象的上门护理，少量是针对养老机构内老人的护理，不涉及医院。

购买社会化服务，但不覆盖医疗器械和护理辅助用品的租借和购买，以及其他适老化居住条件改善等内容。

上海实践：上海按评估等级定额划拨资金到服务机构，通过购买服务项目（42项），将服务送达到服务对象手中，实现闭环。其中，享受居家社区服务项目的，基金支付90%，个人支付10%；享受机构服务项目的，基金支付80%~85%，个人支付15%~20%。对于存在家庭自我照护等特殊情况的，也有现金支付的情况。目前，养老院老年人凡符合享受长护险待遇的，每小时给予30元的费用抵扣。

（六）小结

在整个长护险制度的试点实践中，上海走了捷径，直接依托医保基金，

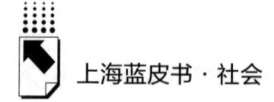

扩大针对老年长期护理需求的覆盖面，用现有的资金让广大市民直接享受社会发展的福利成果。通过跨部门、跨领域的有效合作，成功突破长护险制度建设的瓶颈，进入惠民实操阶段。

上海现有的长期护理保险制度，通过转移出一部分医保基金结余，直接解决了长期照料的燃眉之急，创造了社会价值。及时盘活的这部分基金也从某种程度上避免了货币贬值。

上海通过长期护理保险制度的推进，不断把慢性病和退行性疾病的患者从医疗系统中有效分离出来，"腾笼换鸟"，在某种程度上腾出一部分宝贵的医院病床服务辐射全国，科学整合了医疗资源。

上海现行的长护险制度在支付比例上倾向于家庭护理，护理员上门提供家庭护理是最主要的形式，报销比例也最高，符合上海民政部门提倡的"9073"养老模式。

上海通过长护险制度对其中各类人才（护理、评估、监管）提出高质量要求，使得整个养老服务业的人力资源队伍进入高质量发展阶段。

截至2023年底，上海累计约73.5万名失能老人享受此待遇，约有500家定点长护服务机构和6.8万名专业的护理员。护理服务项目达到42项，针对60岁及以上老年人，个人缴纳部分约占总额的15%，对于百姓来说就是"花小钱办了大事"，极大地缓解了"一人失能全家失衡"的困境；对于整个社会来说，就是功在眼前，利在百姓和长远，是面对老龄化社会的巨大的惠民工程。

三 上海长期护理保险制度试点的瓶颈难题和改革思考

上海依托医保基金有比较多结余的优厚的社会保障制度基础，采用资金池流动的方式，快速缓解人口老龄化带来的长期护理资金难题，在试点推进的制度框架下，取之于民，用之于民，主要资金无论是直接从结余基金中整块划拨，还是从几个账户中按比例按月或按年度转拨，都是紧紧依赖医保。我国也有部分试点城市，采取福彩资金或其他财政资金的方式，作为启动和补助支撑，或直接借力吸收一些商业保险加入。总体上看，上海的长期护理保险筹资渠道依然单一，医保依赖性依然很强，距离国家新要求的构建第六支柱的独立险种目标依然很远，其他还有不少制度建设和规范统一方面的难题，需要在未来不断调整和完善。

（一）上海长期护理保险制度下一步改革面临的若干难点问题

第一，最新的国家文件要求尽快促进长期护理保险制度建成一个"独立险种"，上海要先行先试，勇于探索。

上海需要认真考虑能否借鉴外地经验，从福利彩票、体育彩票、社会捐赠中适当划拨一部分资金，从老年基金会、医疗基金会、残疾人基金会等基金渠道调剂一部分资金，多方筹资，构建多元筹资格局，降低长护险对医保的依赖程度，也减轻医保为长护险不断付出的资金压力。

同时，要考虑提高全社会各类人群及其所在单位的缴费比例，借鉴国外经验，未来要构建一个全国性长护险制度，最起码要统一规定收缴费用的年龄、缴费比例范围，扩大缴费人群，提高缴费比例，细化缴费与享用之间的各种对应规则。

建议可先在现有医保基金托底的基础上，形成个人和企业共同缴费机制，尽快实现长护险基金的自收自支，因此所对应的服务应该尽快走向市场化，规范服务价格体系，让宝贵的长护险制度性资金只用于提供购买老年护理服务的部分资金补贴，而不是包揽护理服务的所有资金需求。

第二，国家要求长护险制度建设做到"不分年龄"。上海目前只涉及老年群体，未来要进一步向其他年龄人群扩容。

上海现在推行的是老年长期护理保险制度，服务和享受的对象限定于60岁及以上老年人口。最近几年的政府会议、人大代表议案和一些研讨会中，有不少人提出将长护险覆盖其他年龄的特殊人群，如自闭症、残障人士等的照护。

长护险作为社会保险，不覆盖全民是不符合公平性的，从微观看，长护险本身就涉及每个老百姓，只有全民覆盖才能满足需求，才能提升人民群众

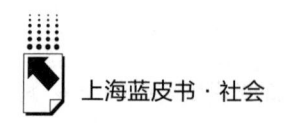

的获得感，促进人民群众对制度的最广泛认可。

建议有关部门对上海非老年群体需要不同程度护理的人群开展摸底调查，在此基础上，如果数量不多，可以先解决这部分存量人口的长护险问题，提供一定比例的长护险支付报销政策，而这方面可以去外地"取经"。

第三，未来长期护理保险在其核心要素"缴费+支付"的制度完善中，必须尽快明确以下几个核心问题，并尽量做到原则统一。

参加长期护理保险制度的职工，其个人缴费部分，从职工基本医保的个人缴费中划转，按怎样的比例划转合理？或者个人直接每年度或每月缴费，额度标准是否要相对统一？

参加长护险制度的退休人员，其个人缴费部分，是否应该从个人医保账户中划转？按怎样的比例划转？是从个人养老金中支付，还是个人直接按年度缴费？额度标准是否要相对统一？

职工和城乡居民长护险参保人在不同缴费标准的情况下，享受照护服务是否应有所差别？长护险方案中让城镇职工和城乡居民按同一标准筹资和享受长护险待遇是否合理？

经评估可享受待遇的参保人员，基金能否支付"居家自主护理"费用？能否购买或租借护理康复产品？能否用于适老化改造？

在支付待遇中，保险报销部分和个人承担部分，因提供机构和场所不同而有所不同是否必要？依据是否充分？目前的报销比例是否过高？

借鉴发达国家老年长护险制度，其中个人支付比例要控制在30%~50%的水平，现行试点方案中，个人支付部分占10%~20%过于理想化，还把难题延后了，未来老龄化高峰时期需要解决庞大数量的护理支付时，会产生较大压力。

（二）破解当前上海长期护理保险制度之难题的六点思考

政府需要在前期试点基础上组织进行深入调研，总结经验和发现不足，将长期护理保险制度作为一项应对人口老龄化和老年人口高龄化的基本社会保障制度，尽快建立和完善起来。制度覆盖的人群应该涵盖城乡全部在职人员和退休人员。为未来建立全国统一的长期护理保险制度，做好上海计划，并为其他地区提供样板。

虽然全国各地可以根据各自的社会经济发展水平确定具体的缴费标准，但缴费人群范围、年龄范围、缴费年限、享受待遇年龄、享受待遇的评估标准等应该有所统一。建议参照日本的制度设计，在职职工在40岁以后强制参加长期护理保险制度，退休人员参加长期护理保险制度也需要个人缴费。在职职工应该按照个人基本医保缴费基数的一定比例缴纳长期护理保险费；退休人员应该以个人领取的社会养老金为基数，与在职职工按同样比例缴纳长期护理保险费。单位和企业可以按照聘用人员个人缴费同样比例征缴。

长期护理保险费要根据个人收入和退休金水平，按照一定的比例缴纳，而不是规定固定费用进行缴纳。现在全国试点中有些地区针对某些人群，按年度收取固定费用就可以直接享受待遇，这种简单操作，一时间可以解决问题，但与我国现行的职工基本养老保险和基本医疗保险的个人缴费模式不匹配，也没有体现出社会互助共济性，建议根据个人收入，按一定比例缴纳。

要完善长期护理保险评估标准，建立规范的评估人员队伍，对提出申请的人员进行科学的等级评估。建议尽快建立全国统一的长护险评估标准体系。这样，在一个地方提出申请并经过等级评估的人员，流动到其他地方也能及时申请和享受应该享受的长护险待遇，实现长护险待遇"随人走"。

在制度建立初期，不可过快提高长护险待遇保障水平，在长护险待遇支付中，长护险基金支付的比例控制在50%比较合适。个人支付部分存在经济困难的人员可以另外申请补贴。从根本上把握社会公共资源的合理流向，照顾更多的人群，发挥更大的利用价值，上海不能追求高水平报销比例，这不仅会给后期进入老龄化高峰时期的长护险制度施行带来很大挑战，也会对全国其他城市和地区推行此项制度形成无形压力。

切实加大对商业护理保险的鼓励力度，划清长护险与商业护理保险之间的市场边界。目前，推行的老年长期护理保险制度本身并不涵盖各个年龄段的人群，需要商业保险补充。长期护理保险的服务项目也不能涵盖全部护理需求，需要商业保险来支付购买补充项目，为各类失能人员提供多

样化服务。更多政策覆盖不了的事项和问题，需要购买商业保险加以社会化解决。

（三）结语

紧紧围绕我国"未富先老"和东、西部地区社会经济发展落差大的现状，推行"全国一盘棋"的第六支柱的长护险制度并不具备现实可能性。8年以来，尤其是最近几年，各地政府都在积极、认真、创新落实国家要求，在充分面对现实、挖掘潜力的基础上，切实解决了当前面临的一部分老年长期护理的实际困难，取得了一些宝贵的长护险制度建设的地方经验，为应对即将到来的全国老龄化高峰时期的巨大挑战奠定了一定的基础。

上海虽然不是"未富先老"，是"边富边老"，社会经济发展水平可以支撑老龄化社会的养老任务，但由于老年人自身的购买力较低，现在的中高龄老年人依旧存在依赖政府依靠社区的思维，尤其在购买养老服务方面，自费购买意识弱。但上海的老龄化程度较高，尤其是2023年户籍人口的老龄化率已经超过37%。长期护理保险制度建设和完善显得尤为紧迫，公共财政可以针对特殊时期和特殊人群提供垫底和托底服务，但不能完全依赖公共财政来推进长护险制度，现有的由医保基金支付费用长期来看也有局限性，需要尽快研究完善长护险的缴费机制、评估体系、服务模式、报销制度等，为全国长护险制度改革提供经验。

参考文献

张盈华、孙光辉等：《我国长期护理保险制度试点运行的地区差异分析——基于49地的调研数据》，《社会保障研究》2023年第5期。

王天玉：《职工医保个人账户置换长期护理保险的法律构造》，《保险研究》2024年第9期。

王伟：《国外医疗保险制度经验借鉴》，《对外经贸》2020年第11期。

邵文娟、奚伟东：《试点阶段长期护理保险筹资机制比较研究——以15个试点城市为例》,《社会福利》(理论版)2022年第5期。

周文静、张慧:《我国长期护理保险15个试点城市筹资水平与满足需求情况分析》,《医学与社会》2022年第1期。

朱铭来、康琢:《长期护理保险嵌入养老服务体系的经济增长效应:理论与经验证据》,《财经理论与实践》2024年第5期。

胡宏伟、刘雨佳、张开然:《长期护理保险试点与失能老年人家庭照料安排——基于政策设计差异的检验》,《江西社会科学》2024年第9期。

《国家医保局　财政部关于扩大长期护理保险制度试点的指导意见》(医保发〔2020〕37号),2020年9月10日。

国家医保局、财政部:《长期护理保险失能等级评估管理办法(试行)》(医保发〔2023〕29号),2023年12月1日。

B.10
上海社会救助体系的总体概况与创新发展

苑莉莉*

摘　要： 上海社会救助体系建设起步较早，率先建立城市居民最低保障制度、提出支出型贫困、试点社区救助顾问制度，形成"9+1"社会救助体系，近年来积极推动补缺型救助向发展型救助转型，浦东新区创新发展包括援助型救助服务、陪伴型救助服务和成长型救助服务的"物质+服务"的发展型社会救助"3A"模式。面对超大城市中社会救助对象的多样化需求、人口老龄化、政策"刚性"与基层执行"柔性"之间的协调，民生感受中存在的问题，未来将进一步完善政—企—社联动的政府救助与慈善帮扶有效衔接的社会救助机制，通过数字化、智能化技术手段，推动慈善组织等社会力量参与，建设政府救助与慈善帮扶的有效衔接机制。

关键词： 社会救助　慈善帮扶　综合救助　上海

社会救助是兜底性民生保障机制，也是国家治理和社会治理的核心议题之一。党的二十大报告强调"健全分层分类的社会救助体系"。在"人民至上""人民城市"理念的指导下，上海市结合自身的经济社会发展水平，坚持在发展中保障和改善民生，增进人民福祉。近年来，与时俱进发布了一系列政策文件，采取一系列优化举措，努力"完善政府主导、社会参与、制度健全、机制顺畅、服务精准、兜底有力的分层分类

---

* 苑莉莉，上海社会科学院社会学研究所副研究员，主要研究方向为慈善公益、社会治理。

社会救助体系"①，积极"构建综合救助格局"，在提升人民获得感、幸福感和安全感方面取得了一定成效，以期稳固超大全球城市的民生兜底保障安全网，体现了上海"温度"。

一 上海社会救助体系的现状与特点

社会救助体系一般指政府为保障社会成员的基本生活，帮助他们解决生活中遇到的特殊困难而设计的一系列制度，以及为保证制度实施而形成的管理体制、运行机制、组织网络、技术条件等有机结合的整体。② 无论是中国的社会救助体系建设，还是世界其他国家的社会救助体系建设，均呈现从补救型、补缺型、生存型、单一的物质救助向发展型、服务型、多样性救助转型，从政府主导向社会多元参与转型，社会救助体系也从"碎片化"发展到"整体化"。③ 上海自1993年建立城镇居民最低生活保障制度以来，紧跟国家相关政策需求，努力探索现代化社会救助体系建设的创新道路，尝试从政策精准定位、对象精准识别、实施精准治理三个层面构建符合上海实际情况的"精准救助"制度体系。④ 实践中，积极动员多元社会力量参与救助，尤其是社会工作者⑤，多元主体联动的"社区救助顾问""困难群众救助需求综合评估体系""桥计划"等入选民政部社会救助优秀创新实践案例，为及时满足低收入群体多样化需求探索出新路径。新时代上海市民政局坚持以人民为中心的发展思想，顺应困难群众对美好生活的

---

① 《上海市人民政府办公厅关于加强低收入人口动态监测完善分层分类社会救助体系的实施意见》，上海市人民政府网站，https://www.shanghai.gov.cn/nw12344/20240607/515428d95ff340d2a12389cf8f18eed3.html，2024年6月7日。
② 周沛、陈静：《新型社会救助体系研究》，《南京大学学报》（哲学·人文科学·社会科学版）2010年第4期。
③ 公衍勇、聂淑亮：《"后小康时代"社会救助制度的调整优化——基于发展型社会政策视角》，《湘潭大学学报》（哲学社会科学版）2021年第5期。
④ 曹康：《上海实施精准救助管理的探索》，《上海城市管理》2019年第1期。
⑤ 张粉霞、郭洋：《社会工作如何发挥专业优势建构服务类社会救助模式——以上海的实践为例》，《中国社会工作》2023年第10期。

向往,把困难群众的满意度作为工作评价标准,让社会救助工作更好传递党和政府的温暖,彰显社会主义制度优越性,努力精准发现群众需求,开展针对性的救助服务,完善社会救助工作机制,创新救助工作路径,在中国式现代化进程中不断完善和发展,让改革成果更公平惠及人民群众。①

(一)上海社会救助相关政策体系

围绕向谁提供社会救助资源、提供资助的标准是什么、怎样提供救助资源、怎样有效管理和分配相关资源等问题,结合中共中央、国务院印发的相关文件,上海市人民政府和上海市民政局都发布了相关政策文件(见表1)。本报告统计了2014~2024年上海市各级政府部门发布的主要法律法规和管理办法等文件,主要政策聚焦点和注意力集中在低收入人群经济状况认定、救助标准调整、救助绩效考核、数字化赋能社会救助和如何有效引导社会力量参与社会救助等方面。不同政策文件在落实过程中及时修订,新的政策文件不断取代之前一些管理办法和文件,以便于结合实际需求更新迭代,实践中均按最新版文件执行。

表1 上海社会救助领域的政策文件

文件名	发布机构	发布时间
《关于本市贯彻〈社会救助暂行办法〉实施意见的通知》	上海市人民政府	2014年9月
《上海市低收入困难家庭经济状况认定办法(试行)》	上海市民政局	2014年10月
《关于加强和改进本市临时救助工作的实施意见》	上海市人民政府办公厅	2015年1月
《关于本市社会救助工作若干问题的规定》	上海市民政局	2015年8月
《上海市社会救助工作绩效评价办法(试行)》	上海市社会救助工作联席会议办公室	2015年9月
《关于印发修订后的〈上海市因病支出型贫困家庭生活救助办法〉的通知》	上海市人民政府	2016年11月

---

① 蒋蕊:《不断完善与中国式现代化进程相适应的社会救助体系》,《中国民政》2024年第12期。

续表

文件名	发布机构	发布时间
《关于印发修订后的〈关于本市社会救助工作若干问题的规定〉的通知》	上海市民政局	2017年6月
《关于引导社会力量参与社会救助工作的意见》	上海市民政局	2018年5月
《上海市社会救助条例》	上海市人民代表大会常务委员会	2018年11月人大通过,2019年5月正式实施
《关于调整本市城乡低保及相关社会救助标准的通知》	上海市民政局、上海市财政局	2019年4月
《上海市最低生活保障审核确认办法》	上海市民政局	2019年9月
《关于印发〈上海市社会救助经办人员及居(村)民委员会工作人员近亲属享受社会救助项目备案管理办法〉的通知》	上海市民政局	2019年8月
《关于〈上海市社会救助条例〉实施中若干问题的意见》	上海市民政局	2020年8月
《关于在本市社会救助领域全面推广"政策找人"工作方案》	上海市民政局	2020年
《关于印发〈社会救助"一件事"业务流程优化再造改革工作方案〉的通知》	上海市民政局等十部门	2021年9月
《关于加强低收入人口动态监测和常态化救助帮扶工作的通知》	上海市民政局	2021年10月
《上海市支出型贫困家庭生活救助办法》	上海市民政局、发改委、财政局、教委、卫健委、医保局	2022年6月
《关于在本市社会救助领域全面推广"政策找人"工作方案》	上海市民政局	2022年6月
《关于调整本市最低生活保障标准及相关社会救助标准的通知》	上海市民政局、上海市财政局	2022年7月
《上海市社会救助工作绩效评价办法》	上海市社会救助工作联席会议办公室	2023年1月
《上海市社会救助资金管理办法》	上海市民政局、上海市财政局	2023年12月
《上海市社会救助家庭经济状况认定标准》	上海市民政局等七部门	2024年4月
《上海市居民经济状况核对实施细则》	上海市民政局	2024年4月
《关于〈上海市社会救助条例〉实施中若干问题的意见》	上海市民政局	2024年4月

续表

文件名	发布机构	发布时间
《关于加强低收入人口动态监测完善分层分类社会救助体系的实施意见》	上海市人民政府办公厅	2024年6月
《关于调整本市最低生活保障标准及相关社会救助标准的通知》	上海市民政局、上海市财政局	2024年7月
《上海市社会救助经办人员及居（村）民委员会工作人员亲属享受社会救助项目备案管理办法》	上海市民政局	2024年8月
《上海市最低生活保障审核确认办法》	上海市民政局	2024年9月

资料来源：上海市人民政府网站、上海市民政局网站。

2019年5月正式实施的《上海市社会救助条例》相比国家规定扩大了社会救助对象范围，新增"低收入困难家庭"和"支出型贫困家庭"，坚持精准认定、分类救助、精准管理、重心下移、便民利民，明确了街镇社会救助的职责，鼓励社会力量参与。[①] 同时，为了确保政策的灵活性，各区政府可以根据实际情况确定救助对象，避免了"一刀切"问题。相关政策文件中，关于社会救助体系的提法主要有以下变化（见表2）。

表2 社会救助体系的政策界定

文件名	社会救助体系	特点
《关于本市贯彻〈社会救助暂行办法〉实施意见的通知》（2014年）	健全以最低生活保障、特困人员供养为基础，支出型贫困家庭生活救助、受灾人员救助和临时救助为补充，医疗救助、教育救助、住房救助、就业救助等专项救助相配套，社会力量充分参与的现代社会救助制度体系	广覆盖、有梯度、相衔接、相适应
《关于加强低收入人口动态监测完善分层分类社会救助体系的实施意见》（2024年）	健全以基本生活救助、专项社会救助、急难社会救助为主体，社会力量参与为补充的分层分类社会救助体系	分层分类

资料来源：上海市人民政府网站、上海市民政局网站。

---

① 朱勤皓：《上海标准上海温度上海特色〈上海市社会救助条例〉5月起实施》，《中国民政》2019年第9期。

可以看出，在体系化的过程中，从"碎片化"分散的以救助对象、救助领域为主体的选项划分，逐渐转变为"整体化"、整合性的以救助类别为主的分类，在基本生活保障之外，区分专项和急难社会救助，这与《中华人民共和国慈善法》修改中新增的"应急慈善"相呼应，体现了国家整体法治体系的完善与交融。

（二）"9+1"社会救助体系与救助对象

1. 上海率先形成"9+1"社会救助体系

在上述分类的基础上，以3项（最低生活保障、特困人员救助供养、刚性支出困难家庭成员救助）基本生活救助、5项（医疗救助、教育救助、住房救助、就业救助、受灾人员救助）专项救助和1项（临时救助）急难救助等三大类9项社会救助为主体，以社会力量参与为补充的"9+1"社会救助体系，涵盖了救助对象、救助类型和救助力量等多元因素。

与2019年正式实施的《上海市社会救助条例》中社会救助对象相比，2024年上海市人民政府办公厅出台的《关于加强低收入人口动态监测完善分层分类社会救助体系的实施意见》，进一步明确和拓展了上海低收入人口动态监测范围（见表3），从救助对象的排序和新增监测人员可以看出相关变化。

表3 社会救助与监测对象扩展情况

2019年社会救助对象	2024年低收入人口动态监测对象
最低生活保障家庭	特困人员
低收入困难家庭	最低生活保障对象及民政定期定量补助对象
支出型贫困家庭	最低生活保障边缘家庭成员
特困人员	刚性支出困难家庭成员
自然灾害受灾人员	困境儿童基本生活保障对象、社会散居孤儿
临时救助对象	享受医疗、教育、住房、就业等专项救助的困难对象
	市总工会、团市委、市妇联、市残联、市红十字会、市农业农村委等单位的常态化救助帮扶对象

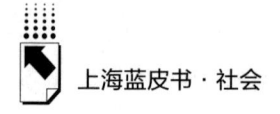

续表

2019年社会救助对象	2024年低收入人口动态监测对象
	近两年内申请临时救助的对象以及申请特困供养、最低生活保障、最低生活保障边缘家庭、刚性支出困难家庭等未通过或终止救助的对象
	基层走访发现的、慈善组织重点帮扶的其他困难对象
	其他生活陷入困境、需要关心关注的困难对象

注：自中华人民共和国应急管理部成立之后，对自然灾害受灾人员的救助职能逐渐转移到上海市应急管理局。

资料来源：上海市人民政府网站。

进一步夯实基本生活救助，形成货币财产标准与最低生活保障标准挂钩的动态调整机制；健全医疗、教育、住房、就业救助和受灾人员救助的专项社会救助，如2024年12月上海市人大通过的《上海市医疗保障条例》明确提出健全医疗救助制度，针对特困人员、最低生活保障家庭成员、最低生活保障边缘家庭成员、刚性支出困难家庭成员、社会散居孤儿、困境儿童基本生活保障对象、民政定期定量补助对象等，医疗救助标准根据救助对象家庭困难程度、经济社会发展水平、人民健康需求和医疗救助基金支撑能力确定①，为因病致困的群众提供保障。与此同时，改进临时救助制度，对生活无着的流浪乞讨人员，以及因务工不着、寻亲不遇、被偷被骗等原因暂时陷入困境，且居无定所或流落街头的临时遇困人员，由救助机构给予救助。本市户籍流浪乞讨人员和临时遇困人员，由户籍地街道（乡镇）落实托底保障，街道要落实"救急难"工作机制，及时化解困难群众急难愁盼问题，努力让每个在上海遇到困难的人感受到这个城市的温暖与爱。为了避免产生"福利依赖"，上海也在完善救助渐退等救助对象自立自强的措施，以确保救助资源真正用于有需要的困难人群。

---

① 《上海市医疗保障条例》，上海人大网，https://www.pdjs.com.cn/n8347/n8467/u1ai268984.html，2025年1月1日。

2. 与时俱进的低收入人口动态监测信息平台

与时俱进推动"线上+线下"的跨部门、跨组织机构的低收入人口信息共享平台——上海市低收入人口动态监测信息平台建设，以期通过政策保障和数字化打通不同部门的信息壁垒，精准聚焦核心人群，基于"金民工程"全国社会救助信息系统、上海民政救助信息管理平台和民政"数据海"、市数据局、市医保局、市人力资源社会保障局、市住房城乡建设管理委、市农业农村委、市教委、市总工会、市残联、团市委、市妇联、市红十字会等相关部门已有的信息系统，以及单位常态化帮扶对象和救助信息，共建数据共享的上海市低收入人口基础数据库，并与公安、司法部门的服刑人员和应急管理部门受灾人员信息等互通，及时更新调整相关信息，以确保整体数据真实、完整和可靠，并生成预警信息推送到街道（乡镇），以便于基层部门尽快开展关爱工作。在数字化时代，通过技术手段进一步精准发现救助对象、精准识别多样化的救助需求、精准对接所处社区街道、精准提供救助资源和精准帮扶，以期精准动态观测低收入困难群体的困境动态，及时搭建供需对接平台和畅通资源流动渠道，建设成一支扎根街镇、村居的8000多人的社区救助顾问队伍。

在推动线上数据对接的同时，积极加强实地走访，以街道（乡镇）为单位推动建设低收入人口的探访关爱制度，并通过政府购买社会救助服务，委托和鼓励社会组织开展低收入人口随访工作，协助他们申请相关救助，切实做到发动人民关爱人民，共同营造温暖友爱的社会氛围。

3. 近5年上海民政社会救助整体情况

截至2024年底，全市共有低保对象8.94万人，另有重残无业人员5.86万人，特困供养人员0.61万人，低保边缘5.82万人；年内共实施刚性支出困难家庭生活救助2701人次，临时救助7632人次。近五年最低生活保障按城镇和农村分类统计数据如表4、表5所示。

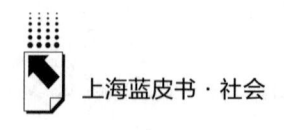

表4 上海城镇居民最低生活保障救助情况汇总（2020~2024年）

类别		2020年	2021年	2022年	2023年	2024年
传统救济人员	人数（人次）	2666	2429	2266	1948	1770
	金额（万元）	409.78	395.96	397.04	359.51	338.8
重残无业人员	人数（人次）	414283	417722	419742	422276	431652
	金额（万元）	63131.83	67990.11	72841.23	77936.01	84241.8
从业人员家庭	户数（户）	136594	121155	110903	96549	85025
	人数（人次）	308196	268242	241465	208844	182203
	金额（万元）	20912.58	19664.57	19589.21	18485.84	17556.08
失（无）业人员家庭	户数（户）	725142	685640	654331	610713	577748
	人数（人次）	1051358	995814	948866	890320	846714
	金额（万元）	113375.42	112895.08	115074.51	115625.45	117981.52
总计	人数（人次）	1776503	1684207	1612339	1523388	1462339
	金额（万元）	197829.61	200945.72	207901.99	212406.81	220118.2

资料来源：上海市民政局网站公示信息。

表5 上海农村居民最低生活保障救助情况汇总（2020~2024年）

类别		2020年	2021年	2022年	2023年	2024年
可扶家庭	户数（户）	96281	90033	81510	73859	66212
	人数（人次）	130878	117561	103688	90886	79962
	金额（万元）	6500.79	6300.21	6420.01	6417.01	6342.07
不可扶家庭	户数（户）	23290	20796	17686	11069	8140
	人数（人次）	30423	26363	22240	13351	9715
	金额（万元）	2212.11	2170.66	2098.37	1314.24	1036.91
重残无业人员	人数（人次）	207859	223329	265844	261385	263579
	金额（万元）	25163.95	26703.57	29133.52	29098.22	29401.54
总计	人数（人次）	369160	367253	391772	365622	353256
	金额（万元）	33876.85	35174.44	37651.9	36829.47	36780.52

资料来源：上海市民政局网站公示信息。

上海城镇居民最低生活保障人数从2020年的1776503人次下降到2024年的1462339人次，总救助金额从197829.61万元上升到220118.2万元；上海农村居民最低生活保障人数从2020年的369160人次下降到2024年的353256人次，总救助金额从33876.85万元上升到36780.52万元。

可见，目前上海社会救助人数和金额较多的是失（无）业人员家庭，鼓励有劳动能力的困难人员积极就业。2023年，上海市人力资源和社会保障局将93.59万新就业形态就业人员纳入职业伤害保障范围，稳步调整最低工资和养老金、失业保险等民生待遇。对浦东新区社会救助家庭获得感、幸福感和安全感的调查也刚好印证相关数据，该研究指出就业不稳定是民生"三感"负面影响的主要来源，接受社会救助的家庭获得感和安全感高于未接受社会救助的家庭，但是整体幸福感均低于未接受社会救助的家庭。[①]2024年7月，民政部门适时提高了最低生活保障及相关社会救助标准，未来将会有梯度提升。

二 上海社会救助体系的运行机制与模式创新

上海社会救助事业起步较早，1993年率先在全国建立城市居民最低生活保障制度，首次将待业人员纳入政府救助范围。[②]1994年，制定农村居民最低生活保障线。1996年，通过《上海市社会救助办法》推进社会救助的法治化进程，建立起"两级政府、三级管理、四级服务"的社会救助工作网，并在基层设立社会救助管理所等专门的社会救助机构。[③]2019年，上海市民政局推行"社区养老顾问"等社区民生顾问。2020年，鼓励各区通过"一网统管"的民生大数据平台实行"政策找人"和"应保尽保"，推进智慧救助。2019年，在长宁区试点"社区救助顾问"制度[④]，在杨浦区探索"温暖云"的智慧救助方式。2024年，跨部门联动的低收入人口动态监测信

[①] 路锦非：《社会救助中的民众获得感、幸福感、安全感研究——基于上海浦东新区的实证调查》，《社会科学辑刊》2022年第3期。
[②] 上海市民政局编《上海民政改革创新40年》，上海人民出版社，2018，第8页。
[③] 沈振新：《编织反贫困的最后一道安全网——上海市社会救助工作的实践与思考》，上海人民出版社，2009，第5页。
[④]《上海全面推行"社区救助顾问"制度，"一网统管"民生大数据平台助力社会救助》，快资讯，https://www.360kuai.com/pc/95c9269e8c87641f1?cota=3&kuai_so=1&sign=360_57c3bbd1&refer_scene=so_1，2020年9月2日。

息平台建设，强化了数字化治理，从政策保障、机构设置到工作网络搭建和技术治理，全方位撑起超大城市的社会救助兜底安全保障网。

（一）率先提出"支出型贫困"

国内外对于贫困的界定多以贫困线为标准，侧重以收入低来衡量贫困。上海市民政局首次提出"支出型贫困"，2009年将其列为重点工作，2011年上海市政府工作报告中用此概念。① 2014年上海市人民政府发布《上海市因病支出型贫困家庭生活救助办法（试行）》，对"本市城乡居民因患病导致自负医疗费用支出较大"，实际生活水平低于低保的家庭进行补助，2016年修订此办法，将支出明确为"因患病导致医疗费用等刚性支出较大"。2022年，上海市民政局、发改委等六部门联合发布《上海市支出型贫困家庭生活救助办法》，拓展了支出型贫困的低保对象范围：一是家庭医疗费用支出和基本教育费用支出之和超过家庭可支配收入或虽未超过家庭可支配收入，但家庭可支配收入扣除家庭医疗费用支出和基本教育费用支出之和后，月人均可支配收入低于本市城乡居民最低生活保障标准的。二是家庭人均可支配收入低于本市上年度居民人均可支配收入。三是家庭财产符合本市低收入困难家庭申请专项救助经济状况认定标准相关规定。② 2024年结合国家相关政策，发布《关于印发〈上海市社会救助家庭经济状况认定标准〉的通知》，将"支出型贫困家庭"进一步明确为"刚性支出困难家庭"。此政策得到民政部的认可和推进，在全国各地都有实践。

（二）勇于创新、先试先行的"政策找人"机制

2019年，上海率先提出"政策找人"的政务使命，在社会救助领域试

---

① 徐大慰、梁德阔：《上海市对"支出型"贫困群体的综合帮扶研究》，《西北人口》2012年第3期。
② 《关于印发〈上海市支出型贫困家庭生活救助办法〉的通知》，上海市民政局网站，https://mzj.sh.gov.cn/MZ_zhuzhan2739_0-2-8-15-55/20220609/3848497a36154177b9324f13a2364c87.html，2022年6月9日。

行，依托民政"数据海"和上海市"一网通办""一网统管"等集成数据，同步推进社区民生顾问的创新机制，加强基层服务网络建设，积极探索主动发现困难群众的机制。2020年，中共中央办公厅、国务院办公厅印发《关于改革完善社会救助制度的意见》，提出加快社会救助管理服务转型升级，完善主动发现机制，推动全国社会救助从"人找政策"向"政策找人"转型。同年，上海市民政局围绕"找什么样的人""谁去找人""怎么找人""找到以后怎么办"等问题，印发《关于在本市社会救助领域全面推广"政策找人"工作方案》，在此基础上，2023年又发布《2023年深化"政策找人"工作方案》。① 结合上海市民政局、一网通办等大数据平台，精准关注低收入群体。

（三）政府救助与慈善帮扶的有效衔接机制建设

初期上海市低保制度设计采取"一口上下"的运行机制②，2004年党的十六届四中全会提出："健全社会保险、社会救助、社会福利和慈善事业相衔接的社会保障体系。"2023年9月，民政部印发《关于加强政府救助与慈善帮扶有效衔接的指导意见》，提出建立完善政府救助和慈善帮扶有效衔接工作机制。政府救助也被称为社会救助，与慈善救助在扶贫济困、促进社会正义的宗旨、目标、救助对象和缩小收入差距的社会功能方面有相同之处。③ 所以，有研究认为慈善救助与政府救助会存在资源叠加现象，但叠加关系不是有机耦合的，目前供需尚未完全匹配。④ 也有研究将二者的区别总结为表6。

---

① 《市十六届人大二次会议第0540号代表建议的答复情况》，上海市民政局网站，https：//mzj.sh.gov.cn/MZ_zhuzhan2595_0-2-8-2593/20240530/57ebc07549c6464b8164c7d1bf60dd9d.html，2024年5月30日。
② 郭林、付名琪：《巨型城市社会救助制度国际比较研究——来自上海低保模式和首尔市民福利标准的经验》，《国外社会科学》2018年第2期。
③ 江治强：《慈善救助与社会救助的异同及衔接机制建设》，《中国发展观察》2015年第5期。
④ 王燊成、杨永政：《资源的叠加还是替代？——政府救助与慈善救助的关系探析》，《学习与实践》2023年第9期。

表6 政府救助与慈善救助的区别

分类	政府救助（社会救助）	慈善救助
理念	维护社会稳定和谐	道德和社会责任
主体	政府（民政）	民间力量（慈善组织、爱心企业、社会公众）
性质	政府基本职责	慈善公益、民间社会互助
资源	公共财政（第二次分配）	社会捐赠（第三次分配）
制度目标	保障公民基本生存权	发展慈善公益，倡导互助、救急、济贫的理念
覆盖群体	保障最大多数困难群体的最低生活水平	贫困低收入人群、困境人群
运作方式	政府审核审批	项目化运作
特征	稳定性、刚性、普遍性	不稳定性、弹性、自愿性、灵活性、个性化、差异化

资料来源：许艳丽，《社会救助与慈善事业衔接的路径选择》，《新视野》2016年第4期。

上海作为全球超大城市，贫富分化与社会分层具有多样性，为了探索政府救助与慈善帮扶衔接工作机制，上海2006年起开展综合帮扶试点工作，致力于为已享受政府"刚性"政策保障后依然处于困难状态的人员提供救助。从起初的杨浦、黄浦、闸北和青浦区的社区综合帮扶工作试点已拓展到全市各区，逐步形成以上海市帮困互助基金会为代表的"1+17+X"市、区、街道（乡镇）社会组织三级帮扶网络，其中"17"指16个区的社会服务机构和光明集团联动的综合帮扶网络，平均每年帮扶5.2万人次，支出资金1.35亿元左右，均通过规范的筛选标准，由街镇评估员和居委会共同审核决议发放社会化补助，及时公示相关资助信息。2024年，上海市帮困互助基金会深化社会救助模式创新，开展"帮侬一把"综合帮扶项目征集，鼓励社会组织为上海社区困难群众和弱势群体提供精准度高的服务，如满足困难群体个人或家庭基本生存、安全需求的预防类、干预类、发展类、融合支持类及其他类别的社会工作专业救助服务和慈善关怀类项目，并推出"为侬点赞"板块[①]，以期形成品牌传播力。

---

① 《2024年度"帮侬一把"综合帮扶项目招募启动》，上海市民政局网站，https：//mzj.sh.gov.cn/2024bsmz/20240806/59ef511956084576820db9d686e59c41.html，2024年8月6日。

（四）"政策+服务+心理"的综合帮扶模式

上海市民政部门通过"桥计划"社会救助综合服务项目统筹各类社会救助资源，强化对困难群体的主动发现机制、需求评估机制、资源对接和精准服务机制，不断增强基层社会救助的服务能力。具体举措是各区民政局以政府购买专业社会工作机构服务的方式，为救助对象提供社区资源，形成"一户一条救助链"①，尤其聚焦有升学和就业意愿的中职及以上（含在读）学历青少年的多重困境家庭，构建社区支持系统，通过政策倾斜、助学就业支持和心理建设等多元方式，打破贫困的代际传递，精准化制订"一户一策"的帮扶方案，以期帮助低收入困难人群自立自强，有内生动力与能力脱贫和摆脱困难处境。在这个过程中，逐渐实现社区、社工、社区志愿者、社会组织和社会慈善资源的"五社联动"。

（五）徐汇区"一网统管+精准救助"的"ABC"社会救助模式

社会救助模式近年来主要从"补缺—救助"向"增能—发展"转变，上海以有效统筹救助资源、增强社会保障的兜底功能和提升服务能力为重点，形成不同类型的精准救助模式，不断提升社会救助的整体能级，如徐汇区借助"一网统管"的大数据平台跨部门联动民政、人社、房管等14个部门数据构建大民生数据池，探索"1+1+1+N"的智慧救助帮扶方式与智慧化场景，建立统一标准的数据治理机制，按照"社区建档、家庭画像和个人服务"三个维度对低收入困难人群进行建档立卡，精准发现"沉默的少数"，开展"ABC发展计划"（多维分析、资源平衡和人性关怀），有针对性地开展"物质+服务+心理"的综合救助②，切实关心"人"。

---

① 《上海市民政局关于进一步开展2024年度"桥计划"社会救助综合服务项目的通知》，上海市民政局网站，https：//mzj.sh.gov.cn/MZ_zhuzhan277_0-2-8-15-55-229/20240522/e6427f3d7d7547eca8321f78e206c676.html，2024年5月22日。

② 《一网统管+精准救助，赋能徐汇社会救助工作高质量发展》，上海市民政局网站，https：//mzj.sh.gov.cn/2021bsmz/20211202/901188d058ea46cd8136a22ea981b4da.html，2021年12月2日。

（六）浦东"物质+服务"的发展型社会救助"3A"模式

上海一直努力创新发展服务类社会救助，在五年脱贫攻坚成果巩固期间，适时拓展保障型与发展型相结合的社会救助新模式，将物质救助与服务类社会救助相融合，浦东率先探索出援助型救助服务（Assistance）、陪伴型救助服务（Accompany）和成长型救助服务（Advancement）的"3A"体系[1]，以期提升困难人群的自信、自立和自强精神与能力，为他们提供社会支持、专业服务和能力提升服务，尤其是在关爱未成年人的心理健康方面有所创新，浦东新区民政局发布《浦东新区加强社会力量参与服务型社会救助的指导意见（试行）》，建设浦东新区社会救助资源库，以期形成具有上海特色的"政府救助+慈善帮扶"的发展型社会救助品牌，在全国形成引领示范效应。

三 上海社会救助体系的问题与对策建议

2024年政府工作报告指出要"坚持以人民为中心的发展思想"，"采取更多惠民生、暖民心举措"，"不断增强人民群众的获得感、幸福感、安全感"[2]。建设覆盖全民、统筹城乡、公平统一、安全规范、可持续的中国特色的多层次社会保障体系需要强大的政策保障和资源支撑，而政府保障政策的"刚性"、社会保障资源的有限性与全民需求的多样化、个性化和无限性，以及特殊人群困难的长期性之间存在矛盾。亟待充分调动政府、市场和社会各方的积极性，合力提升社会救助的公平度、精准度和效率。

---

[1] 许艳萍、张慧敏、苑玮烨：《浦东社会力量参与服务型社会救助"3A"体系发展报告》，载周小平、李骏主编《浦东慈善公益事业发展报告（2023）》，社会科学文献出版社，2023。

[2] 《李强在政府工作报告中提出，切实保障和改善民生，加强和创新社会治理》，中华人民共和国中央人民政府网站，https://www.gov.cn/yaowen/liebiao/202403/content_6936366.htm，2024年3月5日。

（一）上海社会救助体系的主要问题与困境

1. 防止返贫和人口老龄化对社会救助体系的挑战

上海作为全球超大城市，会聚来自全球各地的人口，社会分层多元化，面临一些全国各地共性的社会救助挑战。近年来，全球经济发展速度有所放缓，下岗失业人数增多，随着人口老龄化和独居、空巢老人的数量日益增多，高龄老人在医疗、养老、购物和长期护理等方面存在困难，部分困难家庭面临孩子学业、就业质量和健康营养问题[①]，需要从物质到心理层面提供救助，以免加剧困难弱势群体的身心脆弱性。

2. 政策"刚性"与基层"柔性"执行难协调

相关社会救助政策多是刚性的、整齐划一的，难以应对所有情况，但群众面临的情境是具体的、千差万别的，需要基层兼顾政策的刚性与具体操作的灵活性，以便更好地保障群众权益。现行政策规定，对于已享受现有救助政策后仍有困难的群众或政策覆盖不到的边缘群体，不再使用政府财政资金救助。如一些患癌症的低保户，医保报销后的支出依然远超"刚性"政策所能领取的救助金，或一些困境家庭子女受教育等额外支出，只能通过鼓励社会力量进行补充帮扶，而相关慈善组织的募捐能力有限，主要依托政府购买服务来维系相关资助。调研发现，部分民众认为社会救助是政府部门的职责，不愿意给社会救助领域捐赠，影响了救助类社会组织的善款筹集。

3. 社会救助与民生获得感、幸福感和安全感的关系调整

社会救助资源投入和救助力度与人民群众的获得感、幸福感和安全感有时候不一定呈正相关。有研究基于浦东新区36个街镇社会救助对象随机问卷调研发现，并非社会救助越多，民众的获得感、幸福感和安全感越高，相比于农村接受社会救助的家庭，城市受助者的"三感"体验更差，且以物质救助为主，服务类救助较少。[②] 因此，要结合困难群众的多样化需求提供

---

① 关信平：《社会救助高质量发展的路径探析》，《人民论坛》2024年第5期。
② 路锦非：《社会救助中的民众获得感、幸福感、安全感研究——基于上海浦东新区的实证调查》，《社会科学辑刊》2022年第3期。

精准救助，尤其是针对城区困难人群侧重就业救助和心理救助，帮助受助者增强对未来的信心。

（二）完善社会救助体系的对策建议

关于如何完善社会救助体系，学术界已有一些共识性研究，一是机制建设，如通过全面整合政策建构机制、及时准确的评估发现机制、灵活弹性的动态调整机制和便捷亲民的服务提供机制提升社会救助体系的托底能力。① 二是完善服务救助体系，我国社会救助主要有现金救助、实物救助和服务救助，适度优化机会扩展、能力提升和动机激励方面的服务救助。② 三是从技术治理的角度推进社会救助的数字化转型，提升社会救助管理者和困难群众的数字化应用能力，建立容错纠错机制。③ 新时代应与时俱进建立包容性、发展性和共享性的民生保障制度，助推中国式现代化建设和共同富裕。④ 在相关研究的基础上，结合上海的实际情况，就优化社会救助体系提出以下建议。

1. 完善政府救助+善慈帮扶有效衔接的社会救助体系的制度设计

在制度设计上，坚持整体性治理，完善社会救助"1+X"制度体系，进一步提高政策系统性、有效性和清晰度。以"政府牵头、党建引领、部门配合、综合帮扶、依托社区、社会组织运作与劝募、爱心企业支持、志愿帮扶、家庭互助与自助"为主线构建一套多层次的政府救助与慈善帮扶相衔接的工作机制，秉持社会救助与经济发展相协调的救助理念，通过发展型社会政策支持⑤，完善社会保障体系的主体层次，优化部门协调和资源整合机制，保持动态开放性，构建"物质+服务""整体+个案""常态+应急"的

---

① 黄晨熹：《四个机制助力社会救助托底能力建设》，《中国民政》2017年第9期。
② 关信平：《社会救助高质量发展的路径探析》，《人民论坛》2024年第5期。
③ 黄晨熹：《新时代社会救助高质量发展的内涵和路径》，《人民论坛》2021年第18期。
④ 周弘、丛树海、鲁全等：《进一步全面深化改革与社会保障体系优化（笔谈）》，《社会保障评论》2024年第5期。
⑤ 陈艺华、黄晨熹：《低保边缘家庭救助的地方性实践挑战与发展取向——基于发展型社会政策的分析视角》，《社会政策研究》2023年第4期。

多层次综合性保障体系。① 民政部门进一步全面推动社区基金会设立"暖心基金",关心关爱困难群众,鼓励各区、街道、乡镇结合实际情况构建社会救助资源库。在政府和慈善组织承担主要救助使命的同时,积极发挥社区救助顾问的专业功能,鼓励家庭、家族和困难个体互助和自立自强,发扬传统文化中互帮互助、和衷共济的优良精神,合力走出困境。

2. 发挥社会力量参与社会救助的优势,优化供需对接机制

为进一步有效引导社会力量聚焦社会关爱救助,发挥社会组织深入基层,了解人民群众真实需求的优势,提升社会救助的精准性。针对目前由上海市帮困互助基金会主导的市民综合帮扶项目兜底的慈善帮扶机制②,街道(乡镇)要积极扶持帮困救助类社会组织发展。建议进一步扩展慈善救助联合机制,以上海市帮困互助基金会、上海市慈善基金会为代表凝聚全市100多个致力于帮扶济困的社会组织共同组建政社合作的"综合帮扶联盟",建立"线上+线下"的常态化"综合帮扶联盟"互动交流平台与工作机制,以行业协会的方式引导相关社会组织关怀帮扶困难人群,建立起社会化的困难帮扶长效机制,将基层困难化解在源头。对社会救助制度暂时无法覆盖的特别困难家庭(户籍人口为主)、经社会救助之后基本生活依然存在困难的低保家庭、低保边缘家庭和刚性支出困难家庭,可由"综合帮扶联盟"帮助对接或转介专业社会组织为其提供援助或服务。同时,可适当拓展保障型与发展型相结合的社会救助新模式,在全市推广物质救助与服务类社会救助相融合的"3A"综合救助模式,满足困难人群的心理支持、社会融入等多样化需求。

3. 鼓励社区慈善发展,打造基于社区的综合帮扶资源整合平台

近年来社区慈善日渐兴起,与上海低收入人口动态监测信息平台建设同步推进,建议在社区打造融入"社区云"的社会救助供需对接资源整合平台。社区内户籍人口、非户籍和流动人口混居,有困难的人群数量较多,在

---

① 祝建华:《新发展格局下社会保障制度的科学发展》,《中国社会保障》2022年第7期。
② 贺小林:《福利多元主义视角下城市社会救助制度的功能拓展——上海"社区市民综合帮扶项目"个案研究》,《华东理工大学学报》(社会科学版)2017年第4期。

政府刚性政策保障之外的非户籍困难人群往往会向街道社区求助，各区社区事务受理中心应及时将相关人群信息纳入社区帮扶平台，以便及时了解相关人群情况，发现潜在风险，帮扶相关困难群众。积极动员社区内党员、社工、志愿者和社会慈善资源与之链接，以"五社联动"的方式推动社区内部供需对接，推动社区互助互济，打造社区情感治理纽带，广泛动员社会力量参与，依托综合帮扶资源整合平台形成发现需求—受理申请—审核评议—分办转办—资源供需对接—追踪监督—结果反馈—信息查询—风险防控的综合帮扶流程，争取将需求、矛盾和隐患化解在基层社区。在上述平台建设过程中，组织和动员一批有爱心、有责任感、有素质、有服务意愿的社区居民参加志愿服务并成为骨干力量，充分发挥社区志愿者在困难家庭排摸情况、帮扶工作评议和回访等方面的作用，形成规范化的综合帮扶志愿者注册、培训、激励等制度，并与上海志愿服务网对接，发挥基层互助活力。

4. 社会化汇聚社会救助资源，扩大社会救助资源池

可持续的弹性综合帮扶政策需要强大的资源支撑，目前主要资金来源于政府扶持、福利彩票公益金、项目资助和社会捐赠等，仍有较大缺口，亟须提升社会组织的慈善劝募能力和自身"造血"能力。在社会化救助资源募集方面，上海已经形成一系列品牌项目，均获得中华慈善奖。如上海市慈善基金会的"蓝天下的至爱"慈善品牌自1995年至今，发起一系列规模性、成长性、系统性的慈善公益活动，如2021年的"万人捐帮万家"从街头劝募转向社区募捐，所募集的善款主要用于救助街道、社区内的困难群众。还有已经开展23届的浦东新区"慈善公益联合捐"品牌项目，在"慈善月"期间，浦东新区各委办局、街镇、社会组织积极汇聚各类慈善资源[①]，开展助老、助困、"微心愿"等一系列慈善公益活动，一些"两新"组织积极认领困难家庭发布的需求，开展结对帮扶项目，实现政府部门、慈善组织、爱心企业和社区居民联动，并在社区张贴捐赠爱心榜和公示捐赠资金流向，大

---

① 《浦东新区第二十三届"慈善公益联合捐"涌动热潮》，上海市人民政府网站，https：//www.shanghai.gov.cn/nw15343/20241217/e1a82c065354401aaa61705d34865616.html，2024年12月12日。

部分物资都用于帮扶街道社区困难群众和开展节日慰问。此外，还有绿洲银行等慈善项目都是致力于关注帮扶困难人群，未来将进一步拓展慈善帮扶的发展空间。

5. 合理分配社会救助资源，提升困难人群获得感、幸福感和安全感

积极推动补缺型救助向发展型救助转型，在提供物质救助的同时，关心困难人群的心理感受，提供心理援助等救助服务，尤为关心困难家庭青少年的自尊和自信心培养，使他们不至于终身困在申请救济的代际贫困循环中，增强他们的安全感。对于徘徊在贫困线上下、有就业意愿和就业潜力的人群开展就业引导和扶持，提供创业机会和公益岗位，把握新媒体时代的红利，发挥优势灵活就业，使其自食其力摆脱领取低保的命运，形成"政府+社会组织+企业+家庭+低收入人群"联动的综合帮扶民生保障共同体。

B.11
国内外人才评价标准的对接模式研究

——以国际职业资格认可制度为例

李蔓莉*

摘　要： 为进一步优化营商环境，促进国际专业技术人才来华流动，亟须推动国内人才标准和认证体系与国际职业资格体系深层次对接。通过对国内外人才评价机制的对比分析，研究揭示了国际人才全球流动面临职业技能与资历移植性困境的原因；针对来沪国际人才的问卷调查，研究考察了国际职业资格转化为国内职称过程中的主要障碍，包括国内外人才评价主体、认证标准和考察范畴的不匹配。研究指出，国际职业资格更侧重于全球专业能力、工作经验和国际认可度，而国内职称体系更注重理论知识与既有成果。本报告提出构建国际职业资格证书与国内职称转化体系的建议，旨在为中国在国际人才竞争中的政策制定提供实证支持，并推动国内职称体系的国际化发展。

关键词： 国际人才　国际职业资格　职称　职业资格　人才评价

上海作为中国内地外国人才和高端人才总量的领先城市，海外高层次人才集聚效应显著。根据上海市科学技术委员会发布的《2022上海科技进步报告》，截至2022年底，上海累计核发外国人工作许可证37万余份，其中外国高端人才工作许可证（A类）7.1万余份，高端人才总量居全国首位。① 上海近5年留学归国落户人员年均增长30%，累计达到11.4

---

* 李蔓莉，上海社会科学院社会学研究所助理研究员，主要研究方向为移民社会学、职业社会学。
① 《2022上海科技进步报告》，上海市科学技术委员会网站，https://stcsm.sh.gov.cn/newspecial/2022jb/list.html，2023年2月17日。

万人。① 2023年引进海内外人才共计17.2万人，同比增长12%。近年，通过实施人才高峰工程、重点产业人才引育专项等政策，来沪工作创业的留学回国人才累计超过31万人，位列全国第一。② 上海对海外人才的吸引力也反映了上海在国际人才管理方面的成熟度和开放性。

政策话语中的"国际人才"同样引起学术界的高度关注，该群体被称为"跨国专业人士"（Transnational Professionals）。随着专业人士在不同国家和组织间的流动性日益增强，该现象已成为全球化进程中的重要组成部分。但流动性本身并不足以定义跨国专业人士，他们还需要具备特定的社会和文化资本，掌握跨越国界所需的抽象知识。这也意味着跨国专业人士在全球流动中面临着多重挑战，包括语言能力、文化适应性和执业限制等。首先，语言能力是影响跨国职业流动的关键因素。来自非英语国家的专业人士往往在职业发展中较少选择跨国流动。其次，许多专业人士在本国的文化和社会网络中建立了深厚的联系，因此缺乏跨国流动的动机，不愿意放弃现有的本土社会资本。此外，专业认证和许可的地域要求也限制了某些职业的全球流动，例如，药剂师必须熟悉特定国家的法律法规才能执业。这些因素共同作用，限制了跨国专业人士在全球范围内的流动性。

而专业人士所掌握的抽象知识、资历和能力的流动性在很大程度上受到国家职业制度差异的影响。由于专业化（Professionalization）是一个受地域限制的本地化过程，民族国家构成了职业出现、自身建构及相互影响的生态边界，职业的准入权通常受到国家与地区层面的监管。中国与国际社会的职业标准存在差异，这导致国内外劳动力市场的衔接存在障碍：国内的职称体系是评价人才的机制之一，由政府设置和管理；随着国内职业资格制度的兴起，市场化的职业资格经历了"大起大落"，目前依然主要由国家管控。而国际职业资格证书所依托的"国家资历框架"，是适应"新自由主义"职业

---

① 《上海引进外国人才数全国第一 留学归国落户人员年均增30%》，国际在线网，https：//sh.cri.cn/20230620/6c742329-2fd8-7a26-3635-9ca05acf4a19.html，2023年6月20日。
② 《上海2023年共引进吸引海内外人才17.2万人 同比增长12%》，中国新闻网，https：//www.chinanews.com.cn/gn/2024/03-28/10188561.shtml，2024年3月28日。

教育市场化的产物。国内外职业体系的差异较大，使其适应国内职称体系的过程困难重重。

为应对国际人才流动中所面临的制度性障碍，我国在优化营商环境政策中采取了一项关键措施：国际职业资格证书认可清单制度。依据国务院于2021年发布的《关于开展营商环境创新试点工作的意见》，探索建立国际职业资格证书认可清单制度被列为首批营商环境创新试点的主要改革事项，旨在为创新试点城市推动便利化执业环境建设和促进国际人才流动提供方向。上海市根据这一指导意见，于2023年9月发布《关于本市对境外职业资格证书清单项目持证人员提供便利保障服务及职称比照认定的通知》，通过A、B、C三类证书目录，实现对证书价值的认可以及与职称等级的对接。

本报告基于对来沪国际人才的深入调研，针对跨国专业技术人才资历的移植性问题，系统考察了该群体在国际职业资格证书转化为国内职称过程中所面临的痛点和需求。通过对各地实施的国际职业资格认可制度进行细致梳理，提炼国际人才流动便利化政策的共性。本报告还聚焦在沪驻点的十余家英国颁证学会，对其颁证流程、资格认证标准以及与国内职称体系的对接情况进行详尽分析。本报告旨在为中国在国际人才竞争中的政策制定提供实证支持，为构建更加开放和高效的国际职业资格认可体系提供参考。

一 专业人士的跨国性与资历移植性困境

随着工业经济逐渐被知识经济所取代，各类专业人士兴起。在英美国家，跨国专业人士通过加入专业协会来增强自身的独立性和自主性。他们借助这些协会制定全球行为准则和最佳实践，促进从业者之间达成共识。这些专业人士利用这些平台在国际层面上拓展、传播并深化其专业知识。然而，由于中国与英美等发达国家在职业标准管理方式上存在显著差异，国际人才进入上海时，其所携带的资历往往难以实现顺利转化，导致其职业融入与发展面临挑战。下文将详细梳理国内外职业资格体系的差异，并基于调研探讨国际人才在职称转化方面的需求。

（一）国内外职业资格体系与人才评价标准的差异

1. 国家主导的国内职称与职业资格制度

我国职称制度经历了持续的调整与改革，逐步迈向规范化和科学化。1978年，全国科学大会上邓小平提出恢复职称制度，但由于当时缺乏完善的评审标准和指标约束，出现一系列问题。1983年，中央书记处决定暂停职称评定工作，并由国家科技干部局牵头制定深化改革方案，随后发布《关于整顿职称评定工作的通知》，对职称系列进行重新审定和调整。1986年，国务院颁布《关于实行专业技术职务聘任制度的规定》，正式对技术干部实行专业技术职务聘任制。2009年，全国专业技术人才工作会议提出建立包括许可类职业资格、职业水平评价和任职资格评价在内的新职称框架体系。2016年11月，中央全面深化改革领导小组第二十九次会议审议通过《关于深化职称制度改革的意见》，明确提出"深化职称制度改革要以职业分类为基础、科学评价为核心，推动职称评价与人才开发使用相结合"。这一意见标志着专业技术职务聘任制实施30年来的首次重大改革。

我国职业资格制度经过数次清理与整顿，其证书目录与考试制度更为规范。在职业资格方面，1993年《中共中央关于建立社会主义市场经济体制若干问题的决定》提出"制定职业资格标准和录用标准，推行学历文凭和职业资格两证制度"，随之引发各部门机构在市场驱动下设置大量内容重复、含金量不足的职业资格认证，导致国内掀起"考证热"。2008年3月，国务院办公厅发布《关于清理规范各类职业资格相关活动的通知》，明确规定要清理职业资格的设置、培训、收费、考试和鉴定。2017年，人力资源和社会保障部发布《进一步减少和规范职业资格许可和认定事项的改革方案》。2021年11月，人力资源和社会保障部发布《国家职业资格目录（2021年版）》，将2017年目录中76项水平评价类技能人员职业资格中的73项改为社会化职业技能等级认定，另3项调整为准入类职业资格。经过十余年的高速发展和清理整顿，职业资格制度逐渐规范化。

目前，我国的职业资格制度与职称制度呈现归并趋势。我国的国家资历框架旨在整合与统筹各类资历层级体系，提高其透明度、可获得性、可提升性和可携带性，涵盖学历文凭、职业资格证书、技能等级鉴定证书、继续教育和培训证书等，其核心目标是推动非学历教育成果、职业技能等级的学分转换和互认。2023年，人力资源和社会保障部印发《人力资源管理专业人员职称评价办法（试行）》，提出初级、中级实行"以考代评"方式，从而减少初级、中级职称的重复评审问题，副高级采取考试与评审相结合的方式。

2.市场主导与行业自律的国际职业资格体系

随着"后福特主义"理念的全球扩散，20世纪70年代以来，工业社会逐步转向信息社会，知识经济兴起，知识成为生产的核心因素。新型工作岗位，如信息管理、财务、营销和销售等逐渐涌现，研究表明，经济竞争力依赖于劳动力的高技能，这进一步推动高水平教育需求的增加。教育因此被视为"万能灵丹"，不仅是个人和政府发展提升的工具，也是少数能够改善日常生活条件的社会政策领域之一。20世纪70年代以来，失业率上升常被归因于教育与培训缺乏针对性，许多国家呼吁教育改革，要求学校的目标更加经济化和功利化。这导致教育越来越倾向于满足经济需求，普通教育逐渐职业化，职业教育则得到更多重视。教育的职业化和商业化目标逐渐深植教育系统。人们普遍认为教育应由雇主主导，国家则负责推动雇主参与标准制定，鼓励人们将教育视为"人力资本"来投资。通过让行业参与标准制定，教育与劳动力市场的"匹配"问题一定程度上得到解决。总之，以能力为基础的课程培训模式是许多国家职业教育和资格认证的基础，因为政府普遍认为这种模式可以有效满足行业需求，并确保行业对职业教育的控制。

这种教育功利化的取向，使教育的标准由市场所主导。在英国、北爱尔兰和威尔士，20世纪80年代末至90年代初创建的国家资格框架（National Qualifications Framework，NQF），是将职业资格建立在能力理念上的首次全国性尝试。该资格体系的引入旨在对现有职业教育体系进行大规模改革，以缓解英国相对经济衰退的问题。国家资格框架为职业资格的分级与认证提供统一的标准，这一体系在对接国际职业资格时能够提供清晰的参照。通过与国际职业资格框架（如欧洲资格框架 EQF）的对接，可以实现资历的互认与等值性，从而推动跨国职业流动和技能互认。这样，"新标准"成为一个严谨且更具现实关联性的教育替代方案，替代了以笔试为核心的"知识型"教育模式。

在此基础上，英国的国家资格框架逐步向全球扩展。教育改革首先推广至澳大利亚和新西兰，成为这两个国家教育与经济制度改革的主要工具。澳大利亚在20世纪90年代制定了以能力为基础的职业培训体系；新西兰于1990年建立了覆盖整个教育和培训体系的资格框架。这一模式很快被众多发展中国家借鉴，特别是受到英国直接影响的国家，包括前殖民地和与澳大利亚关系密切的亚太国家。

1995年，南非也制定了覆盖整个教育和培训系统的国家资格框架。南非的教育改革，促使南部非洲多国积极推动以职业教育为核心的资格框架制定工作。21世纪初期，纳米比亚、毛里求斯、博茨瓦纳等国开始推进资格框架的建立；这促使马拉维、莫桑比克、赞比亚和津巴布韦等国家也建立了相应机构，进一步落实和实施这一框架，非洲其他国家则开展初步探索。在亚洲和太平洋地区，类似的框架也逐步建立。2007年，马来西亚通过国家资格框架，巴基斯坦也开始制定资格框架。东亚地区如马来西亚、新加坡、泰国和菲律宾均已建立国家资格框架，而文莱和韩国也在推动这一进程，以促进职业教育与市场需求的匹配。

（二）国际人才所携带资历的移植性困境

在对十余家英国颁证学会驻华代表、会员进行深度访谈的基础上，本报告对学会会员进行了问卷调查，共收集556份问卷。在受访的持证国际人才中，尽管只有2.24%的人群目前待在国外，但约1/3的受访者拥有国外教育背景（34.08%）或国外工作经历（35.32%），此外，有29.35%的国际人才最高学历在海外获得。总体而言，有八成受访者符合国际人才的流动性标准，且都持有国际职业资格证书。

1.持证国际人才的基本情况

持证国际人才考取国际职业资格证书主要是为了获得更广泛的国际认

可，这一比例高达94.62%。其他重要原因包括获得工作地政府的认可（47.23%）、同行专家学术评价高（45.88%）、用人单位认可（45.88%）。此外，16.13%的持证国际人才认为国际职业资格证书有助于提升社会声望，10.76%出于个人兴趣，10.42%因为行业大佬是荣誉会员。

在国际职业资格证书与国内职称的对应问题上，76.64%的持证国际人才倾向于直接对应；而只有10.92%的人认为可以先申请，再由专家进行评审、考核、面试等流程；12.44%的人认为可以先申请，然后补充相应材料。在申请国内职称的形式上，91.09%的持证国际人才希望以个人名义申请，而不足一成的人认为应以企业单位的名义申请。

就国际职业资格证书转化国内职称的目的而言，60.00%的持证国际人才是为了得到中国市场（国有企业、高校）的认可，59.50%是为了提高个人薪酬待遇，55.29%是为了获得人才待遇（如人才引进落户），53.78%是为了在国内有晋升通道。此外，14.62%的持证国际人才是为了进入国内企业或事业单位工作而寻求国际职业资格证书与国内职称的转化，5.21%的持证国际人才是为了获得参与招投标的机会。

2. 持证国际人才对职称转化的诉求

国际人才认为国际职业资格证书与国内职称在认证标准上存在显著差异。国际职业资格更侧重于评估持有者在全球范围内的专业能力和实际工作经验，其认证过程强调个案分析和实操能力，考核内容广泛，领域丰富。国内职称体系则侧重于理论知识掌握和国家范围内的认可，评价机制常与国内教育体系和职业发展路径相关，更加强调人才既有的成果，如论文、专利和获奖等。国际人才普遍认为，国际职业资格的全球适用性更广，而国内职称在国内特定领域具有较高的权威性。

持证国际人才对国际职业资格与国内职称转化问题高度关注。调研结果显示，其中，92.27%的受访者认为实际专业能力应作为职称转化的考虑因素，70.59%强调工作经验年限的重要性，56.13%认为职业道德和素养也是重要的考量因素。相比之下，只有42.86%的受访者认为学历因素应被考虑，而12.27%的受访者认为科研课题和成果也是职称转化时应考虑的因素。具体而言，国际人才认为应重点考察个人的实际工作能力、工作经验、职业道德和素养，这些要素全面反映了人才的专业水平和职业适应性。此外，学历背景、职业成就、领导力等也是评价人才不可或缺的维度。对国际人才证书转化的要素考察，旨在构建一个全面、客观的评价体系，确保证书目录的科学性和有效性。

二 国际职业资格认可制度：国内外人才标准的衔接

（一）国内典型城市的经验概况

本报告对国内已发布国际职业资格认可制度的地方清单进行统计分析。在营商环境创新试点城市中，2024年，上海发布111项认可证书，北京（2024年）和深圳（2023年）也分别发布149项和37项证书，海南自由贸易港（2020年）和苏州工业园区（自2017年开始）则发布超过200项认可清单。其中，在认可国别和领域分布上，美国以显著的数量优势成为被认可最多的国家，英国、德国紧随其后。

国际职业资格证书与各地方的产业需求相匹配。北京、深圳、广州、海南自由贸易港、苏州工业园区和重庆在产业分布上呈现各自鲜明的特点。北京以新一代信息技术、医药健康、人工智能、集成电路、新能源智能汽车等高精尖领域为主导，推动科技创新发展；深圳被誉为"中国硅谷"，聚焦电子信息、通信设备、计算机制造等高新技术产业，同时在金融、物流和文化创意产业方面表现突出；广州的产业结构多元化，传统制造业如汽车、石化和钢铁占据重要地位，同时大力发展现代服务业和高新技术；海南自由贸易港聚焦旅游、医疗健康、教育、金融服务等现代服务业及高新技术领域，积极引进国际资源；苏州工业园区则以电子信息、生物医药、精密机械制造和新材料为核心，形成中外合作的高科技产业基地。这些城市依托各自的资源禀赋和产业优势，共同推动区域经济协调发展。

在国际职业资格的认可模式上，部分城市采取更为精细的管理策略。海南实施的"单向认可+目录管理+技能认定"模式，要求境外人员在持证执业前通过技能认定，获得合格证书后才能执业，这有助于确保境外专业人才具备相应的专业技能和执业能力。苏州实行申报审核制，体现出对国际职业资格认可的严格把关和专业匹配。广州在医疗卫生领域对港澳医师直接认定内地医师资格的做法，进一步简化了认可流程，为人才流动和交流提供了更为便捷的通道。这些认可方式的多样性和创新性，不仅促进了国际职业资格的有效互认，也为构建开放、包容的人才环境提供了有力支撑。

为了吸引和便利国际职业资格持有者在国内工作和居留，北京、上海等城市出台了一系列工作许可及停居留便利化措施。北京将境外从业经历视同境内经历，并放宽了持证者在办理工作许可时的年龄限制，同时将符合条件的持证者纳入人才引进和工作居住证办理范围。上海则为持证者提供浦东新区人才引进落户的绿色通道，并在申请外国人才居住证时给予加分。这些措施不仅简化了行政程序，也体现了对国际人才的重视和欢迎。

部分试点城市为国际职业资格持有者提供职称评审申报的支持。深圳试点港籍医生的正高级职称认定，打破了逐级晋升的常规。苏州则建立国际职业资格比照认定职称的通道，并探索放宽外国人才参加职业资格考试的限制。在服务获取方面，北京搭建了境外职业资格证书查询验证服务平台，提供真实性查验服务，简化持证人员办理证书的相关手续。这些措施不仅促进了国际人才的流动和职业发展，也为城市的国际化和创新发展注入新动力。

（二）国际职业资格证书特征与目录制定依据

本报告旨在将国际职业资格的技能要求转化为可量化的变量，并通过问卷调查与行业专家讨论等方法，构建国际职业资格证书与国内职称体系的对应关系。研究发现，国际职业资格与国内职称在学历、资格考试、工作经验等方面存在共性，但在继续教育、成果要求、职业道德等方面有所不同。国际职业资格更强调实务操作和会籍要求，而国内职称体系则更侧重于学历背景、累计工作年限和继续教育学时。通过对比分析，本报告旨在对国际职业资格要求进行操作化，为国际人才的职称评定提供科学依据。

通过对国际职业资格的前期调研，本报告提炼出衡量资历的三大体系：职业资格体系、会员体系和评审体系。职业资格体系与会员体系的关系因学会而异，有的将职业资格证书作为能力证明，有的则以会士为最高称谓。评审体系的严谨性和可靠性对于保证职业资格的含金量至关重要。因此，本报告对这三个体系的变量进行操作化研究，以明确各体系在国际职业资格评价中的作用和相互关系，为国际职业资格与国内职称的互认提供参考框架。

当前的评审形式包括考试、报告、面试和推荐人等，这些评审方式与技能要求的对照分析显示，不同评审形式对专业技能的考察侧重点不同。例如，考试和面试更侧重于专业知识和实际操作能力的评估，而报告和推荐人则更强调申请人的实践经验和行业声誉。本报告通过对评审体系的形式和技能要求进行对照分析，旨在为国际职业资格提供更加精确的评价标准，确保评审过程的公正性和有效性。通过这一分析，可以更好地理解国际职业资格评审体系的特点，为国内职称体系的国际化提供借鉴。客观的变量无须评审考核，如工作年限、学历等；而主观变量（资历考试、专业工作经验和职业伦理）需要通过一定的评审方法进行考核，具体的评审方式如表1所示。

表1 国内外评审方式的差异

变量	国内管理方式	国际颁证学会管理方式
资历考试	国内统一考试	学会出题和大纲，第三方培训
专业工作经验	单位提供证明	个人文书报告、面试或评审、推荐人
职业伦理	考试、面试	报告、评审

资料来源：笔者根据调研材料归纳自制。

职业资格体系对照的核心是"工作年限要求"。国内职称体系与国际职业资格证书的主要差异在于：国内对工作年限和聘任现职称年限要求明确，但国际职业资格证书的相关要求隐藏在"通过考试""通过面试""能力陈述报告"之中，因此需要具体考察各项要求所需时间，避免认定为同一职称的持证者平均年龄差异过大。会员体系的考察重点是与职业资格能力的关系。各家学会在两者的关系上存在差异，一些学会要求会员证明职业资格能力之后，才能获得会士称号；而一些学会的会士称号具有荣誉性质，不仅颁发给工程师，也会颁发给做出杰出贡献的相关人员，而后者则不能被纳入我国的职称体系。

考察评审体系的重点是标准的严格程度。由于国际职业资格证书的评审形式与国内差异较大，建议对各学会的评审标准进行详细调研，避免"俱乐部"性质的学会扰乱严格的评审体系。例如，在专业工作经验方面，国内多由单位提供相关证明，但学会对这方面的要求参差不齐，多通过个人文书报告、专家面试和推荐人等方式评审。如只由推荐人引荐即可获得学会证书，说明该学会功能倾向于业内交际，而非能力考评。总之，通过提炼证书认可与职称对照清单的关键变量，可以更为清晰客观地对颁证学会进行评价，以此为筛选证书与对照职称等级的依据。

三 针对现行国际职业资格认可制度的建议

（一）上海人才评审对接过程中存在的问题与建议

1. 上海职称转化评审流程存在的问题

第一，部分境外证书难以衔接国内行业主管部门的评审范畴。上海市的职称评审部门设置由市人社局牵头，与有关行业主管部门组建评审委员会。上海市人社局印发的《上海市职称评审管理办法》规定，以"职业属性和岗位特征为基础，按系列或者专业组建职称评审委员会，不得跨系列组建综合性评审委员会"。而每个学会具有独立的职业资格评审权，且以行业而非专业划分，因此较多学会具有跨系列的资格证书。例如，英国海事工程及科学技术学会（IMarEST）的资格证书包括三类群体：工程师、科研人员和技术人员。这导致一个颁证学会可能对应多个评审委员会，以此避免持证者无法对应专业职称体系。

第二，部分境外学会与上海行业主管部门负责领域不匹配，没有对应的评委会进行评审。由于上海这类申报人员较少，如单独设立高级职称评审委员会（以下简称"高评委"），可能造成行政资源浪费。例如，英国皇家航空学会（RAeS）的认证则包括皇家特许航空工程师、注册航空工程师以及注册工程技术师，但上海没有评审民航飞行技术的事权，由中国民用航空局组织评审，且评审对象是飞行员序列，而非航空工程师序列。英国海事工程及科学技术学会只有技术人员对口职称评定体系，且事权不在上海市人社局，针对船舶专业技术职称，由交通运输部组建的船舶系列高评委评审，评审对象为船长、驾驶员和轮机员等。航空工程师、海事工程师等没有确切可对应的行业主管部门，导致这类人才来沪的晋升路径受阻，来沪意愿降低。

2. 针对上海职称对接评审的对策建议

应将境外证书适配我国职称评审体系，尽量利用现有高评委进行评审，同时积极探索社会组织评审模式，借鉴其他地方的成熟案例，解决境外证书与上海职称领域无法对口的问题。首先，应充分发挥现有高评委的评审职能，针对境外证书持有者的职称申请进行专业评审。这需要精准对接境外证书的专业范畴与上海工程系列高评委的学科组。例如，对于上海急需的工程类人才，应仔细甄别其所持境外证书的专业方向，如英国海事工程及科学技术学会颁发的特许工程师（CEng）和特许科技员（CSci）资格，可与"工程系列水务（水利）及海洋专业高评委"下设的"海洋工程学科组"对接。通过高评委的专业审查和评定，能够确保职称评定的科学性与权威性。同时，应建立更加明确的标准，规范持证者的申报材料与评审流程，确保境外证书与国内职称体系的衔接。

其次，探索央企参与的多元评审模式，扩大评审主体范围。应积极引入具有评审权限的中央企业，利用其成熟的内部评审体系，为境外证书的本地化提供支持。例如，针对英国皇家航空学会颁发的航空工程师资格，可借助中国商飞等央企的专业评审能力，对持证者的资质进行审核。根据《上海市职称评审管理办法》，央企评审结果经核查后可被上海市认定为同等级别职称。具体操作中，需提供职称评定申报表、评审部门的红头文件，以及评审通过后的职称证书，提交至上海市职称评审委员会进行核查。通过这种方式，不仅能够快速对接专业领域的境外证书，还可降低地方评审的压力，进一步提升评审效率。

此外，还应探索引入社会组织参与评审，尤其是在专业细分领域，可借鉴其他地方通过行业协会或第三方机构完成职称评定的成熟案例。通过建立社会组织评审的试点机制，可为境外证书的职称评审提供更多元的路径选择，逐步完善多方协作的评审体系。

最后，对于既没有对应的市内高评委，外省市或者中央有关单位也无对应评审，但上海却有人才引进需求的持证会员，建议授权"中国工程师联合体"，实现对工程师人才的对标评审。该协会利用大工程领域的概念，作为社会化的第三方评价机制，对持证工程师能力水平进行认可和背书。该协会与多数国际工程师联盟的评价体系相同，与境外证书评审标准衔接通畅，如可以直接对标英国工程委员会（ECUK）的工程专业能力标准（UK-SPEC）；同时，该协会在境外跟缅甸工程理事会、新加坡工程师学会等签订互认协议，有助于我国工程师标准"走出去"。其他地方亦有相关转化案例，例如，小米集团引进外籍计算机工程师，通过北京市人社局委托"中国工程师联合体"进行评审，并对标北京市正高职称。

（二）对国家统筹国际职业资格工作的建议

第一，标准化证书评价指标，建立全国性的国际职业资格目录。笔者发现，尽管各典型城市认可的职业资格数量有所差异，但在认可主体和主要领域上表现出较高的相似性。多数城市集中认可美国、英国、德国等发达国家的职业资格，重点覆盖医疗、建筑、大数据和人工智能等高端领域。针对国际社会广泛认可且含金量较高的职业资格证书，建议出台国家层面的国际职业资格证书目录，以降低地方行政工作的重复性和不确定性。例如，可以在现有人社部搭建的国外职业资格证书查询平台（http://gjzs.osta.org.cn/）的基础上，对已列入目录的国际职业资格证书进行定期更新和优化，以确保政策的动态适应性和高效实施。

第二，建议设置全国性的境外职业资格评审中心，避免各地独立设置平台导致资源浪费。建议由人社部安排第三方机构牵头，统一归口管理各境外学会，将其认证渠道嫁接到机构体系中。学会配合提供查验材料，包括线上查验网址与人工查验邮箱，由第三方机构评审。例如，北京市通过第三方机构 FESCO 实现证书的在线查验，目前已有 472 家注册企业，查询服务达 1042 人次。同时，应避免各省（区、市）各自搭建证书核验系统，造成行政资源浪费，可针对互有重叠的证书领域，实行各省（区、市）证照核验资源和平台的共享机制。

第三，针对公共安全、人身健康及人民生命财产安全等特定职业，由于市场准入资格受国家监管，其执业管理权由行业主管部门掌握，而行业主管部门严格依照国家法律行事，这导致国际职业资格证书持有者在国内难以达到执业门槛，证书对照职称变得"形同虚设"。为此，建议国家层面推动行业主管部门调整对相关国际职业资格证书的执业限制，针对建筑师、医师等高端国际人才，建立执业准入与资格互认机制。例如，通过补充性培训或能力测试，为其在国内执业提供便利，增强来华（回国）发展的吸引力，同时推动国内行业标准与国际接轨。

第四，应积极引导国际颁证学会认可国内职称制度对于人才评价的价值，推动国内外职业资格的互认，以提高跨国人才的流动性和融合度。中国需要构建更加符合国际通行标准的人才评估体系，关注人才的综合能力，包括道德素养、沟通能力、管理技能等软实力，以及实践经历、行业经验和专业成就。逐步探索将职称制度推广至国际市场，推动国内职称标准的国际化认可，以实现国内外双重认证。这种国际化职称体系将有效提升中国技术人才"走出去"后的职业资格认可度，增强技术凭证的国际可移植性，为中国在全球专业技术领域赢得更大的话语权和影响力。

总之，全球职业标准长期延续了后殖民主义和世界体系的结构特点，发达国家如英美始终在"核心"位置主导职业规范的制定，而发展中国家则处于"边缘"或"半边缘"地位，被动接受这些标准。这种"创造性破坏"过程意味着，发展中国家在逐步接受和适应由发达国家主导的职业标

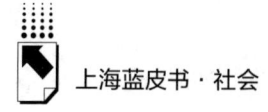

准时，其本土职业规范被重塑，被迫向发达国家的专业化模式靠拢。在当前全球职业体系的格局下，我国逐步开放和认可国际职业资格，通过"一带一路"倡议和国内国际双循环新发展格局，展现出推动职业标准"制度型开放"的决心。

参考文献

鲍静、邱茜、谢晶：《中国职业资格制度：历程、现状与展望》，《中国行政管理》2023年第12期。

孙一平：《我国职称制度改革发展的内在逻辑分析——基于历史制度主义的视角》，《中国行政管理》2023年第9期。

Chiarello E., "Challenging Professional Self-regulation: Social Movement Influence on Pharmacy Rulemaking in Washington State", *Work and Occupations*, 2011, 38.

Harrington B., Seabrooke L., "Transnational Professionals", *Annual Review of Sociology*, 2020, 46 (1).

Hydle K. M., Hopwood N., "Practices and Knowing in Transnational Knowledge-intensive Service Provision", *Human Relations*, 2019, 72 (12).

Spence C., Sturdy A., Carter C., "Professionals with Borders: the Relationship between Mobility and Transnationalism in Global Firms", *Geoforum*, 2018, 91.

Wheelahan L., "Not Just Skills: What a Focus on Knowledge Means for Vocational Education", *Journal of Curriculum Studies*, 2015, 47 (6).

Young C., *The Myth of Millionaire Tax Flight*, Stanford, CA: Stanford Univ. Press, 2018.

社会治理篇

B.12
长宁区：建立健全新兴领域党建工作机制的新探索

白燕　罗新忠　仲静云　孔令琦*

摘　要： 本报告通过对长宁区华阳路街道党建引领基层治理"四个在网格"案例的分析，揭示通过推动新兴领域党的组织体系全覆盖，进而推动政治功能和组织功能全面增强，促进基层党建能级整体跃升的实现机制。高流动性和离散化等特征要求新兴领域党建既要注重空间思维消除空白点和模糊点，更要注重在一定的治理单元范围内集成赋能切实解决实际问题。基层中的"网格"是介于街道和居民区层面的治理空间，"党建引领社会治理体现在网格"是空间思维、全要素思维的体现，一般要经历三个步骤：因时因地实现党建网格、城市运行网格、综合网格"多格合一"（结构化），在网格中建立健全党组织（再组织化），在网格内形成治理共同体（共同体化）。

---

* 白燕，上海市长宁区华阳路街道党工委书记；罗新忠，上海市社会建设研究会副会长；仲静云，上海市长宁区华阳路街道党工委副书记；孔令琦，上海市长宁区华阳路街道办事处副主任。

关键词： 新兴领域党建　网格治理共同体　上海市长宁区

上海市长宁区华阳路街道是"凝聚力工程"的发源地。2024年，街道党工委把推进党的组织体系全覆盖工作作为发展新时代"凝聚力工程"的重要载体，积极推动"四个在网格"，不仅为"凝聚力工程"拓展了新的发展空间，还进一步健全了街道辖区内新兴领域党建实现机制。

一　背景与缘起

党的二十届三中全会提出"深化党的建设制度改革""增强党组织政治功能和组织功能""探索加强新经济组织、新社会组织、新就业群体党的建设有效途径"。推进党的组织体系全覆盖是习近平总书记交给上海的重大任务，是基层党建的"必答题""必答卷"。2024年7月，上海市委书记在上海凝聚力工程博物馆向基层一线代表宣讲党的二十届三中全会精神时指出："创新基层党建工作模式，全力抓好区域覆盖、行业覆盖、重点覆盖、人群覆盖，实现党的组织体系全覆盖、宗旨和作用全覆盖。"[①]

二　做法与经过

（一）对象底数再排摸，进一步推动组织覆盖在网格

优化基层党组织设置形式，努力实现社会发展到哪一步，党建就跟进到哪一步；社会拓展到哪里，党建就覆盖到哪里。一是摸清"不留空白"的工作底数。摸清"两企三新"对象的数据是"全覆盖"工作的基础。为此，

---

① 张骏：《从落实国家战略的高度谋划改革　大力推进首创性改革引领性开放》，《解放日报》2024年7月29日。

街道依托条块联动、动态共享的全覆盖数据归集工作机制，按照楼宇、园区、街区、外卖快递站、公租房、社会组织等划分范围，组织街道管理办、平安办、营商办、城运中心、综合行政执法队、党群服务中心等力量在全街道范围全领域全量化开展走访排摸，由居民区对散落在社区内的新就业群体等进行兜底排摸。形成基本数据库后保持常态走访、动态比对，实时更新。二是构建"不留空白"的组织体系。在区总体方案的框架下，按照"实网、强基、联动"的思路，以网格为单位，全面梳理网格内街道所属的党组织及各类党建功能平台的工作覆盖范围，如海粟街区党委、"上海硅巷"科创街区党建联盟、人工智能党建专委会、"吾百家园"街区治理委员会等，并与梳理的工作底数相匹配。对网格内已经成立的居民区党组织、楼宇园区党组织、"两企三新"党组织，进一步明确其相应的政治功能、组织功能和服务功能，增强既有的覆盖实效；对有党员但因客观原因、工作性质，无法纳入既有党支部的，通过新成立街区新兴领域党支部的方式，将分散在沿街商铺、新兴就业领域的党员纳入组织体系；对于党组织关系不隶属街道或无党员的，通过同步成立在职党员网格报到站、党建活动指导站的方式，将其纳入组织体系和治理体系。同时，以每一个网格为单位，成立由街道班子成员领衔的"网格党建协调会"，以区域化党建或功能性党组织的运行方式统筹领导推动网格内的相关事宜。

（二）各类力量再优化，进一步推动队伍整合在网格

全面整合各支队伍，在网格层面统筹党群力量、行政管理力量、专业力量、市场主体、社区"第二梯队"等各类社会力量，形成合力，共同做好相关工作。一是结合实际配强党支部书记人选。根据网格实际特点，从更好地发挥"领头雁"作用入手，选择合适人选担任网格内的街区新兴领域党组织书记。结合华阳辖区范围内社区、商区、园区、校区、历史风貌区和艺术街区的混合形态，分别由社区专职党群工作者、街道工作人员和综合执法队工作人员担任街区凝聚力党支部书记。二是构建网格会商协调平台。在网格层面建立相关工作平台，由街道分管领导担任召集人和副召集人，将街道

机关公务员,党群服务中心、经济发展中心、社区事务受理服务中心、城运中心、综合行政执法队、市场所、派出所等执法力量,社会组织、律师、"两代表一委员"等专业力量整合至各网格,联勤联动,统筹协调党的建设、社区治理、处置疑难问题等。三是探索建立基于网格的城市运行联勤联动站。海粟城运联勤联动工作站首先实现实体运行,公安、城管、市容、消防等专兼结合的各类资源实体入站,形成了快速发现、联动处置、会商研判、评估赋能等工作机制和联勤联动流程,推进党建引领网格治理实效化、常态化。

(三)工作机制再完善,进一步推动作用发挥在网格

着眼于党组织发挥作用,围绕日常联系、服务推送、凝聚引导、解决问题等建立健全工作机制,推动实现有形组织覆盖和无形作用宗旨覆盖的双翼并进,并同步赋予多元化、多角度的资源支撑覆盖,进一步提升基层党建工作能级。一是建立明晰的责任机制。立足常态长效,以排摸的数据为底座,同步各职能部门、行业部门有关数据,比如,管理办负责同步商铺的动态数据,营商办负责同步楼宇园区企业的动态数据,综合行政执法队等执法力量为参与部门,同时鼓励根据实际探索"路长"(针对沿街商铺的各个路段)、"层长"(针对楼宇商铺的各个层面)等做法。做到"五必清",即企业、商铺经营情况清,负责人情况清,从业人员情况清,党建工作情况清,资源需求情况清。二是健全走访及问题解决工作机制。传承"四百"大走访好做法,围绕"两企三新"开展"四百"走访,丰富拓展"七要诀"内涵。一走,在日常走访常态化基础上,定期开展集中走访;二看,在走访中看楼宇、街区商铺情况,看安全、食品卫生等情况;三听,听党员群众反映情况、需求情况;四聊,在与新兴领域主体和个人沟通时,开展相关工作宣传、服务推送;五议,对走访收集的意见建议归集分类,通过网格会商协调平台开展讨论;六办,明确事项、问题责任部门,推进办理;七回头,对推进的实事项目、治理项目、服务项目进行评估,并收集意见建议。从"剖析一个问题"到"解决一类问题",不断建立健全保障机制。三是形成网格

会商议事工作机制。关心群众诉求，回应群众呼声，完善一格一题、双周一议、一季一评、一年一报的"四个一"工作闭环。围绕各网格内"跨领域、跨地域、跨行业"的治理难点，确定每个网格的若干重点议题，双周开展协调会议具体推进，每季度在街道党工委层面进行讨论、点评，在年度社区代表会议上对解决情况进行通报，并接受人大代表、政协委员的监督，加大力度解决网格内发生的涉及多部门、跨行业、跨区域的疑难事项。四是落实"三建融合"工作机制。深化"一支部一实事"，在参与志愿服务和基层治理等方面发挥积极作用；培育"一支部一品牌"，聚焦群众"急难愁盼"问题，企业经营发展中的重点、难点等，打造党建特色品牌；组织和开展多形式、多方位的党建联建共建，落实"一支部一结对"，驻区单位党组织、居民区党组织与网格党支部开展结对，充分运用辖区内的各类资源，实现资源共享、载体共建、优势互补、形成合力，加强居民区党建、"两企三新"组织党建、区域化党建相互融合。

（四）体系功能再提升，进一步推动阵地支撑在网格

按照党群阵地功能体系提升的要求，明确一网格一阵地，突出矩阵体系有布局、有载体，有引领、有服务，有功能、有内涵。完善一张服务地图、"三张清单"，党群服务站、联勤联动站、人才服务站多站合一，为"全覆盖"工作提供阵地支撑。一是聚焦政治功能。在网格党群服务阵地设立组织生活室、初心书架，打造党员自学"加油站"；推送凝聚力讲堂、凝聚力"云"课堂直播间课程，形成"线上+线下"立体式学习网络，为党员开展专题党课；发挥"三老"谈心站、高工谈心会作用，开展广泛宣讲，分享初心故事；围绕街道五大街区，推出红色文化、美丽街区、城市更新三条行进式党课路线，追寻红色印迹，感受人民城市建设成果。二是聚焦服务功能。整合党务、商务、税务、医务、法务、警务、事务、安全"七务一全"，为企业、员工提供"一站式"服务，开展集医养、艺术、评议、公益等功能于一体的"午间YI小时"活动，推送"四季文化+"系列活动；打造小哥"加油站"，设立"暖'新'服务365"服务品牌；为新就业群体开

展灵活就业参保、社保卡和居住证业务政策咨询，开通"医分钟"便捷就医通道；推出"飞乐夜校"，让周边居民、员工体验精彩"夜生活"。三是聚焦治理功能。针对不同领域、不同特色、不同需求的党员及骨干力量开展工作培训，提升治理能力；设立人民建议征集点，征民意、集民智、聚民心，将群众的"金点子"转化为社区治理"金钥匙"；依托既有街区治理委员会、弄管会、议事会、楼委会、商户联盟等平台和载体，邀请新兴领域党员、群众积极参与，共商共议，助力社区治理；围绕新就业群体成立的"暖新巢"中山公园站点外卖快递自我管理互助小队，引导快递外卖骑手积极参与志愿服务、文明交通、爱心助老等，推动"治理对象"转变为"治理力量"。

三 成效与反响

通过"四个在网格"的方式，初步发挥了积极作用。

一是资源投放更加精准。网格的街区支部书记在走访快递外卖站点过程中了解到，快递外卖骑手因为长时间工作，有工间休息场所、保暖物品配备、电瓶车换电等多元需求。支部通过区域化党建平台来解决他们的需求，比如，联合中国铁塔股份有限公司上海市分公司打造"暖新巢""加油站"，在党群服务中心、中山公园商圈、文艺海粟街区、"上海硅巷"科创街区等6个点位建设户外智能"暖新"换电柜，突破传统定点充电模式，提供智能换电服务，提升骑手的高效续航能力。

二是城市温度更加凸显。街道发起"骑手友好商铺"项目，倡导商家将善意传递给每一位骑手，为骑手提供优惠套餐，让他们在忙碌的工作之余，也能感受到来自社区的温暖与关怀。街区凝聚力第一党支部顺势而为，进一步引导武夷路沿线商家加入"'夷'杯茶的温暖"项目，绘制"'夷'方美好暖'新'地图"，既为奔波的新就业群体提供方便卫生的一食一饮，又为沿街商铺拓展客源。为社区80岁以上老年人庆祝重阳节的活动已在华阳路街道坚持开展了多年，街区凝聚力第三党支部在走访商户"宜德饭堂"

时，店长表示希望尽自己绵薄之力传承孝老爱亲的优良传统。原本并不供应面条的商家特地在节日当天准备了美味的长寿面，开辟出专门场地供老年人堂食。对于腿脚不便、无法前来的老年人，由支部党员和外卖骑手送餐上门。一碗热气腾腾的长寿面成了新就业群体与党组织信念契合、感情聚合的"催化剂"。

三是治理能级更加跃升。街区凝聚力第二党支部探索"三个先走、三个携带、进门三看"工作法，即率先对有党员的店铺、有大业主管理的商场、关注度高的沿街商铺开展走访；出门走访随身携带工作牌、联"新"服务卡、便民政策的服务包；在走访中注重通过看门面来区分业态经营、通过看门责来感受商铺公益责任心、通过看门后来了解商铺内部管理，提升走访排摸的实效。街区凝聚力第四党支部借助"多格合一"平台优势，全频发力做好寻"新"、暖"新"、助"新"服务。支部书记蓝某是一名行政执法队员，他在工作中发现江苏北路万航渡路附近有一处大型超市配送站点，一度存在非机动车占道停放、车速过快等现象。支部通过邀请快递外卖骑手参与"桥下空间音乐会"、节日走访慰问、上门赠送普法大礼包等方式拉近与站点从业人员距离，站点周边环境和秩序明显改善。

四 经验与启示

网格是上海推进超大城市精细化治理的重要单元，不仅是党建工作开展的背景场域和载体，更是影响党建效能的直接因素。相比于传统领域党建而言，高流动性和离散化等特征要求新兴领域党建既要注重空间思维消除空白点和模糊点，更要注重在一定的治理单元范围内集成赋能切实解决社区治理的实际问题。基层中的"网格"是介于街道和居民区层面的治理空间，"党建引领社会治理体现在网格"是空间思维、全要素思维的一种体现，一般要经历三个步骤，即因时因地实现党建网格、城市运行网格、综合网格"多格合一"（结构化），在网格中建立健全党组织（再组织化），在网格内形成治理共同体（共同体化）。

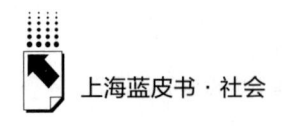

（一）建立与网格相对应的党建单元

通过空间结构化机制塑造有效的党建单元，是开展新兴领域党建的前提。空间结构化机制决定了以什么范围以及多大范围为基本单元开展党建工作。空间结构化是指基层党（工）委根据新兴领域空间的经济、物理、社会以及政治结构情况，锁定关键空间，因地制宜下沉资源，将特定空间塑造为党建单元的过程。一旦确定党建单元，就明确了特定空间中的党建责任主体和边界，有助于后续党建工作的推进。本案例依托街道内的基础网格，塑造了相应的党建单元，为后续开展工作提供了前提条件。

（二）建立健全与网格相匹配的党组织

在网格中建立健全党组织，即通过再组织化机制塑造有效的党组织形态，是新兴领域党建有效的组织基础。再组织化机制决定了党组织以何种方式设置或组建。它是指基层党（工）委在政策势能驱动下对特定群体进行的他组织化与空间内部原生组织自组织化相互叠加的过程，旨在以此为依托，将其中独立而分散的党组织和流动党员再组织化为一个富有生机和活力的党组织，从而重塑有效组织秩序。本案例中新建立的若干街区凝聚力党支部、网格党建协调会以及功能性党委等做法，充分体现了这一思路。

（三）建设以网格为基本单元的治理共同体

通过网格共同体化机制形塑有效的党建共同体，是党建有效的重要机制。共同体化机制决定了党组织功能如何发挥，它是指通过培育人人参与、人人负责、人人奉献、人人共享的社会关系和治理理念，再造网格内经济组织及职业群体的类社区居民身份（尽管不是居住在社区里的居民，但却是在街区里的"社民"），强化身份认同、空间认同以及价值认同，进而形成参与社会治理的内生动力。本案例有机整合楼宇园区党组织、社会组织党组织、居民区党组织并发挥其作用的做法，就是这一思路的呈现。

B.13
杨浦区:"社区大管家"住宅物业治理新模式

徐万骅 刘振伟*

摘 要: 本报告从系统治理的视角分析上海市杨浦区延吉新村街道"社区大管家"住宅物业治理模式。社区大管家既是"基层治理专家",又是党建引领下"三驾马车"的得力帮手;社区大管家不仅通过发挥"顾问""教练"等功能为基层进行技术赋能,而且通过发挥其桥梁纽带功能把各治理主体联结成一个有机整体,在一定程度上填补了各治理主体横向、纵向互动的缝隙;社区大管家制度为解决住宅物业治理问题提供了整体性、系统性、协同性解决方案。基于这些分析指出,社区大管家制度不仅系统集成了住宅物业治理领域"小秘书"事务代理和其他单纯的技术赋能方式的优势,而且有所超越。

关键词: 物业治理 社区大管家 技术赋能 上海市杨浦区

从2018年开始,为破解住宅物业治理难题,上海市杨浦区延吉新村街道探索"社区大管家"工作模式,从整体性、系统性、协同性上思考和谋划住宅物业治理难题,取得积极成效。

---

* 徐万骅,上海市杨浦区延吉新村街道党工委书记、人大工委主任;刘振伟,上海市杨浦区延吉新村街道睦邻社区大管家事务所主任。

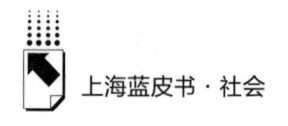

一 背景与缘起

延吉新村街道位于上海市杨浦区中部,所辖的住宅小区大多数为建成于20世纪80年代的售后公房小区。小区整体呈现设施设备陈旧、功能配套不全、日常管理制度不完善等状况。因业委会成员不专业,加之"三驾马车"以及街道相关部门之间存在较大的互动缝隙,住宅小区物业矛盾纠纷数量长期居高不下。2018年之前,街道平均每平方公里所产生的12345工单数量一度高居全市第六位。为从根本上破解住宅小区物业治理难题,2018年9月,延吉新村街道开始在所辖的控江路645弄居民区试点推进"社区大管家"工作模式,由专职人员担任社区大管家,协助"三驾马车"处理物业治理矛盾纠纷。2019年5月,成立专业社会组织——延吉新村街道睦邻社区大管家事务所。街道以购买服务的方式,由大管家事务所遴选政治素养高(一般是中共党员)、物业治理经验丰富的"老法师"担任社区大管家。每名社区大管家负责一个网格片区(3~4个居民区)的住宅小区物业事务,同时配套建立联合接待、部门会商等工作制度,"社区大管家"工作体系初步建立。2020年,将社区大管家纳入街道"一网统管"体系,并赋予大管家民意征询权、问题上报权、部门约请权、效能评价权等四项权力。同时,让大管家深入参与对专业性要求较高的专项工作,如业委会组改建、物业选续聘、"三项规约"(《业主大会议事规则》《管理规约》《专项维修资金管理规约》)修订指导、无物业管理小区封闭、物业费调价等。

二 做法与经过

"社区大管家"的名称取物业服务岗位中的"管家"之意,在此基础上增加一个"大"字,其目的主要是区别于那种仅限于日常物业服务的物业公司"管家"或主要承担协助性工作的业委会"小秘书"。社区大管家模式的做法主要体现在以下三个方面。

（一）聚焦顾问、教练、桥梁三项功能，全方位赋能物业治理

有别于物业公司"管家"和业委会"小秘书"的事务性功能定位，社区大管家聚焦物业治理梗节难题破解，主要提供住宅小区内涉及公共治理和集体行动的服务，其功能定位主要体现在"顾问""教练""桥梁"6个字上。"顾问"是指依托社区大管家的专业优势，积极参与物业费调价、业委会组改建、物业选续聘等专项工作，在方案制订、合同签署、意见征询、矛盾调解、业主大会召开等重要流程和关键环节，通过出具指导意见、提供法律咨询、参与矛盾调解等方式，为相关工作赋能助力，为物业治理保驾护航。与物业公司"管家"不同，社区大管家是咨询而非执行，是主动而非被动，是赋能而非负能。在社区大管家的专业指导下，延吉新村街道先后有多个小区成功完成业委会的组改建工作，有一批小区成功完成物业续聘以及物业费调价工作。"教练"是指在充分尊重业委会主体地位的前提下，由社区大管家充当业委会的贴身教练，为每一个业委会量身定制训练成长计划，通过贴身式陪伴、手把手指导业委会修订议事规则、选聘物业企业、制订维修方案、拟写业主大会公示公告等，帮助业委会快速掌握专业知识、熟悉工作流程、适应工作角色，激发业委会的主观能动性，推动业委会渐进式实现自主运作、专业运营、良性运转。与物业公司"管家"不同，社区大管家是指导而非替代，是陪伴而非陪着，是标本兼治而非仅仅治标。当然，对于部分现阶段暂时不具备能力或条件的业委会来说，社区大管家也直接协助做一些文书工作，但仅仅是过渡阶段的过渡做法，一旦条件成熟，社区大管家会尽快回归教练这一角色定位。"桥梁"是指充分发挥社区大管家第三方的中立优势和人熟、地熟、情况熟的在地优势，将社区大管家纳入街道"一网统管"工作体系，由社区大管家充当"三驾马车"之间、居民与"三驾马车"之间、"三驾马车"与街道职能部门之间沟通的中介、联系的桥梁、协作的纽带，弥补互动的缝隙，增强治理的合力，提升治理的质效。与物业公司"管家"不同，社区大管家是中介而非终端，是桥梁而非路障，是纽带而非纽扣。

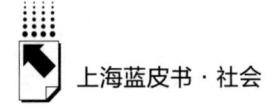

（二）赋予联系、上报、约请、评议等四项权力，全要素夯实工作基础

为进一步夯实社区大管家的工作基础，延吉新村街道以合法合规的方式赋予社区大管家民意征询权、问题上报权、部门约请权、效能评价权等四项权力。一是民意征询权。居委会、业委会以签订书面授权书的形式，授予社区大管家民意征询权。社区大管家在授权范围内可以通过座谈、访谈、问卷调查等方式，直接征询居民的意见建议。二是问题上报权。对于在工作过程中发现的跨部门、跨层级的疑难问题，社区大管家可以通过"一网统管"平台，直接上报至城运中心，由城运中心派单处理；也可以利用网格化管理机制，直接上报给每个网格片区的分管领导，由相关分管领导协调处理。三是部门约请权。社区大管家可以根据工作推进或问题处置的情况，直接约请或协助"三驾马车"约请街道相关职能部门和单位。相关职能部门和单位需在三天内接受约请并赶赴现场处置，无正当理由不得拒绝约请或敷衍了事。四是效能评价权。社区大管家根据问题或事项处置的结果、处置的实效以及居民满意度等情况，对"三驾马车"以及相关部门和单位的问题处置效能进行综合评价，并定期上报给分管社区大管家事务的街道工作部门。

（三）配套联合接待、后援支撑等五项制度，全流程构建工作闭环

延吉新村街道以及社区大管家事务所先后建立了联合接待制度、"一门受理"制度、部门会商制度、后援支撑制度和考核激励制度，构建了一个比较完整的工作闭环。一是联合接待制度。每名社区大管家负责3~4个居民区的物业治理事务。每周固定时间，由社区大管家牵头召集"三驾马车"、城管中队以及法治专员等多方力量，在专设的联合接待区域开展联合接待，为来访居民提供"一门式受理、一站式办结"的服务。截至2024年10月底，社区大管家已牵头组织1300余次联合接待，累计接待居民7000余人次，有问题到联合接待区已成为延吉新村街道很多居民的第一选择。二是"一门受理"制度。对于联合接待、日常接待以及走访或工作过程中发现的住宅小区物业管

理问题，由社区大管家负责"一门受理"，再按照"谁家孩子谁家抱"的原则明确责任主体；对涉及多个主体的，由社区大管家上报居民区治理联席会议和片区协同机制进行协调处理，实现问题收集处置小区内部循环和闭环管理。截至2024年10月底，社区大管家已累计受理4200余个物业治理难题，解决3860余个，问题解决率接近92%。三是部门会商制度。街道不定期召开由管理办、社工办、城运中心、司法所、派出所、城管中队、安监办等部门参与的会商会议，就物业治理共性问题和社区大管家反映的突出难题进行专题研讨会商，共同寻找破题的思路举措。截至2024年10月底，已召开数十次部门会商会议，先后解决了松花江路沿线大楼加装无障碍坡道、221街坊三个体量差异巨大的小区实现业委会与物业合并、杨家浜小区业委会分拆、友谊新村小区封闭管理、多个小区电梯更新改造等物业治理难题。四是后援支撑制度。依托社区大管家事务所强大的团队力量和丰富的专家资源，为社区大管家提供强大的后援支撑，支撑内容包括编制工作指南、专业培训、法律咨询、远程指导以及必要时的现场指导等。已先后组织编写业委会换届改选工作指南、物业选聘工作指南、物业费调价工作指南等9个住宅物业治理工作指南，并对所有社区大管家进行全面系统的培训。五是考核激励制度。以"定期考核+专项考核"相结合的方式对每一位社区大管家的工作进行考核。每年10月和次年4月，组织所服务片区的居民区干部、业委会委员、物业公司经理以及服务过的社区居民，从服务专业度、服务及时性以及服务态度等方面对社区大管家进行满意度测评。同时，每一个专项工作完成之后，组织服务对象对社区大管家的工作进行打分。对于连续两次定期考核分数均在80分及以上的社区大管家给予数额不等的激励；对于定期考核分数在80分以下的社区大管家进行警告，连续两次定期考核分数在80分以下的予以辞退。对于专项考核优秀的给予专项奖励。

三　成效与反响

社区大管家制度自运行以来，取得了诸多积极的成效，这些成效主要体现在"五个转变"上。一是实现了从"进多扇门"向只"进一扇门"的转变。以前，居民反映物业治理问题，不少时候需要在居委会、业委会、物业公司之间"折返跑"，最后，问题还不一定能够得到有效解决。社区大管家制度推行以后，居民反映物业治理问题效率明显提高，实现了从以往"进多扇门"到如今只进"联合接待区"一扇门，从以前找多个人到现在只找"社区大管家"一个人的转变。二是实现了从互动梗阻向无缝闭环的转变。社区大管家有效填补了居民区"三驾马车"之间以及街道职能部门之间的横向互动缝隙、居民与居民区"三驾马车"之间以及居民区"三驾马车"与街道职能部门之间的纵向沟通缝隙，从横向和纵向两方面打破了互动的壁垒，实现了相关主体之间的左右联动、上下贯通。三是实现了从不专业向专业化的转变。在社区大管家的顾问式指导和教练式辅导下，不少业委会快速掌握了专业知识、熟悉了工作流程、适应了工作角色，业委会委员履职能力、规范化运作水平显著提升，进而带动了街道住宅小区物业治理专业度的整体性提升。四是实现了从被动应对向主动发现的转变。有了社区大管家制度，居民区"两委"从琐碎的事务中解放出来，有了更多的时间深入社区、走访居民，社区内的不少问题"主动发现率"明显提升。五是实现了从矛盾上交街道向矛盾不出小区的转变。依托联合接待、一门受理、部门会商等社区大管家工作制度，居民区"三驾马车"及时掌握情况、提早介入矛盾，做到了矛盾在小区、居民区、片区就地化解，初步实现了从矛盾上交街道向矛盾不出小区的转变。

社区大管家先后得到新华网、上观新闻、《文汇报》、《新民晚报》、东方卫视等国家级、市级主流媒体的专题报道。2023年，杨浦区召开专题推广会，宣传推广延吉新村社区大管家工作模式，并将该模式写入2024年杨浦区政府工作报告。延吉新村社区大管家工作模式还先后获评杨浦区"十佳"睦邻项目、杨浦区社会组织参与社会治理"十大创新案例"、杨浦区"枫桥经验十佳示范项目"。

四　经验与启示

住宅小区物业治理是一个准公共管理领域，较长时期处于"低水平锁定"①状态。集体行动困境是住宅物业治理面临的主要难题。近年来，上海在这方面探索出一些经验做法，如业委会"小秘书"制度、第三方技术赋能等。但总体来看，成效不是非常明显。其根本原因在于，这些做法"治标不治本"，并未从根本上助力基层克服公共治理难题、帮助业主克服集体行动困境。

住宅物业治理领域是一个市场逻辑、治理逻辑、权利逻辑相互交织的复合场域，单靠零打碎敲式的办法不可能解决住宅物业领域的根本问题。不同于以往的各种做法，社区大管家制度为解决住宅物业治理问题提供了整体性、系统性、协同性方案。社区大管家既是"基层治理专家"，又是党建引领下"三驾马车"的得力帮手。社区大管家不仅通过发挥"顾问""教练"功能为基层进行技术赋能，而且通过发挥其桥梁纽带功能把各治理主体联结成一个有机整体，在一定程度上填补了各治理主体横向、纵向互动的缝隙，联合接待、"一门受理"是其中的典型做法。从这个意义上看，社区大管家不同于业委会"小秘书"之处在于其"地位"更高，是业委会的"老师"而非"佣人"；社区大管家不同于一般的技术赋能之处在于其不仅从技术上思考问题，还从政治上谋划问题，注重住宅物业治理的整体性、系统性、协同性，并结合党的社会工作体系建设协助推进住宅物业治理工作。

---

① 黄山：《社区治理"低水平锁定"困境及破解之道——以 F 市 X 街道为例》，《福建师范大学学报》（哲学社会科学版）2023 年第 3 期。

B.14
浦东新区:"半志愿半市场"物业服务供给新模式

沈慧 马凤英 宋良冰*

摘　要： 本报告通过对浦东新区合庆镇农民动迁房小区"楼管家"物业服务的案例分析,提出"半志愿半市场"供给方式的概念,从公共治理的视角分析"楼管家"模式的价值意蕴与实践路径。"楼管家"模式实现了居委会、物业公司、志愿者和居民等多元主体的相容激励,是在"市场失灵"和"志愿失灵"的情形下对农民动迁房小区物业服务模式的机制性创新。在此基础上提出,要注意把握楼管家和楼组长的区别,并指出"楼管家"模式不是逆市场化趋势而动、"楼管家"制度有一定的适用条件等。

关键词： 动迁房小区　物业服务　半志愿半市场　楼管家　上海市浦东新区

在当代中国城镇化进程中,镇域范围内的农民动迁房小区物业治理普遍面临一些难题,其中因物业费低而导致物业服务品质低的问题更为突出,居民群众意见较大,浦东新区合庆镇通过"楼管家"模式在一定程度上破解了这一难题。

一　背景与缘起

合庆镇位于浦东新区东部,属于典型的城乡融合发展区域。随着城镇化

---

* 沈慧,上海市浦东新区合庆镇党委副书记;马凤英,上海市浦东新区合庆镇副镇长;宋良冰,上海市浦东新区合庆镇蔡路社区党委书记。

进程的加快推进，辖区内农民动迁小区数量呈现快速增长趋势。截至2024年11月，全镇共有29个住宅小区，其中农民动迁小区17个，占比高达58.6%。受消费观念、支付能力等因素影响，农民动迁小区普遍存在物业费标准低、物业费收缴率低等问题，导致小区物业服务企业难以通过纯市场方式聘请足够的人力提供物业服务，进而导致物业服务质量下降，不少小区因此陷入"收不上物业费—物业服务不到位—居民拒交物业费—小区环境持续恶化"的恶性循环，个别小区甚至出现无物业公司愿意接盘的困境。与此同时，农民动迁房小区存在大量的富余劳动力得不到充分利用，但传统的"纯志愿"方式难以充分激发其积极性。面对农民动迁房小区"纯市场"失灵、"纯志愿"失灵的"双失灵"局面，2023年3月，合庆镇开始在庆东居民区海湾新城小区实施"楼管家"模式，通过在小区内实施物业管理"半志愿半市场"用工方式，激发社区内富余劳动力参与物业管理的积极性。

二　做法与经过

推行"楼管家"模式的主要做法是在不改变总体物业服务模式、不提高物业费标准、不增加物业公司成本的前提下，由居民区党总支协助物业公司组建一支"楼管家"队伍，由楼管家担任楼道保洁员，物业公司从物业费中拿出一部分经费补贴楼管家，待时机成熟时再将楼管家纳入居民区党建微网格体系。

（一）组建"楼管家"团队

海湾新城小区是一个典型的农民动迁房小区，共有33幢居民楼、103个门栋。因工资低、工作强度大，楼道保洁员离职率非常高。同时，因工资低，物业公司很难从市场上及时招聘到新的保洁员。保洁员离职期间，楼道卫生无人打扫，居民意见很大，甚至有居民提出更换物业公司的想法。物业公司向居民区党总支寻求帮助。居民区党总支组织召开了"三驾马车"会议和党员代表会议，共同研究讨论解决之策。一是共商共议寻对策。有代表提议，考虑到物业公司的实际困难，建议由居民区党总支协助招募志愿者以包干的方式担任楼道保洁员，物业公司从物业管理费中拿出一部分费用补贴志愿者。物业公司也表示支持。大家共同算了一笔账：海湾新城小区共有103个门栋，其中多层73个、高层30个，如果按多层60元/月、高层100元/月标准发放补贴的话，一年大约只需要9万元；聘请6名楼道保洁员一年至少需要18万元。大家讨论的意见很快成为推进的方案。二是联合面试选管家。居民区党总支在居委会公示栏和居民微信群发布楼道保洁员招募令。招募令发布不到一周就吸引了100多位居民前来报名。为了确保能够真正选到合适的人，居民区党总支和居委会、业委会、物业公司一起组成联合面试小组，按照居民群众认可、有奉献精神、无欠缴物业费、无违章搭建等标准，对报名的居民逐个进行面试，最终遴选42名楼道保洁员。他们多为合庆镇50岁以上从农民动迁到镇上居住的居民，一般为女性，被称为"楼管家"。他们中既有楼组长、居民代表，也有普通居民。三是依据合同明职责。按照物业服务合同的约定，楼道保洁员需每周对包干楼道清扫一次，每月对楼道、门厅、电梯等公共区域清拖一次。为确保楼管家工作不走样，楼道保洁水平不打折，庆东居民区在充分征求各方意见的基础上，指导物业公司以略高于物业服务合同约定的标准确定了楼管家的工作职责。楼管家以包干的方式定期清扫包干楼道，每位楼管家包干1~3个楼栋。物业公司为每一位楼管家配备扫把、拖把、簸箕等工具，并为每一位楼管家购买人身意外险。居委会为楼管家颁发聘书，并指导物业公司在包干楼栋内公示每一位楼管家的姓名、联系方式等。

（二）纳入居民区三级微网格体系

楼管家的身份不仅仅是保洁员，还在楼组治理甚至社区治理中扮演更多的角色、发挥更大的作用。随着楼管家工作逐步走向正轨，居民区党总支开始了对"楼管家"模式的进一步探索。一是"就近就便"纳入微网格。在庆东居民区原本的微网格体系中，楼组长是非常重要的力量。但由于楼组长年龄普遍偏大，工作有心无力，同时因激励机制不够健全，部分楼组长工作积极性不高。这在一定程度上削弱了微网格应该发挥的作用。庆东居民区重新调整了微网格，并按照"就近就便"的原则，将42名楼管家划入7个微网格。二是"熟人优势"化身"六大员"。居民区充分发挥楼管家人熟、地熟、情况熟的优势，为楼管家赋予宣传员、引导员、安全员、调解员、关爱员、信息员"六大员"职责，协助居民区"两委"开展政策方针宣传、舆论舆情引导、安全隐患排查、矛盾纠纷调解、特殊群体关爱、民情民意摸排等工作。三是数字平台赋予新动能。2023年，合庆镇在海湾新城小区试点打造了"智慧家"数字平台。庆东居民区将楼管家纳入"智慧家"平台组织体系。依托智能感知设备和智能预警提示功能，数字平台第一时间将发现的问题发送至楼管家，楼管家上门核实后将情况反馈给"三驾马车"进行解决。这种做法在一定程度上提高了楼管家协助处置问题的效率。

（三）建立健全考核评价机制

为持续激发楼管家工作热情，庆东居民区还明确了楼管家的考核标准，通过月度考评与年度考评相结合的方式对楼管家工作进行评价，并将考核结果与楼管家补贴等直接挂钩。一是明确考核标准。建立了包括楼道环境卫生（包括走廊清洁卫生、扶手清洁卫生、电梯清洁卫生等）、消防安全（包括楼道堆物、飞线充电、消防器材检查等）和居民满意度等在内的考核评价标准，并明确了具体的考核细则。二是定期进行考核。组建由居委会干部、业委会委员、物业公司代表、党员代表和居民代表等组成的楼管家工作评价小组，以日常考核与年终考核相结合的方式对楼管家工作进行考核评价。其中，日常考核以月为周期开展，主要以实地检查的方式进行。年终考核于当年底开展，主要结合日常考核结果和居民满意度测评进行。三是将考核结果与补贴等挂钩。对于月度考评及格的楼管家，足额发放补贴；对于考评不及格的楼管家，视情况给予口头警告、减发或停发补贴、解聘等处罚。对于年度考评优秀的楼管家，为其颁发"金牌楼管家"证书并发放一定数量的奖金。

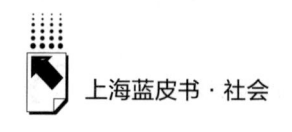

三 成效与反响

(一)斩断了物业管理"恶性循环"链条

自"楼管家"模式推行以来,小区楼道环境卫生状况有了明显改善。用居民的话说:"楼道环境不知道比以前好了多少倍!"与此同时,小区涉物业12345市民热线投诉实现了工单数量大幅下降,工单数量从2022年的39件减少至18件,降幅达53.8%;居民满意度大幅提升,工单处置满意度从82%提升至99%,提升17个百分点。

(二)打造了升级版楼组长队伍

通过将楼管家纳入居民区微网格体系,并赋予楼管家"六大员"职责,有效弥补了楼组长工作力量的不足,打造了一支升级版的楼组长队伍,进一步织密了党的基层组织体系,让党的组织触角延伸到最基层、延伸到居民群众身边,打通了服务群众的"最后一米",抓实了基层治理的"最小单元"。自"楼管家"模式推行以来,楼管家已协助居民区"两委"开展各类政策宣传活动10余次,发现安全隐患100余起,协助化解矛盾纠纷30余件,减轻了居民区"两委"的工作负担,居民区党总支、居委会有了更多时间走访居民、联系群众、发现问题、解决难题。

(三)经验做法在全镇复制推广

"楼管家"模式不仅有效提升了农民动迁房小区物业治理质效,还切实增强了居民区党组织的政治功能和组织功能。目前,"楼管家"模式已经在全镇8个居民区、17个农民动迁小区全面推广。

四 经验与启示

"楼管家"模式实现了居委会、物业公司、志愿者和居民等多元主体的兼容激励，是在"市场失灵"和"志愿失灵"的情形下，对农民动迁小区物业治理模式的机制性创新。其最大的创新之处体现在"半志愿半市场"这六个字上。所谓"半志愿"是指它区别于传统意义上的志愿者"不以获取报酬为目的"的"分文不取"的纯志愿行为，而是获取一定报酬；所谓"半市场"是指不是严格按照市场标准支付楼管家劳动报酬，而是按明显低于市场价的标准提供"补贴"。

关于"楼管家"模式，需要特别注意以下几个方面的问题。

（一）把握楼管家和楼组长的区别

楼管家与楼组长都是社区治理的重要力量。从海湾新城小区实践来看，不少楼管家本身就是楼组长，但这并不意味着二者没有区别。他们之间的区别主要体现在以下五个方面。一是产生程序不同。楼管家主要经过自主报名、居委会面试把关等严格的程序产生，属于聘用性质；楼组长主要通过居民推荐、居委会考察等程序产生，属于非聘用性质。二是本职工作不同。楼管家的本职工作是楼道保洁，在做好本职工作基础上，协助做好"六大员"的工作；楼组长的本职工作只是做好"六大员"工作。三是隶属关系不同。楼管家隶属于"三驾马车"，由居委会、业委会、物业公司共同使用管理；楼组长则隶属于居委会，主要由居委会使用管理，不接受业委会和物业公司的管理。四是激励方式不同。楼组长主要靠精神激励，物质激励比较少；楼管家既有物质激励也有精神激励，物质激励主要由物业公司发放，每个月可以获得两三百元不等的报酬或补贴。五是考核手段不同。对楼管家有比较明确的考核办法，有刚性抓手，做得不好可以降低补贴，甚至可以辞退；对于楼组长的考核办法不是那么具体。

（二）楼管家的服务不是纯粹的志愿服务

志愿服务是指不以获取报酬为目的，自愿以智力、体力、技能等为他人和社会提供服务和帮助的公益性活动。现实中，社区志愿服务一般具有低劳动强度与频次、低管理责任等特点。此外，我们界定某一项活动是否属于志愿服务，应视经济收入水平、思想觉悟发展阶段等具体条件而定，并非一成不变的，也不都是"一刀切"的。楼管家的劳动强度与频次、管理责任相对高一些，而且合庆镇这些农民动迁房小区的居民经济收入水平也不是很高。所以，基本可以认定，楼管家的服务并非一种纯粹的志愿服务。

有研究表明，目前社区志愿服务普遍存在激励保障不健全、居民参与度较低的问题。比如，调研发现，实际参与社区志愿服务的人数远远少于社区注册志愿者的人数，很多居民注册后很少参与甚至长期不参与志愿活动，存在相当多的"僵尸志愿者"或"静默志愿者"。[①] 本案例的做法是基于现实情况而做出的现实选择，目的是真正"激活"志愿服务。

（三）"楼管家"模式不是逆市场化趋势而动

让市场在资源配置中起决定性作用，这是住宅物业服务的基本趋势。但是，市场机制也是有缺陷的。在住宅物业治理领域，由于其自身的公共属性，"质价相符"背后的市场价格机制存在失灵现象。这种现象在农民动迁房小区表现得更为明显。根据公共管理的一般原理，在市场失灵时，外界适当干预以及居民通过自治方式采取自救措施等都是必要且应当鼓励的。这样做的目的并非限制或阻碍市场机制发挥作用，相反，恰恰是为了市场机制在条件具备时重新发挥其应有作用。楼管家的做法就体现了这一思想。另外，楼管家的做法本身也是按照市场逻辑来的。比如，楼管家的补贴费用来自通过市场化方式收缴的物业费。这体现的就是市场逻辑。楼管家的做法有利于市场机制重新发挥作用。楼管家把楼道保洁做好了，居民满意了，可以为物业费提价、物业费收缴率提高创造条件。这体现的也是市场逻辑。

---

① 党秀云：《迈向高质量的社区志愿服务：发展机遇、现实困境与未来趋势》，《中国行政管理》2024年第2期。

（四）"楼管家"制度有一定的适用范围

"楼管家"模式并不能"包打天下、包治百病"，而是有特定适用范围的。它更适用于解决现阶段农民动迁小区的物业治理难题。因为在这样的小区可以找到富余劳动力，其他类型的小区则不一定具备这一条件。

B.15
虹口区：高品质社区治理的实践新路径

刘俊　罗新忠＊

摘　要： 本报告聚焦"高品质社区治理"这一时代主题，通过对虹口区嘉兴路街道瑞虹新城社区的案例分析，提出高品质社区治理的实践路径，即高效能党建引领、高层次"质价相符"、高质量社区服务。其中，高效能党建引领的实践路径包括提升居民区党组织书记胜任能力、用好社区达人、建设"三好"业委会等；高层次"质价相符"的实践路径包括谨慎对待"调低物业费"的声音、稳妥调换物业服务企业等；高质量社区服务的实践路径包括提供高质量信息服务、提供高品质体育服务、提供高质量文化服务等。

关键词： 高品质社区治理　党建引领　质价相符　社区服务　上海市虹口区

虹口区嘉兴路街道瑞虹新城社区是上海市较具代表性的"连片"高品质商品房社区。近年来，嘉兴路街道根据《嘉兴路街道党建引领社区治理三年行动计划（2024－2026年）》的规划与部署，着力加强瑞虹新城高品质社区治理，初步探索了一条高品质社区治理的路子。

一　背景与缘起

瑞虹新城社区所在地的前身为虹镇老街。它是在城市更新的大背景下应

＊ 刘俊，上海市虹口区嘉兴路街道党工委书记；罗新忠，上海市社会建设研究会副会长。

运而生的，整个社区的建设先后经历20余年。目前，瑞虹新城社区共有住宅小区10个、居民近23000人，整个社区共设7个居委会。在瑞虹新城社区，近年来建成的商品房多为高品质商品房。社区具有高房价、高物业费、高经济社会地位居民居住等特征，且总体人口规模较大。如何开展高品质社区治理，是一个亟待突破的难题。

二 做法与经过

（一）高效能党建引领

1. 提升居民区党组织书记胜任能力

结合干部基层锻炼机制，选派能力更强的公务员、事业编人员到瑞虹新城居民区担任党总支书记；选派业务能力强、年龄相对年轻的居民区书记到瑞虹新城居民区任职。针对高品质社区治理的特有难题，加强对居民区书记的政治能力、组织建设能力、群众工作能力、协商沟通能力、学习创新能力、心理调适能力培训。

2. 用好社区达人

一是发掘达人。通过"四百大走访"、"楼组长推荐"和"管家介绍"、在职党员"双报到"、达人"转介绍"等方式发掘达人。二是培育达人。充分挖掘社区服务设施的空间潜能，将其作为培养社区治理达人的"孵化器"；利用工作沟通和各种活动机会，向社区达人传达、宣讲党的方针、政策；结合具体工作，培训社区达人的群众工作理念与技巧；将社区达人纳入社区骨干培训名单。三是任用达人。根据社区达人的职业优势、专业特长、资源禀赋和兴趣爱好等，了解他们参与社区治理、实现自我价值的需求，寻找与社区治理工作的"结合点"；鼓励社区达人担任居民区兼职副书记、居委会兼职副主任、楼组长、第二楼组长、业委会委员、社区治理项目体验官等；支持达人在社区服务设施内发起少儿街舞展、音乐沙龙、邻里茶会、咖啡交流、读书分享等活动。四是激励达人。通过向表现突出的社区达人发放荣誉证书等方式对社区达人进行褒奖。对兼任居民区党总支副书记的社区达人，年末向其所在单位发送"推荐信"。有的社区达人在为社区做贡献的同时，也存在实现社会价值甚至为自身谋利的意图。对此，在与社区公共利益不冲突的情况下，采取包容、兼容的态度，力求做到"双赢""多赢"。

专栏　社区达人"推荐信"

推荐信

（单位名称）：

贵单位xxx在虹口区嘉兴路街道担任×××居民区党总支兼职副书记。在他（她）与居民区"两委"班子的共同努力下，社区呈现和谐与活力，成为居民生活的温馨港湾，也助推嘉兴路街道形成人人参与、人人负责、人人奉献、人人共享的城市治理共同体。

xxx同志自任职以来，他（她）无偿奉献，从思想上、感情上积极融入社区，始终活跃在社区治理、文明创建、垃圾分类等工作中。他（她）尽职尽责，不仅关注社区的日常管理，还积极组织各种社区活动，让邻里之间的关系更加紧密。他（她）始终以居民的需求为出发点，积极协助解决相关部门将各种矛盾切实化解在基层，使得社区的每一处角落都充满了温暖。

因此，值此年度工作总结之际，若贵单位本年度有年度评优和干部提拔晋升的机会，我们建议优先考虑xxx同志，希望能让榜样的力量进一步激发社会治理活力，在新征程上更好地满足人民群众对美好生活的向往。在此，我们也对贵单位在社区治理工作中给予的支持表示衷心的感谢。

中共上海市虹口区嘉兴路街道工作委员会
××××年××月

3. 建设"三好"业委会

一是人选"好"。对于业委会委员的人选，要求具有一定的政治素养、有一定管理经验、性格气质能与其他委员"搭"。激发在职党员责任心，

"三顾茅庐"请能人,加强对业主的甄别。二是制度"好"。对于住宅小区的"一规两约",参考标准版本但不是照抄标准版本,而是反复讨论、反复商量,一条一条地商量,一条一条地修改,"个性化"回应小区问题、切合小区实际。在有条件的小区,建立小区微信公众号,定期汇报业委会工作内容,不定期发布小区大小新闻。只要是业主关心的议题,都通过微信公众号及时公布。三是履职"好"。"三驾马车"每月召开会议,有的会议是业委会内部会议,有的是与业主面对面解决具体问题的会议。每一个议题都精心设置。会议时间一般安排在工作日的晚上或双休日,无法线下参加会议的选择线上参加。

(二)高层次"质价相符"

1. 谨慎对待"调低物业费"的声音

高品质社区的物业费标准一般较高。针对一些业主认为物业费标准高而要求调低物业费的想法,积极加以引导。参照上海市地方标准《住宅物业管理服务规范》(DB31/T360-2020),从住宅物业服务的综合管理、秩序维护服务、清洁卫生服务、绿化管理服务、共用部位和共用设施设备日常管理、风险管控和突发事件应对、服务质量评价与改进等方面进行比对。如有必要,邀请第三方机构进行客观评估。

2. 稳妥调换物业服务企业

对于明显不符合"质价相符"原则且拒不改正的物业服务企业,在尊重业主意愿且符合法定程序的前提下,调整物业服务企业。一是让业主做主。居民区党总支、居委会引导业委会和广大业主,在广泛民主协商的基础上,充分发挥业委会的主体作用,通过法定民主程序决定是否更换物业公司、选择哪家新物业公司、确定物业费档次。居民区党总支充分发挥把握方向、统揽全局、协调各方的作用,但始终坚持"由民做主"的原则,针对是否更换物业公司、选择哪家新物业公司等应由业主自主决定的微观事务不予干涉,甚至不表达任何倾向性意见,同时注意遵守廉政纪律,处理好居民区党组织、居委会与业委会、物业服务企业之间的"亲清"关系。二是保障物业选聘秩序。新老物业交接涉及物业公司选聘程序、物业费和公共收益清算、物业服务资料移交等法律问题。对此，居民区党总支引领"三驾马车"主动向律师请教，并请律师出面解释或调解，合法合规地处置新物业公司选聘、新老物业移交问题。

（三）高质量社区服务

1. 提供高质量信息服务

一是编制生活服务指南。指南包括以下内容：基础类便民信息，包括社区的历史简介、小区平面图及入口位置、党员到居民区党组织报到及联系方式、实有人口登记和居留证信息录入、"孕妇建小卡"、民生保障和养老顾问咨询、家庭医生签约、社区对口学校（小学和初中）等方面的信息。物业服务类信息，包括管家服务、上楼方式、外卖和快递相关递送规则、垃圾处理位置和相关信息、家电维修及联系方式、搬家及大型家具搬运、停车位租用申请方式、装修申请、信箱使用等。居民规约类信息，包括市民文明公约、社区文明守则、公共设施使用公约、养宠公约等。房屋所在街道相关民生服务信息，包括街道党群服务中心、事务受理中心、卫生服务中心、文化活动中心和派出所、社区食堂、市民驿站的地址、电话和营业时间等。关于街道及居委会联系信息，提供街道和居委会微信公众号二维码及社区云微信小程序进入方式的信息等。此外，还提供中英文两个版本，采取"线上+纸质"相结合的形式。二是设立业委会微信公众号。业委会微信公众号发布月报和公告等主要内容，同时注意与居民互动，通过高效、透明的信息传播手段，确保小区业主及时、全面地获取小区物业治理的重要信息。每月定期发布月报，做到内容全面、数据准确、信息翔实。月报中的主要内容包括业委会的日常重点工作，包括维修资金账户余额及变化情况、应收应付账款情况、以业委会身份对外签订的合同、部分专题报道以及收到的整改通知和起诉书等。针对部分内容较多较复杂的月报，充分发挥线上微信公众号智能化优势，在月报中以表格、附件或链接地址的形式展示。公告内容包括但不限于临时通知、重要决定、政策变动等。通过线上微信公众号公开信息的同时，在小区显眼位置设置宣传栏，将月报和重要公告打印成纸质版，张贴在宣传栏上，帮助社区中不擅于使用手机的老年人也能时刻掌握业委会工作情况和小区物业治理状况。

2. 提供高品质体育服务

一是社区体育达人牵头组织。激发社区体育达人的积极性，由其牵头组建体育活动团队。如瑞虹社区的多支球队是由社区达人沈明牵头组织的。二是成立"高端"体育活动团队。契合高品质社区居民的需求特点，不简单照搬普通社区组建群众体育活动团队的理念和做法。瑞虹体育社团不仅有足球队，还有羽毛球队、篮球队、乒乓球队、网球队等。经粗略统计，仅经常性参加瑞虹足球活动的居民就有 1000 人左右，经常性参加篮球活动的居民有 300 人左右。瑞虹球队除了有中国人球队外，还有外国人球队，高峰时有将近 100 名外国人参加。三是多元主体有机协同。首先是居民区给予支持。居民区不仅积极鼓励社区达人开展社区体育活动，还通过申请自治经费、使用党组织服务群众经费等方式向体育活动团队提供支持。其次是寻求赞助。积极寻找共建单位给予赞助，通过广告冠名等方式给予赞助单位回报。如瑞虹足球队就得到过瑞虹地区地产开发商的赞助。最后是政府有关部门扶持。把瑞虹社区体育活动纳入群众体育活动之中，争取区体育管理部门（体育局）的支持。

3. 提供高质量文化服务

注重从挖掘瑞虹本土文化资源入手，凝聚瑞虹社区文化共同体，唤醒集体文化记忆。例如，一位居民关于瑞虹新城社区前身——虹镇老街生活场景油画作品的创作与展览、宣传等，在一定程度上唤醒了社区居民的集体文化记忆。从 2019 年开始，每逢周五，在虹口区嘉兴路街道瑞鑫居民区活动室内，就会有三位"50 后"老阿姨在这里画画，其中一位 74 岁的阿姨名为楼小玉。她以前居住在虹镇老街附近，退休后在老年大学学习油画。2023 年，电视剧《繁花》热播。在一次随意的聊天中，有人鼓励楼阿姨创作以虹镇老街过去的生活场景为主题的油画，展现虹镇老街的"繁花"。从那以后，楼阿姨便重点创作以虹镇老街历史生活场景为主题的油画。2024 年，楼阿姨创作的油画在居民区和街道进行展览，得到居民的广泛好评。

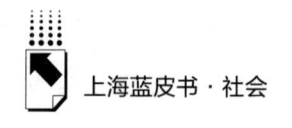

三 成效与反响

瑞虹社区通过建立比较完善的高品质社区治理体系,激发了社区治理活力,确保了社区和谐有序。一些品牌项目在全市具有较高知名度,如瑞虹社区球队。2018年,瑞虹球队开始到区里参加足球比赛和篮球比赛;2020年,瑞虹社区足球队参加上海市足球11人制联赛,并获得亚军;2021年,瑞虹足球队代表上海市参加第十四届全国运动会。2022年和2023年,瑞虹球队还获得多个奖项。目前,瑞虹社区足球队正在申报亚洲"草根足球"奖。

四 经验与启示

广义的高品质社区治理是指在所有的城乡社区,采取更"优"的治理策略、追求更"优"的治理效能、提供更"优"的社区服务的社区治理过程。狭义的高品质社区治理除具有广义概念的本质内涵外,所指对象特指中心城区具有高房价、高物业费、高经济社会地位居民居住等特征的商品房社区。本案例很好地诠释了高品质社区治理的本质内涵和实践路径,即高效能党建引领、高层次"质价相符"、高质量社区服务。

高效能党建引领是指治理过程有效、目标可实现、善治可持续的党建引领。过程有效是指通过党建引领,能够有效解决高品质社区中的各种治理问题,在高品质社区治理过程中减少治理失灵、治理低效现象的发生;目标可实现是指通过党建引领,确保各种目标能够实现,具体体现在各种指标的达成上;善治可持续是指在治理目标牵引下,不断健全高品质社区治理制度,推动高品质社区治理行稳致远。对照这一定义不难发现,在高品质社区实施高效能党建引领,不在于兜底性的民生保障,而在于党在高品质社区政治功能和组织功能的有效增强,以及住宅小区公共治理的有效实施或集体行动困境的有效破解。同时,还要把握好"善治"规律。在这方面,本案例提升居民区书记胜任能力、用好社区达人、建设"三好"业委会等做法,抓住了高效能党建引领的根本，具有一定的借鉴意义。

高层次"质价相符"是市场逻辑的内在要求，也是高品质社区治理的基本前提。"质价相符"是指物业服务的质量与物业费价格相匹配、相对应。相对较高的物业费标准是实现高品质社区治理的关键必要条件。物业费达不到一定的价格高度，高品质社区治理将成为无源之水、无本之木。本案例谨慎对待"调低物业费"的声音、稳妥调换物业服务企业等做法，对于高品质社区治理具有很强的针对性。

高质量社区服务是指由党组织统一领导、政府依法履责、社会多方参与，以社区为基本单元，以社区居民、驻区单位为对象，以各类社区服务设施为依托，以满足社区居民高品质生活需求为目的，以高品质社区公共服务、高品质便民利民服务、高品质志愿服务为主要内容的服务。对于高品质社区中的居民而言，其社区服务需求不同于普通商品房社区中的居民，更不同于居住在售后公房社区中的居民。高品质社区的社区服务需求具有高端、大气、上档次的特点。应特别注意把握高品质社区的社区服务与普通社区的区别，不能简单照搬售后公房中的社区服务理念与方式。本案例聚焦信息服务、体育服务、文化服务，契合了高品质社区服务需求。

B.16
普陀区：完善基层治理知识生产机制的新方法

罗珏卿 恽梅 刘晶 周怡然*

摘　要： 本报告通过对普陀区宜川路街道中远两湾城社区10个工作指引的案例分析发现，工作指引的生产与应用已成为提升基层治理专业能力的重要机制。构建司法赋能基层治理联动机制、坚持问题导向、加强应用推广等是这一机制的重要实践路径，其核心是知识生产。这种机制由知识生产主体以基层治理问题的背景环境和资源要素为基础，根据实际需求，进行知识和信息的搜寻、组织、分析和重组，实现知识的创新和应用。

关键词： 基层治理　知识生产　上海市普陀区

一定程度的专业性是基层治理的内在要求，专业部门提供专业支持是提升基层治理专业性的重要方式。普陀区法院通过提供工作指引的方式赋能基层治理，探索了一条基层治理知识生产与应用的路径。

一　背景与缘起

中远两湾城位于普陀区宜川路街道南片，毗邻苏州河，是上海外环线内最大的商品房小区。总建筑面积153.4万平方米，有96个楼栋，房龄普遍

---

* 罗珏卿，上海市普陀区人民法院立案庭（诉讼服务中心、诉调对接中心）副庭长；恽梅，上海市普陀区宜川路街道中远两湾城第三居民区党总支书记；刘晶，上海市普陀区司法局依法治区工作科科长；周怡然，上海浦东新区东政和社会治理研究院研究员。

在20年以上；住宅总户数11755户，常住人口近5万人；有4个居委会，只有1个业委会。中远两湾城社区内的各种矛盾一度较为突出，既包括物业治理方面的矛盾，也包括非物业治理方面的矛盾。面对这些矛盾，社区、街道和普陀区法院良性互动，以法治为突破口，展开了一系列治理行动。在此基础上，形成了系列工作指引。

二 做法与经过

（一）形成10个工作指引

近两年来，基于宜川路街道中远两湾城社区的治理实践，有关部门先后形成了10个工作指引，分别是《居民楼栋电梯更换全流程工作指引》《社区楼道堆物问题整治工作指引》《"架空层"规范使用工作指引》《社区内部"僵尸车"治理工作指引》《社区内部电动自行车治理工作指引》《相邻关系纠纷调处指引》《社区物业纠纷常见法律问题解答》《社区常见侵权纠纷调处指引》《婚姻家庭纠纷常见法律问题指引》《社区内部预付卡商家非正常歇业相关纠纷预防指引》等。这些工作指引的内容涵盖中远两湾城社区的日常问题，不仅体现了法规、政策的原则性要求，而且具有较强的实用性、可操作性。以《社区内部"僵尸车"治理工作指引》（参见专栏）为例，全文约5500字，分"何为'僵尸车'""小区内部长期停放'僵尸车'危害""处置流程""建立长效机制""司法救济"等部分。再以《既有住宅更换电梯软法指引》为例，全文近18000字，分14个部分，对更换电梯的11个关键节点进行详细介绍，并附了16个表单或文书模板。

专栏 《社区内部"僵尸车"治理工作指引》（部分）

一、何为"僵尸车"

"僵尸车"是指长期占用公共空间且无人使用和维护，具有车身灰尘遍

布、外观残破、部件缺失、轮胎干瘪、轮毂锈蚀、未悬挂号牌等明显弃用特征的废弃汽车。

二、小区内部长期停放"僵尸车"危害

1. 占用公共资源。在日益增长的停车需求下,"僵尸车"占用了小区本就稀缺的停车泊位。

2. 增加安全事故隐患。"僵尸车"易造成燃油泄漏,油箱内汽油挥发,形成大量汽油蒸汽,若遇明火,极易引发火灾。同时部件老化,易高温自燃。

3. 影响小区文明形象。部分"僵尸车"变身"垃圾车",长期无人使用维护,落满灰尘,破败不堪。

4. 极易引发纠纷。包括但不限于:部分业主认为"僵尸车"业主妨碍其通行,主张排除妨害,并以此为由拒缴物业费;"僵尸车"业主长期未缴纳停车费,引发物业公司与"僵尸车"业主纠纷;居委会、物业贸然处置"僵尸车"引发侵权纠纷。若占用消防通道影响救援工作,还需承担行政处罚、民事赔偿、刑事责任等。

三、处置流程

1. 网格排查摸底

居委会及物业公司对辖区内停放的机动车定期进行全面排查,如发现疑似"僵尸车",应及时上门排摸情况。无法即时确定车主的,可以张贴公告、业主微信群通知等形式发布排查信息,做到全面动员部署、广泛宣传发动、全面排查摸底,并对疑似"僵尸车"拍照取证,建立排查车辆信息清单,登记停放地点、车辆号牌、品牌类型、破损程度等信息,做到"一车一档案",以便后续及时掌握车辆处置情况。

2. 查询比对核实

对于小区停放的"僵尸车",由居委会或物业公司"吹哨",报社区民警,社区民警报辖区交警部门,查询、比对车辆信息,通过"车找人"的方式对"僵尸车"进行确认。同时,由社工、楼组长对车主信息进行核查复验,锁定车主所在楼宇,进一步确定"僵尸车"所有人、联系方式、家庭地址等。(注:此过程应注意个人信息保护)

3. 制定清理方案

依托"居委法苑3+5法宝箱"联动机制,引导居委会、业委会、物业公司、城管、社区民警、志愿者等多元主体共同参与,广泛听取居民意见,就每辆"僵尸车"形成的来龙去脉进行系统梳理,确定"僵尸车"整治过程中遇到的棘手问题,形成明确职责、摸排调查、释明引导、分类处置的清理方案,细化目标、任务、措施、责任、时限等事项,推动问题解决落地见效,确保实现工作目标。

4. 释法明理引导

对拒不配合清移的车主,由下沉法官、社工、社区能人贤达等从情、理、法多维度进行释法明理,讲清情理,告知其享有权利的同时,更不得侵害其他业主利益,若因"僵尸车"的停放对救援或疏散造成影响,应当承担相应的法律责任。同时,可向车主宣传典型案例,使得其更直观地了解"僵尸车"带来的危害以及可能产生的法律后果。

5. 分类处置

一是对达到报废标准的车辆,可由居委会、物业公司或相关主管部门通知车辆所有人依据《中华人民共和国道路交通安全法》第十四条和《报废机动车回收管理办法》有关规定,办理车辆报废和注销登记。车辆所有人明确放弃车辆、同意委托报废处置的,依据《报废机动车回收管理办法实施细则》第十八条第四款规定进行处置。如车辆尚未达到报废标准,按上述第3条、第4条规则进行积极引导。

二是对无法与车主取得联系的"僵尸车",通过社区公告、张贴限期清理通知书等方式通知车辆所有人,督促其限期清理。对于拒不清理或仍无法联系车主的,由业委会或停车管理单位报请街道综治、公安、城管等有关行政主管部门依法处理,也可根据《中华人民共和国民法典》《中华人民共和国民事诉讼法》等有关规定,寻求司法救济。

三是对涉嫌盗抢骗、走私或其他违法犯罪活动的废弃汽车,依法移交公安机关处置。

四、建立长效机制

结合司法经验,运用法治思维,站在法律视角,进一步完善业主公约,新增"僵尸车"处置规则，夯实治理效果，推进小区亲民化治理，提升社区治理水平。"僵尸车"处置规则从认定标准、处置流程、日常监管等方面进行详细约定，并通过"专项整治"和"日常巡查"相结合机制，确保后续发现一辆、处置一辆，避免出现"僵尸车"积压，努力做到问题发现在早、矛盾预防在先、纠纷处置在小。

同时，依托"居委法苑"、"客堂间"服务坊、"客堂间周五法律咨询"、"下沉法官进社区"、"微网格治理小课堂"等平台，借助社区公众号、微信群等媒体资源，积极开展"僵尸车"防治工作宣传，以典型案件为切入点，规范社区公共场所停车秩序，消除道路安全隐患，从源头上减少"僵尸车"乱停放现象，防范滋生矛盾纠纷。

五、司法救济

1. 若"僵尸车"车主的车辆占用了业主购买的产权停车位，业主的维权途径：因业主购买的产权停车位属于业主的专有部分，业主可提起诉讼，行使排除妨害请求权，要求"僵尸车"车主将车辆驶离。

2. 若"僵尸车"车主的车辆占用小区公共部分，应区分"僵尸车"车主是否为本小区业主予以分类处理。

A：若为本小区业主，则有权主体可结合物业服务协议约定向法院提起诉讼，要求"僵尸车"车主支付物业费、停车费等。

B：若"僵尸车"车主不是本小区业主，则针对"僵尸车"车主在小区停放车辆的行为，由有权主体依据机动车辆保管合同关系或停车场地临时租用合同关系等向法院提起诉讼，主张相关费用。

（二）构建司法赋能基层治理联动机制

普陀区法院坚持和发扬新时代"枫桥经验"，找准健全基层治理体系对法院工作提出的新任务、新要求，充分发挥审判机关赋能基层治理职能，与街道、社区等主体协同构建基层治理联动机制。普陀区法院依托工作指引，与基层主体间就矛盾纠纷的预防、化解形成良性互动，为基层治理现代化水平提升贡献司法力量。该项机制的运作模式如下。

一是居委会干部和社区工作者。他们对于社区治理有着丰富的实践经验，但总结提炼能力即"写"的能力存在不足。他们一般通过接受其他主体"采访"或"答疑"的方式，推动基层好的做法与经验"进入"指引中。二是专业人士，即指导法官。他们参与调解、审理社区治理案件，并参与研究中远两湾城的社区治理问题。比如，普陀区法院在中远两湾城社区设立全市首家"居委法苑"，通过集聚解纷力量、构筑阶梯式解纷机制、嵌入第三方解纷集群等方式，抵近纠纷源头，化解中远两湾城社区的一些矛盾纠纷。又如，在中远两湾城社区，设有社区巡回法庭，有的法官会参与这里的案件审理。这些专业人士为指引的编写也贡献了不少意见建议，特别是在专业性把关上发挥了重要作用。例如，在《社区物业纠纷常见法律问题解答》中有一个问题："业主能否因工程质量遗留问题而拒交物业费？"回答："不可以。开发商遗留问题是业主和建设单位之间的问题，而物业管理费用问题是业主和物业管理企业之间的法律问题，二者不能混淆。业主拒绝交纳物业服务费用是违反物业服务合同的行为，要承担违约责任。对于开发商遗留问题，业主应当与建设单位沟通或通过物业公司代为协商处理。"这一"问答"就是由法官负责把关。因此，工作指引内容不仅"接地气"，而且专业、规范。

（三）坚持问题导向

10个工作指引都是在总结提炼中远两湾城现实问题和真实案例的基础上形成的。例如，中远两湾城共有206部电梯，使用期限已有20多年，需要进行更换，应该怎么办？这只是遇到的第一个问题，还存在其他问题。如某栋楼要更换电梯，需不需要征求中远两湾城全体业主意见？在征询同意后，如何确定具体的换梯方案？需要办理什么手续？《居民楼栋电梯更换全流程工作指引》对这些问题一一作出回应。再如，中远两湾城社区内有不少商户，有的办理预付卡的商户非正常歇业，带来居民与商户之间的矛盾纠纷。《社区内部预付卡商家非正常歇业相关纠纷预防

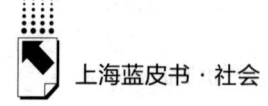

指引》在梳理这些问题的基础上,依照相关法规和政策,提出了处理此类问题的具体注意事项。除了以上2个工作指引之外,其他8个工作指引也牢牢把握问题导向,分别聚焦楼道堆物问题、"架空层"规范使用问题、社区内部"僵尸车"治理问题、社区内部电动自行车治理问题、相邻关系处理问题、社区物业治理问题、社区常见侵权问题、婚姻家庭纠纷处理问题。这些问题都是社区治理中最常见、最典型的,是地地道道的群众急难愁盼问题。

(四)建立产出机制

10个工作指引的产出机制类似"租田种地"。由街道提供实践场景,即"出租田地";由区法院来社区开展社区治理赋能活动,即"租田种地"。探索出的经验做法由"田地"所有人和"种地"人共享,即中远两湾城社区最先从工作指引中受益,普陀区法院立足司法职能,从赋能基层治理的角度出发,将工作指引在一定范围内进行复制推广。例如,10个工作指引已经在普陀全区进行推广。需要说明的是,工作指引的产出还经历了从"一件事"到"一类事"的转化过程,其中包括一般化处理、合规性检查等过程。一般化处理是指从个别到一般的过程,既吸收中远两湾城的个案做法,还借鉴其他社区类似案例的好做法;合规性检查是指对案例的做法是否符合现有法规和公序良俗、是否契合政策要求等所进行的检查。

三 成效与反响

10个工作指引促进了中远两湾城社区(含全部4个居委会)的社区治理效能提升。从信访数据看,2023年全年信访件一共60件,2024年(截至11月28日)共11件,降幅较为明显。从12345投诉工单数量看,也有明显的下降趋势。

四　经验与启示

本案例的经验做法触及基层治理的一个重要议题，即基层治理的知识生产。知识生产是一种实践活动，它是指知识生产主体以问题的背景环境和资源要素为基础，根据实际需求，进行知识和信息的搜寻、组织、分析和重组，实现知识的创新和应用。知识生产一般由生产目的、生产主体、生产情境等要素构成。[①] 对于基层治理而言，知识生产非常重要，因为它事关基层治理的效能。

在本案例中，10个工作指引就是知识生产的成果。其生产目的是"教会"社区"两委"干部和社区工作者如何化解矛盾纠纷、如何开展高效能社区治理；其生产主体司法机关即人民法院，立足于人民法院职能定位，通过积极融入基层治理体系，精准对接基层司法需求，以法治促自治、助善治；其生产情境主要是指中远两湾城超大社区所遇到的社区治理难题。10个工作指引所代表的"知识"虽然不是纯原创性知识，但对于从事基层治理工作的社区"两委"干部和社区工作者而言，仍具有重要的参考价值。

---

① 杨国兴、沈广斌：《学术期刊在新知识生产模式中的地位和作用》，《中国编辑》2023年第6期。

附录一

上海社会发展主要指标*

表1 平均每天的社会、经济活动情况

指标	计量单位	2000年	2005年	2010年	2015年	2018年	2019年	2020年	2021年	2022年
上海市生产总值(GDP)	亿元	13.18	25.11	49.08	70.26	98.66	104.08	106.75	119.60	122.34
第一产业	亿元	0.20	0.25	0.31	0.30	0.29	0.29	0.30	0.26	0.27
第二产业	亿元	6.07	12.20	20.37	22.63	28.39	27.93	28.11	31.14	31.39
第三产业	亿元	6.91	12.66	28.40	47.33	69.99	75.85	78.35	88.19	90.68
一般公共预算收入	亿元	1.36	3.93	7.87	15.12	19.47	19.63	19.30	21.29	20.84
一般公共预算支出	亿元	1.71	4.55	9.05	16.96	22.88	22.41	22.20	23.10	25.73
社会消费品零售总额	亿元	5.36	8.15	18.91	27.76	40.75	43.42	43.65	49.53	45.05
出生人数(户籍统计)	人	190	226	275	290	270	250	216	189	187

* 截至本书稿统稿日期,《上海统计年鉴2024》尚未发布,故统计年份到《上海统计年鉴2023》所提供的2022年为止。

续表

指标	计量单位	2000年	2005年	2010年	2015年	2018年	2019年	2020年	2021年	2022年
死亡人数（户籍统计）	人	259	280	298	340	344	343	358	367	402
结婚对数	对	255	281	357	388	284	270	253	246	197
离婚件数	件	87	108	128	182	148	169	183	101	84
能源终端消费量	万吨标准煤	14.32	20.82	27.55	30.23	31.45	32.51	30.54	32.16	30.34
自来水售水总量	万立方米	541	625	670	673	667	657	646	679	655
用电量	万千瓦时	15327	25259	35503	38508	42922	42975	43177	47935	47823
天然气供应量	万立方米	59	479	1169	1910	2341	2569	2376	2527	2431
旅客发送量	万人次	18.88	25.99	36.87	50.88	58.90	60.93	32.80	38.48	23.64
图书总印数	万册	70	71	79	97	132	146	136	135	126
报纸总印数	万份	459	522	436	296	224	215	190	182	172
火灾事故发生数	起	14	12	16	13	11	11	29	40	44
交通事故发生数	起	113	25	6	3	1295	1186	1196	1433	1013
生活垃圾产生量	吨	17562	17041	20055	21644	26959	28438	23781	33753	30932

注：2022年各数据为初步核算数，下表同；生产总值中三次产业按新行业分类标准统计；2004年新交通法实施后，交通事故认定标准有变化；2018年起，交通事故统计口径改变，包含按简易程序处理的事故，以前只包含按一般程序处理的事故。

表2 主要社会指标一览

指标	计量单位	1978年	2000年	2005年	2010年	2015年	2018年	2019年	2020年	2021年	2022年
全市常住人口	万人	1104.00	1608.60	1890.26	2302.66	2457.59	2475.39	2481.34	2488.36	2489.43	2475.89
全市户籍人口	万人	1098.28	1321.63	1360.26	1412.32	1442.97	1462.38	1469.30	1475.63	1492.92	1503.83
户籍人口迁入	万人	—	15.16	12.96	17.22	11.61	13.75	13.69	14.90	26.59	21.17
户籍人口迁出	万人	—	5.32	3.46	4.97	5.32	3.92	3.41	3.41	2.84	2.40
人口密度	人/公里^2	1785.00	2537.02	2981.25	3631.67	3876.02	3904.09	3913.48	3924.55	3926.24	3904.88
人口中男性比例	%	49.41	50.36	50.25	49.82	49.65	49.52	49.46	49.41	49.40	49.37
常住人口自然增长率	‰	—	26.55	30.13	41.80	-3.84	3.69	2.40	2.83	0.43	-5.44
户籍人口自然增长率	‰	5.10	-1.90	-1.46	-0.60	-1.27	-1.90	-2.31	-3.52	-4.36	-5.23
婴儿死亡率	‰	15.49	5.05	3.78	5.97	4.58	3.52	3.06	2.66	2.30	2.26
平均期望寿命	岁	73.35	78.77	80.13	82.13	82.75	83.63	83.66	83.67	84.11	83.18
其中:男性		70.69	76.71	77.89	79.82	80.47	81.25	81.27	81.24	81.76	80.84
女性		74.78	80.81	82.36	84.44	85.09	86.08	86.14	86.20	86.56	85.66
老年(60岁及以上)人口数量	万人	—	—	266.37	331.02	435.95	502.03	516.55	532.41	541.57	553.40
出生人口数量	万人	—	6.95	8.25	10.02	10.59	9.84	9.14	7.88	6.91	6.82
小学在校学生人数	万人	87.06	78.86	53.50	70.16	79.87	80.02	82.63	86.10	89.28	91.70
学龄儿童小学入学率	%	—	99.9	99.9	99.9	99.9	99.9	99.9	99.9	99.9	99.9
初中在校学生人数	万人	—	55.60	46.20	42.55	41.23	43.25	45.10	46.81	49.75	52.44
高中阶段入学率	%	—	97.0	99.7	96.5	97.0	99.4	99.0	99.7	99.1	—
高中(含中专、技校)在校学生人数	万人	—	49.68	53.10	32.65	26.16	24.72	24.60	25.63	26.00	27.94

续表

指标	计量单位	1978年	2000年	2005年	2010年	2015年	2018年	2019年	2020年	2021年	2022年
高等学校在校学生人数	万人	5.06	22.68	44.26	51.57	51.16	51.78	52.65	54.07	54.87	55.48
普通高校录取率	%	—	67.4	84.6	85.1	89.0	—	—	—	—	—
研究生在读人数	千人	1.25	30.61	78.73	111.72	138.29	178.79	196.27	215.94	233.27	244.92
成人高等教育在校学生人数	万人	—	11.49	14.72	19.86	15.80	12.86	12.81	13.38	13.63	1.35
每万人在校大学生	人	46	141	234	224	212	214	217	217	220	224
每万人拥有医生	人	30	31	25	22	26	31	32	33	35	36
城镇居民人均居住面积	平方米	4.5	11.8	15.5	16.7	35.5	37.0	37.2	37.3	37.4	37.5
人均公共图书馆藏量	册/件	—	3.42	3.40	2.96	3.08	3.19	3.25	3.25	3.30	3.33
人均生活用电量	千瓦时	—	335.05	586.27	748.74	766.34	985.70	988.71	1034.83	1116.84	1292.69
人均拥有道路面积	平方米	—	5.06	—	11.12	11.83	12.49	12.43	12.46	13.10	13.19
每万人拥有公共交通车辆	辆	—	11.15	10.11	7.58	6.84	7.23	7.21	7.10	7.09	6.99
每万人拥有出租车辆	辆	—	26.70	26.87	21.72	20.53	17.28	16.11	13.00	14.19	11.11

注:"每万人"和"人均"指标均按当年年末常住人口数计算;2015年及以前,城镇居民人均居住面积仅反映市区人均居住面积;成人高等教育在校学生人数中末包括网络教育在校学生;2020年起,每万人拥有公共交通车辆调整为每万人拥有公共汽电车辆。

表3 居民生活

指标	计量单位	1980年	2000年	2005年	2010年	2015年	2018年	2019年	2020年	2021年	2022年
城镇居民人均年可支配收入	元	637	11718	18645	31838	49867	68034	73615	76437	82429	84034
城镇居民人均年生活消费支出	元	553	8868	13773	23200	34784	46015	48272	44839	51295	48111
其中：食品消费支出		310	3947	4940	7777	9272	11104	11273	11515	12878	12880
衣着消费支出		79	567	940	1794	1623	2139	2162	1763	2153	1763
居住消费支出		26	794	1412	2166	11308	15376	16253	16465	17370	18299
交通与通信消费支出		20	759	1984	4076	4206	5108	5626	4677	5721	4612
娱乐、教育、文化消费支出		49	1287	2273	3363	3718	5491	5966	3963	5090	3314
医疗保健消费支出		7	501	797	1006	2268	3222	3332	3189	4063	3719
每百户居民家庭年末耐用消费品拥有量											
洗衣机	台	—	93	97	99	89	93	96	96	96	96
电冰箱	台	—	102	104	104	96	100	102	102	103	103
彩色电视机	台	—	147	177	188	174	173	177	176	172	172
家用汽车	辆	—	—	—	17	24	37	39	39	44	45
热水淋浴器	台	—	64	90	98	88	95	97	98	99	99
家用空调器	台	—	96	168	200	181	200	207	207	210	210
家用电脑	台	—	26	81	129	117	99	105	105	98	97
移动电话	部	—	29	181	230	217	220	224	226	230	230

注：2010年及以前，每百户居民家庭年末耐用品消费拥有量按照城镇居民情况进行计算。

表4 社会保障与就业情况

指标	计量单位	1978年	2000年	2005年	2010年	2015年	2018年	2019年	2020年	2021年	2022年
城镇基本养老保险参保人数	万人	—	675.32	734.50	894.89	1411.44	1573.37	1589.57	1616.67	1654.36	1659.38
其中:在职职工	万人	—	431.27	436.52	522.44	961.05	1032.08	1036.49	1051.96	1081.58	1076.53
领取养老金离退休人员	万人	—	234.23	279.72	352.02	415.81	501.99	511.93	521.77	528.35	535.65
城镇基本医疗参保人数	万人	—	566.73	731.88	999.74	1446.37	1524.82	1540.64	1588.25	1614.38	1624.60
其中:在职职工	万人	—	364.59	434.51	608.41	980.54	1020.61	1026.94	1064.86	1084.74	1087.84
城镇职工失业保险参保人数	万人	—	434.86	466.06	556.20	641.77	977.20	984.86	987.64	1021.26	1014.72
城镇职工生育保险参保人数	万人	—	—	539.27	657.30	735.41	984.92	—	—	—	—
城镇职工工伤保险参保人数	万人	—	—	523.71	555.36	932.87	972.89	1084.13	1082.23	1097.33	1072.47
城镇登记失业人数	万人	10.00	20.08	27.50	27.73	24.81	19.41	19.34	13.54	14.40	14.56
城镇登记失业率	%	2.30	3.50	4.40	4.20	4.05	3.57	3.60	3.67	2.70	—
全市从业人员	万人	698.32	828.35	863.32	1090.76	1361.51	1375.66	1376.20	—	—	—
第一产业	万人	240.06	89.23	61.02	37.09	46.01	40.83	40.80	—	—	—
第二产业	万人	307.48	367.04	322.33	443.74	459.74	422.82	335.67	—	—	—
其中:工业	万人	—	330.02	280.87	347.65	355.83	327.16	238.11	173.26	178.38	171.33
建筑业	万人	—	37.02	41.46	96.09	108.33	99.96	108.33	52.46	51.72	48.87
第三产业	万人	150.78	372.08	479.97	609.93	855.76	912.01	999.73	—	—	—

续表

指标	计量单位	1978年	2000年	2005年	2010年	2015年	2018年	2019年	2020年	2021年	2022年
其中:交通运输、仓储和邮政业		—	36.69	48.40	54.97	88.20	89.52	93.76	59.48	60.03	58.77
批发和零售		—	105.85	131.31	180.69	238.31	243.92	245.68	105.96	111.98	109.50
金融业		—	10.05	18.24	24.11	35.07	35.32	43.72	—	—	—
房地产业		—	9.33	28.96	35.94	49.84	51.59	54.42	31.97	34.84	33.75
从业人员构成	%	100.00	100.00	100.00	100.00	100.00	100.00	100.00	—	—	—
其中:第一产业	%	34.38	10.77	7.07	3.40	3.38	2.97	2.96	—	—	—
第二产业	%	44.03	44.31	37.34	40.68	33.77	30.74	24.39	—	—	—
第三产业	%	21.59	44.92	55.59	55.92	62.85	66.30	72.64	—	—	—

注:①2005年以后分别按新行业分类标准统计,2000年没有新行业的分类标准,2000年以后分别按新行业分类标准,且仅统计规模以上企业从业人员。②根据《中华人民共和国保险法》,2011年对社会保险政策进行了调整。2020年起,再次调整行业分类标准,且仅统计规模以上企业从业人员被敛纳入城镇职工保险范围内,并对养老、医疗、失业、工伤、生育保险的相关政策做出了调整。原参加"小城镇社会保险"和"来沪从业人员综合保险"的从业人员被敛纳入城镇职工保险范围内,并对养老、医疗、失业、工伤、生育保险的相关政策做出了调整。

附录二
全国超大城市主要经济与社会指标

  超大城市，是中华人民共和国城市规模划分标准的分类之一。根据国务院于 2014 年下发的《关于调整城市规模划分标准的通知》，城区常住人口 1000 万以上的城市为超大城市。根据住房和城乡建设部于 2023 年 10 月公布的《2022 年城市建设统计年鉴》，全国共有超大城市 10 个，分别为上海（城区总人口 2475.89 万人）、北京（城区总人口 1912.8 万人）、深圳（城区总人口 1766.18 万人）、重庆（城区总人口 1617.5 万人）、广州（城区总人口 1369.7 万人）、成都（城区总人口 1257.24 万人）、天津（城区总人口 1160.07 万人）、东莞（城区总人口 1082.44 万人）、武汉（城区总人口 1080.64 万人）、杭州（城区总人口 1002.1 万人）。城区总人口通常包括城市主城区中的户籍人口和暂住人口，户籍人口是指有常住户口的人口，而暂住人口则是指在城市主城区居住但未办理常住户口的人口，因此与城区总人口表中常住人口数量略有不同。

表 1 超大城市主要经济指标

指标	计量单位	上海			北京		
		2000年	2021年	2022年	2000年	2021年	2022年
常住人口	万人	1608.60	2489.43	2475.89	1363.6	2188.6	2184.3
户籍人口	万人	1321.63	1492.92	1503.83	1107.5	1413.5	1427.7
男性占比	%	50.4	49.4	49.4	52.1	51.1	51.0
生产总值	亿元	4812.15	43653.17	44652.80	3277.8	41045.6	41540.9
第一产业		74.76	96.09	96.95	79.3	111.4	111.5
第二产业		2215.75	11366.69	11458.43	1023.7	7389.0	6635.6
第三产业		2521.64	32190.39	33097.42	2174.9	33545.2	34793.7
生产总值产业结构	%						
第一产业		1.6	0.2	0.2	2.4	0.3	0.3
第二产业		46.0	26.0	25.7	31.2	18.0	16.0
第三产业		52.4	73.8	74.1	66.4	81.7	83.8
人均生产总值	元	29915	175354	180351	24038	187543	190179
一般公共预算收入	亿元	497.96	7771.80	7608.19	345.0	5932.3	5714.4
一般公共预算支出	亿元	622.84	8430.86	9393.16	443.0	7205.1	7469.2
全市居民人均可支配收入	元	11056	78027	79610	10350	75002	77415
全市居民人均消费支出	元	8868	48879	46045	8494	43640	42683
其中:食品烟酒		3947	12604	12653	3083	9307	9223
衣着		567	2087	1717	755	2104	1861
居住		794	16137	17073	587	16847	17170
生活用品及服务		683	2248	2128	1098	2560	2193

续表

指标	计量单位	上海			北京		
		2000年	2021年	2022年	2000年	2021年	2022年
交通通信		759	5626	4529	605	4227	4129
教育文化娱乐		1287	4710	3100	1284	3348	3008
居民消费价格指数	(上年=100)	102.5	101.2	102.5	103.5	101.1	101.8
商品零售价格指数	(上年=100)	96.4	101.3	101.7	98.9	101.7	101.8

指标	计量单位	深圳			重庆		
		2000年	2021年	2022年	2000年	2021年	2022年
常住人口	万人	701.24	1768.16	1766.18	2848.82	3212.43	3213.34
户籍人口	万人	124.92	556.39	583.47	3091.09	3414.66	3413.80
男性占比	%	52.2	49.4	49.3	52.1	51.1	51.1
生产总值	亿元	2219.20	30820.10	32480.71	1822.06	28077.28	29129.03
第一产业		15.57	23.75	24.76	280.45	1921.91	2012.05
第二产业		1108.76	11607.80	12313.63	774.63	11217.26	11693.86
第三产业		1094.87	19188.56	20142.32	766.98	14938.11	15423.12
生产总值产业结构	%						
第一产业		0.7	0.1	0.1	15.4	6.8	6.9
第二产业		50.0	37.7	37.9	42.5	40.0	40.1
第三产业		49.3	62.3	62.0	42.1	53.2	53.0
人均生产总值	元	33276	174542	183801	6383	87450	90663
一般公共预算收入	亿元	221.92	4257.70	4012.44	104.46	2285.45	2103.42
一般公共预算支出	亿元	225.04	4570.22	4997.38	202.46	4835.06	4892.77

续表

指标	计量单位	深圳			重庆		
		2000年	2021年	2022年	2000年	2021年	2022年
全市居民人均可支配收入	元	20905.68	70847.32	72718.23	6275.98	33803	35666
全市居民人均消费支出	元	16306.68	46285.67	44792.89	5475.17	24598	25371
其中:食品烟酒		—	13704.79	13304.43	2214.03	8154	8600
衣着		—	2176.54	1809.75	551.14	1708	1698
居住		—	12433.58	12296.48	494.04	4490	4783
生活用品及服务		—	2516.02	2346.10	476.45	1683	1657
交通通信		—	6353.03	6734.76	406.44	3050	3078
教育文化娱乐		—	5217.06	4366.63	785.74	2601	2585
居民消费价格指数	(上年=100)	102.8	100.9	102.3	96.7	100.3	102.1
商品零售价格指数	(上年=100)	115.1	—	—	95.5	101.4	102.5

指标	计量单位	广州			成都		
		2000年	2021年	2022年	2000年	2021年	2022年
常住人口	万人	994.89	1881.06	1873.41	1110.85	2119.20	2126.80
户籍人口	万人	700.69	1011.53	1034.91	1013.35	1556.18	1571.57
男性占比	%	51.5	49.6	49.4	50.9	49.5	49.4
生产总值	亿元	2505.58	28225.21	28833.06	1238.20	19962.31	20817.50
第一产业		94.37	299.75	312.42	133.08	582.86	588.42
第二产业		1029.94	7736.13	7727.05	473.03	5989.23	6404.12
第三产业		1381.27	20189.34	20793.59	632.09	13390.22	13824.96
生产总值产业结构	%						

续表

指标	计量单位	广州 2000年	广州 2021年	广州 2022年	成都 2000年	成都 2021年	成都 2022年
第一产业		3.77	1.06	1.05	10.7	2.9	2.8
第二产业		41.11	27.41	25.61	38.2	30.0	30.8
第三产业		55.12	71.53	73.34	51.1	67.1	66.4
人均生产总值	元	25758	150330	153593	10344	94837	98149
一般公共预算收入	亿元	200.55	1884.26	1855.10	—	1697.63	1722.43
一般公共预算支出	亿元	240.72	3021.18	3022.45	—	2237.68	2435.01
全市居民人均可支配收入	元	13966.53	74416	76849.41	7649.09	52633.07	54897.46
全市居民人均消费支出	元	11349.47	47162	46825.24	6423.48	31580.95	32171.38
其中:食品烟酒	元	4835.57	14974	14998.12	2491.43	10631.13	10848.67
衣着		586.69	2226	1873.01	580.47	2534.50	2494.57
居住		1474.60	11060	11837.42	764.31	6789.98	7073.54
生活用品及服务		812.79	2853	2720.55	565.00	1736.47	1790.20
交通通信		1033.55	6223	6049.82	378.95	3745.13	3716.12
教育文化娱乐		1443.42	6145	5562.84	828.75	3144.32	3167.88
居民消费价格指数	(上年=100)	102.8	101.1	102.4	100.2	100.5	102.4
商品零售价格指数	(上年=100)	99.4	101.3	102.5	98.2	101.1	102.8

指标	计量单位	天津 2000年	天津 2021年	天津 2022年	东莞 2000年	东莞 2021年	东莞 2022年
常住人口	万人	1001.14	1373.00	1363.00	644.84	1053.68	1043.70
户籍人口	万人	912.00	1151.56	1161.30	152.61	278.61	292.45

257

续表

指标	计量单位	天津 2000年	天津 2021年	天津 2022年	东莞 2000年	东莞 2021年	东莞 2022年
男性占比	%	50.5	49.6	49.6	50.6	48.8	48.6
生产总值	亿元	1591.67	15685.05	16311.34	821.14	10931.69	11200.32
第一产业	亿元	73.69	265.90	273.15	25.91	34.83	36.50
第二产业	亿元	794.75	5672.67	6038.93	451.47	6359.21	6513.64
第三产业	亿元	723.23	9746.48	9999.26	343.76	4537.66	4650.18
生产总值产业结构	%						
第一产业		4.6	1.7	1.7	3.2	0.3	0.3
第二产业		49.9	36.2	37.0	55.0	58.2	58.2
第三产业		45.5	62.1	61.3	41.9	41.5	41.5
人均生产总值	元	16236	113660	119235	13563	104010	106803
一般公共预算收入	亿元	133.61	2141.06	1846.69	30.47	769.57	766.13
一般公共预算支出	亿元	187.05	3152.55	2729.83	33.61	882.53	861.60
全市居民人均可支配收入	元	8140.55	47449	48976	14142	63740	65406
全市居民人均消费支出	元	6121.07	33188	31324	12529	39803	40131
其中：食品烟酒		2454.81	9138	9313	4048	12855	13154
衣着		544.35	1872	1630	487	2151	2097
居住		560.75	7520	7468	1218	8198	8431
生活用品及服务		722.25	1941	1789	623	2250	2354
交通通信		348.92	4390	3889	3309	6821	6657
教育文化娱乐		787.65	3372	2546	1517	4437	4319
居民消费价格指数	（上年=100）	99.6	101.3	101.9	101.5	101.1	102.7
商品零售价格指数	（上年=100）	98.6	101.5	102.0	100.1	102.7	104.5

附录二 全国超大城市主要经济与社会指标

续表

指标	计量单位	武汉			杭州		
		2000年	2021年	2022年	2000年	2021年	2022年
常住人口	万人	804.81	1364.89	1373.90	701.70	1220.40	1237.60
户籍人口	万人	749.19	934.10	944.42	621.58	834.54	846.75
男性占比	%	—	50.7	50.6	51.3	49.4	49.3
生产总值	亿元	1206.84	17688.03	18866.43	1395.67	18247.33	18753.07
第一产业		81.36	441.57	475.79	103.96	337.49	345.97
第二产业		533.31	6136.99	6716.65	717.88	5472.82	5619.86
第三产业		592.17	11109.47	11673.99	573.83	12437.01	12787.24
生产总值产业结构	%						
第一产业		6.7	2.5	2.5	7.4	1.8	1.8
第二产业		44.2	34.7	35.6	51.4	30.0	30.0
第三产业		49.1	62.8	61.9	41.1	68.2	68.2
人均生产总值	元	14473	135032	137772	22554	221398	223080
一般公共预算收入	亿元	—	1578.65	1504.74	69.19	2386.59	2450.61
一般公共预算支出	亿元	—	2215.97	2223.15	73.43	2392.04	2542.09
全市居民人均可支配收入	元	6760.68	55297	58449	9668	67709	70281
全市居民人均消费支出	元	6074.76	36684	37418	7790	44609	46440
其中:食品烟酒		—	10245	10649	3303.48	11268	11628
衣着		—	2574	2551	645.00	2292	2240
居住		—	9298	9618	701.04	12107	12864
生活用品及服务		—	2093	2100	626.50	2647	2558

续表

指标	计量单位	武汉 2000年	武汉 2021年	武汉 2022年	杭州 2000年	杭州 2021年	杭州 2022年
交通通信		—	4382	4512	547.51	7084	7821
教育文化娱乐		—	4402	4262	1079.11	4414	4050
居民消费价格指数	（上年=100）	100.6	100.6	102.3	100.8	101.3	102.4
商品零售价格指数	（上年=100）	97.4	101.3	102.8	98.3	101.6	102.9

注：本表总量指标中的价值量指标均按当年价格计算。2012年起，国家统计局实施了城乡一体化住户调查改革，统一了城乡居民收入名称，分类和统计标准。2000年，居民人均可支配收入及消费支出根据历史数据按照新口径推算求得。

表2 超大城市主要社会指标

指标	计量单位	上海 2000年	上海 2021年	上海 2022年	北京 2000年	北京 2021年	北京 2022年
居民生活用水量	万立方米	118800	115700	118700	—	—	—
拥有道路长度	公里	6641	18927	18993	4126	6168	6209
拥有道路面积	万平方米	8147	32620	32663	4921	10741	10892
城市排/供水管道长度	公里	19863	68727	68316	7610	18432	18998
公共交通车辆	辆	17939	17645	17305	14191	30189	30739
轨道交通运营车辆	节	216	7393	7311	587	7110	7274
出租汽车	辆	42943	35317	27515	—	79600	70230
公园绿地面积	公顷	4812	22463	22979.9	7140	36397	36900
研究与发展（R&D）经费支出	亿元	221.38	1819.77	1981.58	155.70	2629.32	2843.34

续表

指标	计量单位	上海 2000年	上海 2021年	上海 2022年	北京 2000年	北京 2021年	北京 2022年
专利授权量	件	4048	179317	178323	5905	198778	202722
专利发明数	件	302	32860	36797	1074	79210	88127
大学生数量	人	226800	548700	554800	282585	595776	602512
医生数	人	49872	87004	88939	51570	123503	124916
医院床位数	张	75334	150815	156462	71245	122287	126309
图书馆	个	31	22	20	26	21	21
群艺馆、文化馆(站)	个	340	241	237	—	356	357
图书出版总印数	亿册	2.54	4.94	4.61	9.6	4.0	—
报纸出版总印数	亿份	16.77	6.66	6.28	68.7	2.7	—

指标	计量单位	深圳 2000年	深圳 2021年	深圳 2022年	重庆 2000年	重庆 2021年	重庆 2022年
居民生活用水量	万立方米	—	—	—	41885	85993	88175
拥有道路长度	公里	1357	726	726	3299	13573	13923
拥有道路面积	万平方米	—	—	—	3205.34	28699	29445
城市排/供水管道长度	公里	—	—	—	9173	27729	28773
公共交通车辆	辆	2920	16222	15931	4656	15023	15131
轨道交通运营车辆	节	—	—	—	—	2248	2682
出租汽车	辆	8505	21127	19602	15580	24478	24679
公园绿地面积	公顷	—	21970	22219	1588	30561	31758
研究与发展(R&D)经费支出	亿元	—	1682.15	1880.49	1.16	603.84	—

续表

指标	计量单位	深圳 2000年	深圳 2021年	深圳 2022年	重庆 2000年	重庆 2021年	重庆 2022年
专利授权量	件	2401	279177	275774	1158	76206	66467
专利发明数量	件	1	45202	52172	56	9413	12207
大学生数量	人	14123	145181	155264	132512	1100122	1171607
医生数	人	7418	43728	45260	44940	92131	94609
医院床位数	张	9616	58795	60643	65666	240741	250832
图书馆	个	—	733	779	42	43	43
群艺馆、文化馆（站）	个	—	10	10	1245	1072	1072
图书出版总印数	亿册	—	—	—	1.12	1.37	1.44
报纸出版总印数	亿份	—	0.78	0.79	4.87	1.70	3.12

指标	计量单位	广州 2000年	广州 2021年	广州 2022年	成都 2000年	成都 2021年	成都 2022年
居民生活用水量	万立方米	83564	117407.42	115895.01	28084	89000	85000
拥有道路长度	公里	2053	14871.09	14976.00	1058	9421.1	9883.1
拥有道路面积	万平方米	2805	22242.95	22411.16	1559	19737.5	20267.9
城市排/供水管道长度	公里	5169	42188	43249	3015	40086	42806
公共交通运营车辆	辆	5645	15572	15046	2118	16658	16657
轨道交通运营车辆	节	120	—	—	—	—	—
出租汽车	辆	15622	—	—	7852	16852	16347
公园绿地面积	公顷	45473	32360	32413	4013	13648	14763
研究与发展（R&D）经费支出	亿元	29.06	881.72	988.36	3.2	45.77	22.99

附录二 全国超大城市主要经济与社会指标

续表

指标	计量单位	广州 2000年	广州 2021年	广州 2022年	成都 2000年	成都 2021年	成都 2022年
专利授权量	件	—	189516	146854	59	1197	1371
专利发明数	件	—	24120	27604	67	551	721
大学生数量	人	185078	1412569	1489276	140661	981464	1035322
医生数	人	23503	66204	68687	26187	80100	80600
医院床位数	张	33716	97117	100490	34107	134900	139900
图书馆	个	15	14	14	17	22	22
群艺馆、文化宫（站）	个	171	189	189	419	358	357
图书出版总印数	亿册	2.64	—	—	2.73	—	—
报纸出版总印数	亿份	23.38	—	—	10.73	—	—

指标	计量单位	天津 2000年	天津 2021年	天津 2022年	东莞 2000年	东莞 2021年	东莞 2022年
居民生活用水量	万立方米	25714	47681	52000	21433	51664	48846
拥有道路长度	公里	3608	9387	9669	2519	5266	5266
城市道路面积	万平方米	4168	18000	18687	—	—	—
城市排水/供水管道长度	公里	12081	45437	46427	2106	22601	23855
公共交通车辆	辆	5358	13258	11653	—	—	—
轨道交通运营车辆	节	—	1272	1404	—	—	—
出租汽车	辆	31939	31779	31779	—	—	—
公园绿地面积	公顷	7550.0	11198	11273	—	20088.47	21172.22
研究与发展（R&D）经费支出	亿元	—	574.33	568.66	—	405.61	411.00

续表

指标	计量单位	天津			东莞		
		2000年	2021年	2022年	2000年	2021年	2022年
专利授权量	件	1611	97910	71545	1399	94573	95581
专利发明数	件	163	7376	11745	4	11690	10700
大学生数量	人	117690	583353	594505	3241	139334	152936
医生数	人	30031	51777	52550	3309	22884	24495
医院床位数	张	38842	66241	66140	7081	34463	35075
图书馆	个	31	20	20	18	657	658
群艺馆、文化馆(站)	个	19	17	17	1	1	1
图书出版总印数	亿册	0.59	0.97	1.06	—	—	—
报纸出版总印数	亿份	5.99	1.88	1.65	0.16	0.59	0.39

指标	计量单位	武汉			杭州		
		2000年	2021年	2022年	2000年	2021年	2022年
居民生活用水量	万立方米	—	63936.03	66730.83	19410	52157	55257
拥有道路长度	公里	—	—	—	1050	6573	6873
拥有道路面积	万平方米	—	—	—	—	12467	13843
城市排/供水管道长度	公里	—	13011	13632	1431	11362	12033
公共交通车辆	辆	—	9837	9943	1781	10850	10911
轨道交通运营车辆	节	—	3124	3167	—	—	—
出租汽车	辆	—	18093	18407	—	14313	14472
公园绿地面积	公顷	—	13843	14002	6035	11124	12723
研究与发展(R&D)经费支出	亿元	—	249.13	289.19	—	666.99	723.03

附录二 全国超大城市主要经济与社会指标

续表

指标	计量单位	武汉			杭州		
		2000年	2021年	2022年	2000年	2021年	2022年
专利授权量	件	1038	86379	89461	—	122520	121196
专利发明数量	件	87	18553	23658	—	22948	30100
大学生数量	人	—	1105576	1135373	122386	584533	613126
医生数	人	—	47041	47652	16317	55013	57455
医院床位数	张	—	84948	85210	23303	85475	87950
图书馆	个	—	16	16	10	14	15
群艺馆、文化馆（站）	个	—	186	188	281	193	206
图书出版总印数	亿册	—	1.63	1.57	—	4.79	5.02
报纸出版总印数	亿份	—	—	—	—	—	—

265

后 记

2019年11月,习近平总书记考察上海时首次提出"人民城市人民建,人民城市为人民"的人民城市重要理念。五年来,上海沿着习近平总书记指引的方向,推动新时代人民城市建设迈出新步伐、取得新成效、谱写新画卷。2020年6月,中共上海市委第十一届委员会第九次全体会议审议通过《中共上海市委关于深入贯彻落实"人民城市人民建,人民城市为人民"重要理念,谱写新时代人民城市新篇章的意见》,提出努力打造人人都有人生出彩机会的城市、人人都能有序参与治理的城市、人人都能享有品质生活的城市、人人都能切实感受温度的城市、人人都能拥有归属认同的城市。2024年11月,上海市委在《人民日报》刊发署名文章《奋力谱写新时代人民城市建设新画卷》,总结了五年来以滚动实施"民心工程"为重要抓手持续开展一系列实际行动所取得的成效。

有感于人民城市的理念和实践伟力,上海社会科学院社会学研究所于2024年1月部署启动所级集体项目,深入研究总结上海人民城市社会建设的现状、经验、问题并提出对策建议。最初的定位是,围绕人民城市理念与上海民生实践(民生工作、民心工程、民生实事等),每篇报告聚焦某个群体的某类民生问题展开,要求立足上海、深入调研、总结提炼。后来又不拘泥于此,扩展到对社会政策和社会治理(案例)的研究,最终形成社会民生篇、社会政策篇、社会治理篇三大部分,加上总报告一共16篇报告,最终建立起本书框架。总报告依据2024年本所社情民意与公共政策研究室暨社会调查中心团队对2000位上海市民的抽样问卷调查,从民生、民意、民享三个维度构建指数并展开描述分析。社会民生篇聚焦育龄女性、新职业青年、网约配送员、流动人口、老年人等群体,社会政策篇围绕托幼服务、家庭医生、长期护理保险、社会救助、

后 记

职业资格认证等议题，社会治理篇从全市遴选分析五个可复制、可推广的典型案例。附录部分延续了往年社会发展主要指标内容，并从上海等直辖市扩展到全国超大城市，为城市社会发展及其比较研究汇集基础数据资料。

本书在调研和成稿过程中，已经产出了部分相关中期成果。例如，曾燕波在《解放日报》发表《促进灵活就业青年职业发展》，何芳在光明网发表《以儿童为中心，构建完善托育服务的生态系统》，李蔓莉在《社会科学报》发表《全球化视野下的职业标准建设》，朱妍关于做好网约配送员群体的权益保障决策咨询专报获得领导批示，梁海祥关于提升居民健康素养的数据库利用建议被《上海民进信息》采用，方帅、苑莉莉分别就上海家庭医生签约服务和综合帮扶工作递交决策咨询专报等。

感谢本书各报告作者的辛勤调研和写作，还要特别感谢的是，上海市社会建设研究会罗新忠副会长组织遴选了社会治理篇的五个案例，华东师范大学社会发展学院博士研究生於阅收集整理了附录部分的城市数据，上海社会科学院社会学研究所学术秘书鲁琳负责对全书的格式体例进行统稿等。正是大家齐心协力，才使本书得以顺利付梓。

就在本书写作收官之时，2024年11月12日，中宣部和上海市委、市政府联合举办的学习贯彻习近平总书记关于城市工作重要论述理论研讨会在上海举行，与会专家表示要深入学习贯彻习近平总书记关于城市工作的重要论述，坚持"人民城市人民建，人民城市为人民"，做好新时代城市工作。正如中央党史和文献研究院曲青山院长所指出的，习近平总书记提出的人民城市重要理念和关于城市工作的重要论述，谱写了习近平新时代中国特色社会主义思想的城市篇，为做好新时代城市工作提供了根本遵循。因此，加强对上海乃至全国的人民城市研究，方兴未艾，任重道远。本书只是一个初步尝试，期盼全国哲学社会科学界产出更多更好的成果，以加快构建中国特色哲学社会科学和中国自主知识体系。

李　骏

上海社会科学院社会学研究所所长、研究员

2024年12月

Abstract

In 2024, it is the fifth anniversary of President Xi Jinping's visit to Shanghai, where he proposed the important concept of "People's City Built by the People, People's City for the People." Over the past five years, Shanghai has followed the guidance of President Xi Jinping, making new strides in the construction of people's city, achieving significant results and painting a new picture of progress. The construction of people's city represents the concentrated embodiment of the five integrated aspects of economic, political, cultural, social, and ecological civilization development at the city level. *The Shanghai Social Development Report* (2025) focuses on the social construction of Shanghai's people's city. The report examines key representative and typical topics from various sections, including the general report, social welfare, social policy and social governance, conducting in-depth studies on the current situation, experiences, issues and providing policy recommendations.

The general report, based on a 2024 survey of 2000 Shanghai residents, constructs an index from three dimensions: livelihood, public opinion and public benefits. The index shows an overall high level. Then the report describes the current situation, analyzes problems and offers suggestions for further meeting the people's needs for a better life and enhancing their well-being. These suggestions include improving the labor employment and vocational training system, optimizing education resource allocation and reducing educational competition pressure, strengthening home-based elderly care services and community support, promoting internet-based healthcare and healthy lifestyles, enhancing neighborhood governance and property management mechanisms and strengthening social security and consumer confidence.

Abstract

The social welfare section focuses on groups such as women of childbearing age, young professionals in new careers, online delivery workers, migrant populations and the elderly. It analyzes issues related to their fertility desire, survival and development, labor employment, health literacy and digital inclusion. The social policy section focuses on topics such as child care services, family doctors, long-term care insurance, social assistance and vocational qualifications. This part analyzes policy needs and optimization and puts forward suggestions. The social governance section summarizes and analyzes five typical, replicable and promotable case studies selected from Shanghai. These include: new exploration in party building in emerging fields (Changning district), new concepts in residential property governance (Yangpu district), new models for property service provision (Pudong new district), new practices in high-quality community governance (Hongkou district), and new methods in community governance knowledge production (Putuo district). The appendix of the report continues to include key social development indicators from previous years, expanding from Shanghai and other municipalities directly under the central government to include data from megacities nationwide, providing fundamental data for urban social development and comparative research.

Keywords: People's City; Social Construction; Social Livelihood; Social Policy; Social Governance

Contents

I General Report

B.1 Livelihood, Opinion, and Enjoyment: A Triple Symphony in People's City Development
Li Jun, Lei Kaichun / 001

Abstract: Grounded in the core principle of "A People's City Built by the People, A People's City for the People," and aligned with the policy directives of Shanghai's practical projects, this study constructs a Livelihood − Opinion − Enjoyment Index to comprehensively reflect the current state of urban social construction. Based on quantitative analysis of survey data from 2,000 Shanghai residents, the findings reveal the following: first, the overall Livelihood−Public Opinion−Public Enjoyment Index is at a high level, demonstrating effective urban governance; second, within the Livelihood Index, employment performance is prominent, while cultural education requires further improvement; third, the Public Opinion Index shows strong social security performance, yet consumption and employment confidence need more attention; fourth, the Public Enjoyment Index exhibits optimism, as residents generally express satisfaction with their quality of life. Future efforts in urban development should focus on employment, income, education, social security, healthcare, and living environments to address residents' specific needs more accurately and continually enhance the overall level of social construction in people's cities.

Keywords: People's City; Social Construction; Livelihood; Public Opinion; Public Enjoyment; Shanghai

Ⅱ Social Livelihood

B.2 Research on the Fertility Desires of Child-bearing Females and Their Policy Needs in Shanghai

Bao Leiping / 022

Abstract: This chapter analyzes the fertility intentions and policy needs of childbearing-age females in this city from the perspective of policy demand, based on three large-scale surveys. The report points out that the fertility desire of child-bearing females is at a relatively low level, and the main restricted factors include education costs, parenting costs, housing prices, caregiving and support burdens. Survey data reveals that the policy needs of child-bearing females exhibit gradient characteristics: the first gradient is economic support policies, such as childcare allowances and tax support policies, the second gradient is time support policies, such as maternity and childcare leave, and the third gradient is service-oriented support policies, such as childcare education support policies, housing support policies, scientific parenting knowledge needs, and reproductive health services. To build a fertility-friendly society, it is urgent to start from the above aspects and enrich policy supplies.

Keywords: Fertility Desire; Policy Needs; "Five People" Principk

B.3 A Study on the Survival and Development of the New Occupational Youth Group in Shanghai

Zeng Yanbo / 040

Abstract: Developing new occupations is beneficial to alleviating the current severe employment situation for young people, This is because the new professions mostly belong to sunrise industries, Young people have a natural advantage in mastering new things and new technologies, In recent years, the booming development of new occupations has provided more job opportunities for young people. However, Many imperfections in management policies for new professions have brought many practical problems to young people engaged in new professions. A survey of young people in new professions found that, Young people in new professions face greater economic pressure, Social security has not achieved full coverage, Lack of rights protection and career stability, The problem of overwork among young people in new professions is prominent. As a result, In the construction of a people's city, it is necessary to vigorously protect the legitimate rights and interests of young people in new professions, Achieve full coverage of social security, Formulate sound policies to promote youth employment, Ensure the occupational stability of young people in new professions and effectively promote their career development.

Keywords: Young People in New Professions; Youth Employment; Employment Policy; Shanghai

B.4 Work and Living Conditions of Delivery Riders in Shanghai

Zhu Yan / 055

Abstract: In recent years, the protection of delivery riders' rights and the enhancement of their work conditions have garnered increasing attention. The analysis of survey data on a group of delivery riders in Shanghai in 2023–2024 indicates that the implementation of relevant policies has initially yielded positive outcomes. These include a high rate of signing labour contracts/labour agreements for riders and widespread recognition of education and training related to work safety. The survey also reveals that the workload for riders remains considerable, their financial circumstances are precarious, the constraints imposed by the platform algorithm on riders are significant, the mental distress caused by the algorithm has not yet been alleviated, and the sense of professional dignity has yet to be enhanced. The study puts forward a series of policy recommendations, including promoting legislation on collective bargaining, improving riders' social insurance coverage, establishing more reasonable piece-rate wage system to avoid overtime work.

Keywords: Deliverary Riders; Work Situation; Rights Protection; Policy Expectations

B.5 Enhancing Health Literacy for Shanghai's Migrant Population

Liang Haixiang / 088

Abstract: As urbanization progresses in China, population mobility between regions is increasing. This report, guided by the people-oriented urban philosophy, focuses on health promotion strategies for the floating population in Shanghai, and explores effective methods to enhance the health literacy of this demographic. Based on the analysis of health literacy data among Shanghai residents in 2022, it is found that the health literacy of the mobile white-collar group is generally high, while the migrant worker group has lower literacy in the prevention and control of infectious diseases and basic medical knowledge. Therefore, the report recommends targeted health education services and the construction of a comprehensive healthy city; it proposes the promotion of the digital transformation of science popularization work and the precise dissemination of health knowledge; it emphasizes deepening the Healthy Shanghai initiative, aiming to establish a Healthy Shanghai that is participated in by all and built collectively.

Keywords: Migrant Population; Health Literacy; Health Promotion; People's City

B.6 Multidimensional Strategies for Bridging the Digital Divide Among Elderly People: The Shanghai Practice

Peng Cong / 105

Abstract: As a super-large city with a high aging population nationwide, Shanghai faces the real challenge of a large and continuously growing elderly population. With the continuous progress of urban digitalization and the profound changes in the population structure, providing digital services tailored to the elderly has become an inevitable requirement for implementing the concept of a people-centered city, promoting high-quality development, and realizing a high-quality life for citizens. This study focuses on the elderly population, using sample data from the elderly group in Shanghai to analyze the current state of the digital divide among the elderly and its changing trends over time. The study aims to reveal the differences and deficiencies in the elderly population regarding digital skill mastery, access to digital resources, and participation in digital life. The study aims to understand the obstacles faced by the elderly in the digitalization process through field research and in-depth interviews, analyze the underlying motivations, assess the effectiveness of digital adaptation measures for elderly people, and provide strategic recommendations to bridge the digital divide for the elderly and achieve digital inclusion.

Keywords: Elderly; Digital Divide; Aging Service; Shanghai

Ⅲ Social Policy

B.7 Policy Practices and Resident Needs for 0-3 Year-Old Childcare Services in Shanghai *He Fang* / 122

Abstract: Developing 0 - 3 year-old childcare services are important for ensuring access to child care in the new era, and are important for building a people-oriented city. In the past five years, Shanghai has adapted to the diverse needs of families with infants and young children, providing rich childcare policy support, service types, and service content. Currently, a childcare service pattern has been basically formed, with integrated childcare and child care as the main focus and universal resources as the leading factor. Based on the analysis of the 2024 Shanghai Livelihood and Public Opinion Survey, it was found that the demand for child care support among Shanghai residents is universal, but childcare services are not the first choice for residents seeking care support; The diversified demand for childcare services places higher demands on inclusive, high-quality, and convenient services; At present, there is a mismatch between the supply and demand of childcare services. In this regard, it is necessary to increase the disclosure of information and proactive promotion of childcare service resources, establish a diverse and integrated childcare service model, and build a platform for parents to participate in childcare services, in order to promote the healthy development of childcare system.

Keywords: 0 - 3 -year-old Child; Childcare Services; Childcare Policies; Shanghai Residents

B.8 Practice and Exploration of Family Doctor Contract Services and Tiered Diagnosis and Treatment in Shanghai

Fang Shuai / 143

Abstract: Establishing and improving the tiered diagnosis and treatment system is an important aspect of the new round of medical and health system reforms. Shanghai has taken the family doctor contract system as a lever to build a tiered diagnosis and treatment pattern, based on regional and specialized medical alliances. Tailored explorations have been conducted in each district. An analysis of exemplary cases from the Jinshan, Huangpu, and Changning districts reveals that Shanghai's approach to family doctor contracts and tiered diagnosis and treatment has yielded shared insights. These include the expansion of the "1 + 1 + 1" consultation model, the integration of general and specialized care as a strategic breakthrough, and a suite of measures to enhance the capacity of primary care. However, challenges persist, such as inadequate incentives for contract adherence, disparities in medication management, and the need for refinement in the guidance of medical insurance payment and improved family doctor evaluation mechanisms. Differentiated services and preferential policies should be implemented for the entire population; drug procurement and supply within medical alliances should be standardized, and the medical insurance payment and comprehensive assessment of family doctors should be optimized.

Keywords: Family Doctor; Contract Service; Tiered Diagnosis and Treatment; Medical Alliance; Shanghai

B.9 Pilot and Exploratory Research on the Long-term Care Insurance System in Shanghai

Shou Lili / 158

Abstract: Shanghai is one of the first pilot cities for the long-term care insurance system in China, and the only city in China to promote it in all districts of the city. This study summarizes the policy evolution and implementation effects during the pilot and promotion process of long-term care insurance in Shanghai, analyzes the existing problems, and proposes six improvement suggestions. Firstly, the coverage population should include all employed and retired individuals in both urban and rural areas; Secondly, the age range, payment period, age for enjoying benefits, and evaluation criteria of the payment population should be unified nationwide; Thirdly, long-term care insurance premiums should be paid according to a certain proportion based on personal income and retirement pension levels, rather than fixed fees; The fourth is to achieve "one place application, nationwide enjoyment", and implement the policy of allowing long-term care insurance benefits to go with people; Fifth, appropriately control the level of long-term care insurance benefits; Sixth, encourage the development of commercial nursing insurance and draw a clear market boundary between long-term care insurance and commercial nursing insurance.

Keywords: Long Term Care Insurance System; Elderly Care; Deep Aging; Shanghai

B.10 General Situation and Innovative Development of Social Assistance System in Shanghai

Yuan Lili / 172

Abstract: The construction of social assistance system in Shanghai started earlier, taking the lead in establishing the minimum security system for urban residents, proposing the expenditure-oriented poverty and piloting the community assistance consultant system, forming a "9+1" social assistance system. In recent years, Pudong has actively promoted the Assistance, Accompany and Advancement of the "3A" system to form the "material + service" for aid assistance, companion assistance and growth assistance services. Facing the diverse needs of a large number of social assistance objects and aging population in megacities, the coordination between policy ragidity and grassroots implementation, and the problems existing in people's livelihood, we will further improve the governmental assistance and Charitable assistance mechanism through the government-enterprise-society linkage in the future, promote the participation of social forces such as charitable organizations through the movement of digital and intelligent technical means, and build an effective linkage mechanism between government assistance and charitable assistance.

Keywords: Social Assistance; Charitable Assistance; Comprehensive Assistance; Shanghai

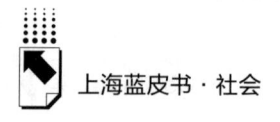

B.11 The Compatibility Trend of Chinese and International Evaluation Standards for Professionals
—*An Example of International Professional Qualification Recognition Systems*　　　　Li Manli / 192

Abstract: In order to further optimise the business environment and promote the flow of international professional and technical talents to China, there is an urgent need to deeply connect the domestic talent standards, professional qualifications and certification systems with the international occupational systems. Through comparative analysis of domestic and international talent evaluation mechanisms, the study reveals the reasons for the portability of professional skills and qualifications in the global mobility of international talents. Based on the questionnaire survey of international talents coming to Shanghai, the study examines the main obstacles in the process of transforming international professional qualifications into domestic titles, including the mismatch between domestic and international talent evaluation subjects, certification standards and scope of investigation. The study points out that international professional qualifications focus more on global professional competence, work experience and international recognition, while the domestic title system focuses more on theoretical knowledge and established achievements. The article puts forward a proposal for constructing a transformation between international professional qualifications and domestic titles, aiming to provide empirical support for China's policy making in international talent competition and to promote the internationalisation of the domestic title system.

Keywords: International Professional; International Professional Qualification; Job Title; Professional Qualification; Professional Evaluation

IV Social Governance

B.12 Changning District: New Explorations from Establishing and Improving Party-Building Mechanisms in Emerging Fields

Bai Yan, Luo Xinzhong, Zhong Jingyun and Kong Lingqi / 207

Abstract: This paper analyzes the case of the "Four-in-Grid" Party-Building-Led grassroots governance model in the Huayanglu Street, Changning District. It reveals the mechanisms by which comprehensive coverage of the Party's organizational system in emerging fields enhances political and organizational functions, thereby elevating grassroots Party-building capacity. The high mobility and decentralization characteristics of emerging fields necessitate Party-building approaches that address spatial gaps and ambiguities while integrating resources within governance units to solve practical issues. The "grid" in grassroots governance refers to an administrative space between the street level and residential community level. The concept of "Party-Building-Led social governance within the grid" reflects both spatial and holistic thinking. This process typically involves three steps: achieving structural integration of Party-building grids, urban management grids and comprehensive grids (structuralization); establishing and improving Party organizations within these grids (reorganization); forming governance communities within the grids (communitization).

Keywords: Party-Building in Emerging Fields; Grid Governance Community; Changning District of Shanghai

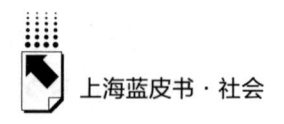

B.13 Yangpu District: The "Community Steward" Residential Property Governance Model

Xu Wanhua, Liu Zhenwei / 215

Abstract: This paper analyzes the "Community Steward" residential property governance model from the perspective of systematic governance in Yanjixincun Street, Yangpu District. The "Community Steward" functions both as an expert in grassroots governance and as an essential assistant to the "three-pronged management" under Party leadership. By acting as a consultant and instructor, the "Community Steward" provides technical empowerment to grassroots governance while serving as a bridge to connect various governance actors into an integrated system. This approach effectively addresses gaps in horizontal and vertical interactions among actors. The "Community Steward" model offers a holistic, systematic and coordinated solution to residential property governance challenges. Based on this analysis, the paper concludes that the "Community Steward" model not only integrates the advantages of traditional administrative support and technical empowerment in residential property governance but also surpasses them in scope and effectiveness.

Keywords: Property Governance; Community Steward; Technical Empowerment; Yangpu Districat of Shanghai

B.14 Pudong New District: The "Semi-Volunteer Semi-Market" Property Service Supply Model

Shen Hui, Ma Fengying and Song Liangbing / 222

Abstract: This paper analyzes the case of the "Building Manager" property service in the farmers' resettlement housing community of Heqing Town, Pudong New District. It introduces the concept of the "semi-volunteer semi-market" supply model and examines the value implications and practical pathways of the

"Building Manager" from a public governance perspective. The "Building Manager" facilitates compatible incentives among multiple actors, including neighborhood committees, property management companies, volunteers, and residents. This mechanism represents an innovative response to property service challenges in resettlement housing communities, addressing both "market failures" and "volunteer failures". Based on this analysis, the paper emphasizes the importance of distinguishing between "Building Managers" and traditional "Building Leaders" and asserts that the "Building Manager" aligns with marketization trends and operates under specific applicable conditions.

Keywords: Resettlement Housing Community; Property Service; Semi-Volunteer Semi-Market; Building Manager; Pudong New District of Shanghai

B.15 Hongkou District: New Practical Pathways for High-Quality Community Governance

Liu Jun, Luo Xinzhong / 230

Abstract: This paper focuses on the contemporary theme of "high-quality community governance" by analyzing the case of the Ruihongxincheng Community in Jiaxing Road Street, Hongkou District. It proposes three practical pathways for achieving high-quality community governance, including high-efficiency Party leadership, high-standard "value-for-price" alignment and high-quality community services. The pathway for high-efficiency Party leadership includes enhancing the competencies of residential Party organization secretaries, utilizing community talents effectively and establishing effective owners' committees. The pathway for high-standard "value-for-price" alignment involves carefully addressing calls to reduce property fees and prudently replacing property service providers. The pathway for high-quality community services covers offering quality information services, premium sports services and high-standard cultural services.

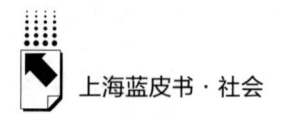

Keywords: High-Quality Community Governance; Party Leadership; Value-for-Price; Community Services; Hongkou District of Shanghai

B.16 Putuo District: A New Method for Improving Knowledge Production in Grassroots Governance

Luo Yuqing, Yun Mei, Liu Jing and Zhou Yiran / 238

Abstract: This paper analyzes the case of 11 *Work Guidelines* developed in Brilliant City Community of Yichuanlu Street, Putuo District. It finds that the production and application of these *Work Guidelines* have become an essential mechanism for enhancing professional competencies in grassroots governance. Key practical pathways of this mechanism include encouraging multiple actors' participation, maintaining a problem-oriented approach and promoting widespread application. The core of this mechanism is knowledge production. Based on the contextual background and resource elements of grassroots governance issues, knowledge producers search, organize, analyze and restructure information according to actual needs, thereby achieving knowledge innovation and application.

Keywords: Grassroots Governance; Knowledge Production; Putuo District of Shanghai

社会科学文献出版社

皮 书
智库成果出版与传播平台

❖ 皮书定义 ❖

皮书是对中国与世界发展状况和热点问题进行年度监测,以专业的角度、专家的视野和实证研究方法,针对某一领域或区域现状与发展态势展开分析和预测,具备前沿性、原创性、实证性、连续性、时效性等特点的公开出版物,由一系列权威研究报告组成。

❖ 皮书作者 ❖

皮书系列报告作者以国内外一流研究机构、知名高校等重点智库的研究人员为主,多为相关领域一流专家学者,他们的观点代表了当下学界对中国与世界的现实和未来最高水平的解读与分析。

❖ 皮书荣誉 ❖

皮书作为中国社会科学院基础理论研究与应用对策研究融合发展的代表性成果,不仅是哲学社会科学工作者服务中国特色社会主义现代化建设的重要成果,更是助力中国特色新型智库建设、构建中国特色哲学社会科学"三大体系"的重要平台。皮书系列先后被列入"十二五""十三五""十四五"时期国家重点出版物出版专项规划项目;自2013年起,重点皮书被列入中国社会科学院国家哲学社会科学创新工程项目。

权威报告·连续出版·独家资源

皮书数据库
ANNUAL REPORT(YEARBOOK) DATABASE

分析解读当下中国发展变迁的高端智库平台

所获荣誉

- 2022年，入选技术赋能"新闻+"推荐案例
- 2020年，入选全国新闻出版深度融合发展创新案例
- 2019年，入选国家新闻出版署数字出版精品遴选推荐计划
- 2016年，入选"十三五"国家重点电子出版物出版规划骨干工程
- 2013年，荣获"中国出版政府奖·网络出版物奖"提名奖

皮书数据库 ｜ "社科数托邦"微信公众号

成为用户

登录网址www.pishu.com.cn访问皮书数据库网站或下载皮书数据库APP，通过手机号码验证或邮箱验证即可成为皮书数据库用户。

用户福利

- 已注册用户购书后可免费获赠100元皮书数据库充值卡。刮开充值卡涂层获取充值密码，登录并进入"会员中心"—"在线充值"—"充值卡充值"，充值成功即可购买和查看数据库内容。
- 用户福利最终解释权归社会科学文献出版社所有。

卡号：184385825381
密码：

数据库服务热线：010-59367265
数据库服务QQ：2475522410
数据库服务邮箱：database@ssap.cn
图书销售热线：010-59367070/7028
图书服务QQ：1265056568
图书服务邮箱：duzhe@ssap.cn

法律声明

"皮书系列"（含蓝皮书、绿皮书、黄皮书）之品牌由社会科学文献出版社最早使用并持续至今，现已被中国图书行业所熟知。"皮书系列"的相关商标已在国家商标管理部门商标局注册，包括但不限于LOGO（ ）、皮书、Pishu、经济蓝皮书、社会蓝皮书等。"皮书系列"图书的注册商标专用权及封面设计、版式设计的著作权均为社会科学文献出版社所有。未经社会科学文献出版社书面授权许可，任何使用与"皮书系列"图书注册商标、封面设计、版式设计相同或者近似的文字、图形或其组合的行为均系侵权行为。

经作者授权，本书的专有出版权及信息网络传播权等为社会科学文献出版社享有。未经社会科学文献出版社书面授权许可，任何就本书内容的复制、发行或以数字形式进行网络传播的行为均系侵权行为。

社会科学文献出版社将通过法律途径追究上述侵权行为的法律责任，维护自身合法权益。

欢迎社会各界人士对侵犯社会科学文献出版社上述权利的侵权行为进行举报。电话：010-59367121，电子邮箱：fawubu@ssap.cn。

社会科学文献出版社